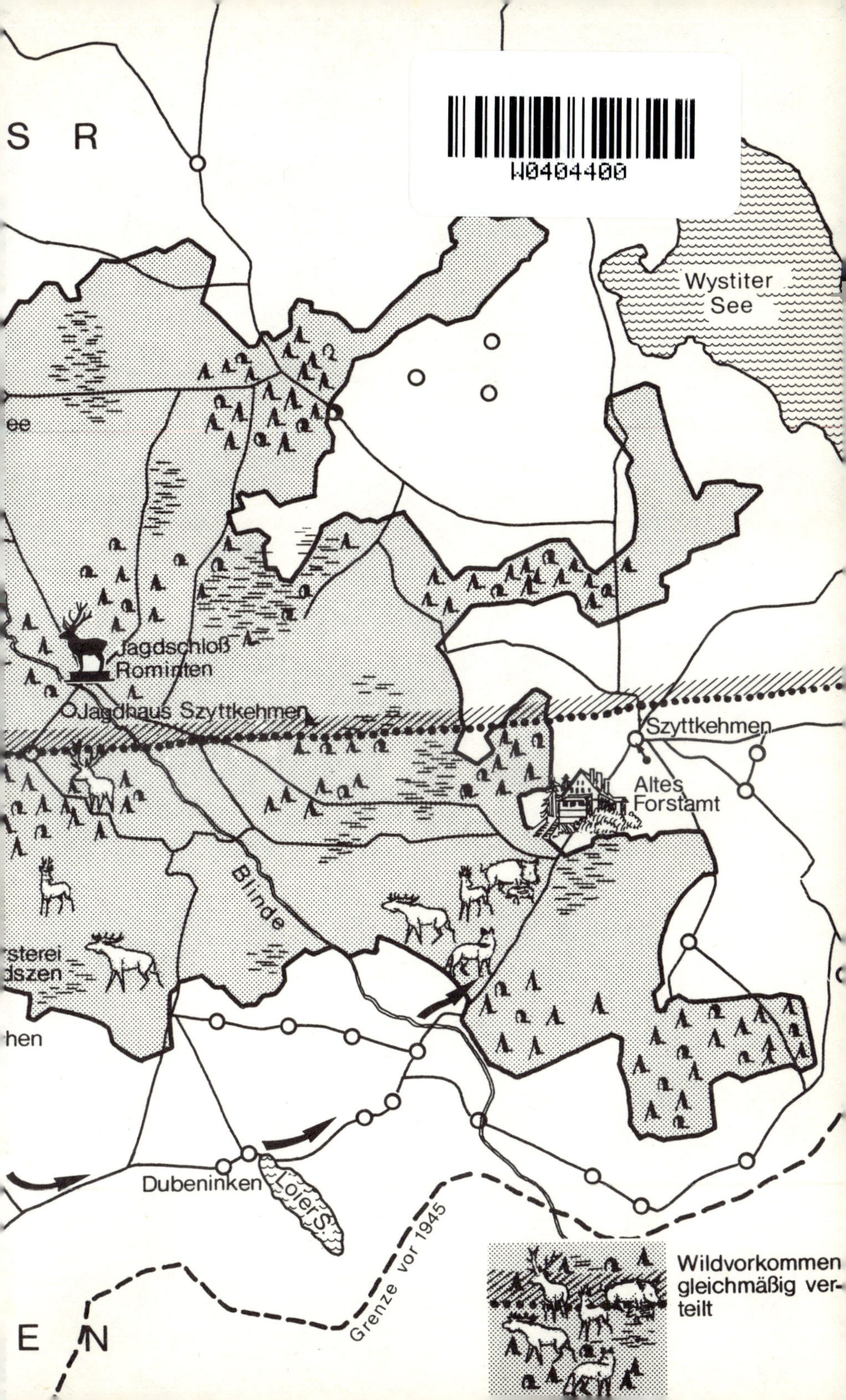
S R
Wystiter See
ee
Jagdschloß Rominten
Jagdhaus Szyttkehmen
Szyttkehmen
Altes Forstamt
Blinde
rsterei
dszen
hen
Dubeninken
Loier S.
Grenze vor 1945
E N
Wildvorkommen gleichmäßig verteilt

Heinrich von Oepen
Jagen in Rominten

Heinrich von Oepen

Jagen in Rominten

Auf Elch, Hirsch, Bock und Sau in meiner masurischen Heimat

Mit 16 Abbildungen auf 8 Tafeln

Verlag Paul Parey · Hamburg und Berlin

Photonachweis: Gegenüber S. 32: Ottheinrich Erdmann; gegenüber S. 48, S. 144: Landsmannschaft Ostpreußen e. V.; gegenüber S. 96 (unten), S. 112 (oben): Foto Akkermann; gegenüber S. 112 (unten): Dietrich von Oepen. Alle übrigen Photos stammen vom Verfasser. Die Karte auf den Vorsatzblättern zeichnete Marianne Merz, Hanstedt.

Die im Buch zitierten Verse stammen von Erich Hannighofer (S. 5, S. 91, S. 174), Johann Friedrich Kind (S. 11), Friedrich Dewischeit (S. 21, S. 47, S. 127) und Wahrmund Riegler (S. 151).

CIP-Kurztitelaufnahme der Deutschen Bibliothek

Oepen, Heinrich von:
Jagen in Rominten: auf Elch, Hirsch, Bock u.
Sau in meiner masur. Heimat / Heinrich von
Oepen. – Hamburg; Berlin: Parey, 1982.
ISBN 3-490-20311-9

 Anschriften: Spitalerstraße 12, 2000 Hamburg 1; Lindenstraße 44–47, 1000 Berlin 61. Printed in Germany by Wachholtz Druck, Neumünster. Einbandgestaltung: Evelyn Fischer, Hamburg, unter Verwendung eines Farbbildes von Andreas Gautschi, Leimbach/Schweiz.

ISBN 3-490-20311-9

Vorwort

Land der dunklen Wälder
und kristallnen Seen.
Über weite Felder
lichte Wunder gehn.

In der Geschichte der Völker, der Länder und der Staaten geht alles weiter. Ob das Geschehen sich positiv oder negativ fortsetzt, ist eine recht subjektive Angelegenheit der Anschauung, wie schon das ostpreußische Sprichwort sagt: „Was dem eene sin Ul, is dem and're sin Nachtigall."– So relativ ist auch die Geschichte Masurens, wenn man sie aus deutscher oder polnischer Perspektive betrachtet.

Dieses Buch soll jedoch bis auf diese oder jene gelegentlichen Bemerkungen nichts mit der Politik zu tun haben, sondern jagdliche Reiseerlebnisse aus dem heutigen Osten Europas schildern.

Das Waidwerk hat stets gleichgesinnte Brüder in Huberto, gleich welcher Nationalität, miteinander verbunden, und darum will ich mit meinen Erlebnissen versuchen, Vorurteile auszuräumen, die durch eine politische Weltkatastrophe entstanden sind.

Noch sind die Wunden des letzten Krieges nicht geheilt, schon tanzt die Weltpolitik erneut am Rande eines Vulkans, dessen Ausbruch viel furchtbarer sein kann als alles je zuvor. Wenn die Politiker dieser Welt sich so untereinander verstehen würden wie die Jäger, gäbe es kaum mehr Kriege.

Ich habe lange überlegt, ob ich dieses Buch schreiben soll, denn ich muß, wenn auch in etwas anderer Form, an das Buch „Rominten" von Walter Frevert anschließen. Mein Buch soll von dem Fortleben eines der berühmtesten Rotwildreviere der Welt erzählen, nämlich von „Rominten", bzw. von dem Teil, der uns Bundesbürgern noch zugänglich ist. Es scheint mir allerdings sehr schwer zu sein, neben den meisterhaften Schilderungen eines Walter Frevert zu bestehen. Wenn ich trotzdem zur Feder gegriffen habe, so geschieht das aus mehreren Gründen, die meine Bedenken überwunden haben.

An erster Stelle steht die Liebe zu meiner Heimat Ostpreußen, insbesondere Masuren. Ich schreibe bewußt nicht das abgedroschene Wort „verlorene Heimat", denn ich habe sie nicht verloren. Masuren ist und bleibt meine Heimat. Solange es meine Heimat gibt, habe ich sie nicht verloren, schon gar nicht, wenn ich sie immer wiedersehe, dort leben, jagen und all den Freuden meiner Jugend nachgehen kann. Daß ich dafür etwas zahlen muß, steht auf einem anderen Papier. Auch daß heute dort andere Menschen leben, ist für mich kein Grund, von „verloren" zu sprechen. Die Landschaft formt die Menschen, und sie hat nach 36 Jahren dort eine neue Bevölkerung geformt. Mancher Pole, der deutsch spricht, redet bereits mit leicht masurischem Akzent, eine Tatsache, die mich verblüfft hat.

Ferner gilt es, die Erinnerung an ein Revier wachzuhalten, das mit seinem Hochwildbestand vor dem bitteren Ende des letzten Krieges einmalig in der Welt dastand und meiner Ansicht nach heute auf dem besten Wege ist, seinen alten Ruf wiederzugewinnen. Allerdings in anderer Form, denn es ist durch die polnisch-russische Grenze zweigeteilt und nicht mehr gegattert. Ich werde darauf noch später eingehen. Nur soviel sei gesagt: Rotwild und Schwarzwild ziehen immer noch ihre Fährten durch die Rominter Heide, ohne Rücksicht auf die von Menschen geschaffenen Landesgrenzen.

Hinzugekommen sind das Elchwild, und zwar in erheblichen Bestandszahlen, sowie der Wolf. Hier hat die Natur die Wunden des Krieges geheilt. Einen großen Anteil an der Erneuerung des Wildbestandes haben die polnischen Forstbeamten, die beim Wiederaufbau durch konsequente fachgerechte Hege viel geleistet haben.

Der letzte Grund, warum ich dieses Buch geschrieben habe: Es soll ein Dank an meine Frau, an meinen Jagdfreund Hani Knödel, an die Familie Krajewski und an die polnischen Revierbeamten sein. Meiner Frau danke ich für das große Verständnis und die persönlichen Opfer, die sie ihrem dem Waidwerk verfallenen Mann gebracht und damit erheblich dazu beigetragen hat, daß ich meine Heimat wiederentdecken konnte.

Hani danke ich für treue Kameradschaft auf unseren Jagdreisen nach Masuren, bei denen er mich mehrfach begleitet hat. Für mich ist dies ein Beweis, daß bei gegenseitigem Verständnis und Entgegenkommen eine „Ehe" auf jagdlich-kameradschaftlicher Basis zwischen einem ostpreußischen „Rucksackborkumer" – die Bayern sagen dazu „Zug'roaster" – und einem ostfriesischen Insulaner durchaus möglich ist.

Oberförster Andrzej Krajewski – dem Forstamtsleiter der ehemaligen Forstämter Goldap und Wehrkirchen (früher Szittkehmen) – und seiner charmanten jungen Frau Zofia danke ich für die große Gastfreundschaft, übrigens ein besonderes Kennzeichen des Ostens, und die Herzlichkeit, mit der wir stets aufgenommen wurden. Seinen Forstbeamten gilt mein Dank im besonderen für hervorragende jagdliche Führung und das dadurch ermöglichte Waidmannsheil.

Möge dieses Buch dazu beitragen, allen Waidgesellen, besonders jedoch der Jugend, einen Einblick in eine Landschaft zu geben, die für den Jäger und Naturfreund zu den schönsten Europas gehört. Meinen ostpreußischen Landsleuten mag es sagen, daß die Heimat noch lebt in ihrer Schönheit, Urwüchsigkeit und Natürlichkeit, wie wir sie von früher her kennen.

Masuren ist und bleibt als Landschaft zeitlos. Möge ein gütiges Schicksal es verhindern, daß auch dieser herrliche Flecken Erde zur Kultursteppe wird. Nur dann wird der Rominter Kapitalhirsch weiter seine Fährte durch Masurens Wälder ziehen und sein Brunftschrei im gründgelben Herbstlaub durch die klare Luft des Ostens dröhnen.

Borkum, im Sommer 1982 Heinrich von Oepen

Für Peterchen

Inhalt

Jugoslawisches Präludium oder *Wenn einer eine Reise tut*

> Was gleicht wohl auf Erden dem Jägervergnügen,
> Wem funkelt der Becher des Lebens so reich.
> Beim Klange der Hörner im Grünen zu liegen,
> Den Hirsch zu verfolgen durch Dickicht und Teich . . .

Der Leser wird fragen, was haben denn Jugoslawien und die Baranya mit Ostpreußen und Masuren zu tun? So paradox es klingen mag, aber es gibt einen Zusammenhang.

Ohne meine jugoslawischen Reisen, drei an der Zahl, wäre ich wahrscheinlich gar nicht auf die Idee gekommen, nach Polen, d. h. in meine Heimat zu fahren. Die Jugoslawen sind – wie man in einer militärischen Beurteilung so schön sagt – „steigerungsfähig", allerdings in finanzieller Hinsicht. Als ich die vierte jugoslawische Reise im Sommer 1974 antreten wollte, war ich nach dem Studium der neuen Preisliste fast mutlos und enttäuscht. Die Preise überstiegen selbst meine gar nicht so eng bemessenen finanziellen Vorplanungen. Wie es dann weiterging, werden wir später sehen.

Kehren wir jedoch zum jugoslawischen Präludium zurück. Die Hochwildjagd in den Drauauen ist schon faszinierend, Waidwerk im wahrsten Sinne des Wortes. Die Reviere, in denen ich jagen durfte, haben als Auwälder reinen Urwaldcharakter und sind mit den gradlinigen Mono- und Musterkulturen der Bundesrepublik nicht zu vergleichen. Ansprechen und Schießen müssen oft blitzschnell geschehen, und wer beim Pirschenfahren erst absteigen will, um einen gezielten Blattschuß auf ein breitstehendes Stück anzubringen, wird nicht sehr viel Waidmannsheil haben: Bis man nämlich vom Pirschwagen gestiegen ist, sieht man höchstens noch die Kronen des Hirsches, das korrekte Breittretenlassen hat meistens wippend verschwindende

Geweihspitzen und Spiegel zur Folge. Nun aber, um mit den Worten des baltischen Barons Korff zu reden: „Genug des Flirts, kommen wir zur Sache", in diesem Falle zur Erlegung eines Kapitalhirsches.

Es war der 20. Oktober 1969. Seit einer Stunde schaukelte und klapperte der Pirschwagen über die Schneisen und Pirschwege des Auwaldes an der Drau. Vor mir auf dem Bock saß der junge Forstingenieur neben dem Kutscher. Wir nannten ihn „Mister Gastritis", denn den Begrüßungsslivowic vor drei Tagen lehnte er mit der Begründung ab, er habe Gastritis. Alles grinste verständnisinnig, und schon hatte er seinen Spitznamen weg.

Aufmerksam beobachteten die beiden das dichte, fast dschungelähnliche Unterholz links und rechts neben dem Wagen. Sie verstanden ihr Geschäft, besonders den Augen des Kutschers entging nichts. Doch zeigten sich heute nachmittag bisher erst drei Stück Kahlwild, Alttier, Kalb und Schmaltier. Hinten im Wagen saßen meine Frau und ich. Auf den Knien ruhte der Stutzen. Das Zielfernrohr war nicht aufgesetzt, denn wenn bei der Pirschfahrt durch dick und dünn ein jagdbarer Hirsch in Anblick kam, war in diesem Dickicht die Entfernung kurz, es mußte schnell geschossen werden.

Die beiden dort auf dem Bock lenkten das Gefährt hervorragend. Mir war manchmal nicht klar, wie sie Wagen und Pferde, wundervolle ungarische Apfelschimmel, zwischen Gestrüpp und Bäumen hindurchbrachten. Mitten in die Einstände ging die Fahrt. Meine Begleiter wollten mich unbedingt zu Schuß bringen. Aber wenn man etwas erzwingen will, klappt es ohnehin nie, und es war mein vorletzter Jagdtag. Länger konnten wir nicht bleiben. Mein Freund Klaas und seine Frau – unsere Jagdgefährten – mußten zurück auf unsere Nordseeinsel; das Geschäft wartete.

Wie hatte doch alles angefangen? Der Vater des Gedankens war eigentlich mein ostpreußischer, jetzt in der Lüneburger Heide wirkender Landsmann Landforstmeister Erdmann. Er hatte mir die ersten Schritte und Grundzüge im Ansprechen des Rotwildes beigebracht und mich auf meinen ersten Hirsch geführt. Dann sagte er eines Tages zu mir: „Fahren Sie doch nach Jugoslawien in die Drau-Niederung. Es ist nach meiner Meinung eines der besten Rotwildreviere der Welt. Schießen Sie dort einen starken Hirsch!"

Diese Worte zündeten und ließen mich nicht mehr los. Fast ein Jahr wurde gespart und geplant. Zunächst mußte ein Jagdfreund gewonnen werden, denn alleine wollten meine Frau und ich die lange Strecke von der Nordsee bis zum Balkan mit dem Wagen nicht fahren. Ich fand ihn in Klaas und seiner Frau.

Dann die Planung der Fahrt. Hundertmal wurden die Strecke durchgesprochen, die Tagesetappen festgelegt, das Gepäck gewählt. Reisepässe mußten beschafft werden, viele Briefe mit dem Jagdagenten wurden gewechselt, und dann war es eines Tages soweit.

Bei strahlendem Sonnenschein und herrlichem Herbstwetter fuhren wir ab. Je weiter wir nach Süden kamen, um so wärmer wurde es. In Bayern herrschte noch Hochsommer, 25 – 30° bescherte uns Österreich und eine herrliche bunte Herbstlandschaft. Dann die Grenze nach Jugoslawien bei Spielfeld. Es gab keinerlei Schwierigkeiten. In zehn Minuten waren die Waffen eingetragen und die Kontrolle beendet. Wir gingen auf die letzte Etappe. Übernachtung in Zagreb im Privatquartier, da alle Hotels ausgebucht waren. Am nächsten Morgen fuhren wir über die Autobahn Zagreb—Belgrad bis hinter Slavonski-Brod, dann links ab nach Norden in Richtung Drau-Niederung.

Bei der Mittagspause im Hotel „Royal“ in Ossijec fragte ich den deutschsprachigen Oberkellner nach Bilje und gab ihm die Telefonnummer der Forstverwaltung im alten Schloß des Prinzen Eugen von Savoyen. Nach fünf Minuten kam er zurück: „Herr Doktor, Sie sind angemeldet und werden erwartet.“

Um 14 Uhr standen wir vor dem Schloß. Von da an lief die ganze Organisation ab wie ein Uhrwerk: 40 km Landweg durch die Pußta hinter einem Geländewagen, der dauernd in einer Staubwolke verschwand. Dann kamen wir in den Auwald, hielten vor einem traumhaft schön gelegenen und modern eingerichteten Jagdhaus. Schon eine Stunde später begann die erste Pirschfahrt, und wir lernten das uns zugeteilte Revier kennen.

Das alles zog noch einmal in meinen Gedanken vorbei, während wir mit dem Jagdwagen über die Waldwege schaukelten. Vor uns stand auf der Schneise eine Ricke mit zwei Kitzen. Sie ästen vertraut und ließen den Wagen dicht herankommen, dann sprangen sie mit federnden Fluchten ab in einen Schilfwald. Weiter klapperte der Wagen . . .

Seit vier Tagen waren wir schon unterwegs. Morgens früh um 4.30 Uhr Abfahrt, erst Ansitz, dann Pirschfahrt. Nachmittags in umgekehrter Reihenfolge. Wild hatten wir genug gesehen, aber keinen Hirsch, wie ich ihn suchte.

Schon am ersten Tag früh am Morgen brach ein Kapitalhirsch mit seinem Rudel vor uns weg.

„Da, Doktor, Goldmedaille – schießen!" rief unser Jäger Andreas. Aber mir fiel im gleichen Augenblick der rheinische Karnevalsschlager ein: „Wer soll das bezahlen?" Dann folgten Andreas' Worte, halb traurig, halb lustig: „Andreas' Revier nix gutt, nur Goldmedaille-Hirsche!" Wirklich, er hatte recht.

An einem Abend standen vor einer Remise gleich drei Kapitalhirsche. Ich dachte an meine ostpreußische Heimat, an Rominten. Ob dort wohl noch ein „Matador", ein „Leutnant", ein „Marschall" ihre Fährte zogen? Was dem Jungjäger in der Heimat durch Krieg und Schrecken nicht mehr erfüllt wurde, hier offenbarte es sich. Ein 25 Jahre alter Traum wurde Wirklichkeit . . .

Der Kutscher zügelte die Pferde, zeigte nach vorne. Dort, dreihundert Meter vor uns auf der Schneise Schwarzwild – Keiler und Bache. Der Keiler war stark. Armer Jagdgefährte Klaas, seit drei Tagen suchte er dieses Wild. Es war wie verhext: saß er hier, war das Schwarzwild dort, saß er dort, brach es hier. Auf einen Keiler wollte es bei ihm nicht klappen. Aber seinen Hirsch hatte er. Gestern am Sonntagmorgen streckte er den ersten Hirsch seines Lebens, einen ungeraden Kronenzwölfer. Die Freude war groß, und der Slivowic schmeckte doppelt so gut, dazu das strahlende Gesicht seiner Frau. Sie gratulierte in der Mundart unserer Insel. Die armen jugoslawischen Jäger dachten sicher, sie sprächen chinesisch. Ich war ebenso glücklich, als ich das Geweih auf dem Pirschwagen sah. Wenigstens der Waidgenosse hatte seinen Hirsch. Mich hatte schon das Gewissen geplagt, denn zweitausend Kilometer hatte ich ihn mitgeschleppt und ihn zu dieser Jagdreise überredet.

Der Keiler vor uns verhoffte noch immer. Sollte man es versuchen? Ich stieß „Mister Gastritis" an und fragte. Er schüttelte den Kopf. „Erstens kommen wir nicht heran, zweitens . . . erst den Hirsch!"

Auf einem Kreuzgestell bog der Wagen nach rechts ab. Noch ein sehnsüchtiger Blick zum Keiler, und weiter ging es. Die Sonne sank, es wurde schon etwas kühler, recht angenehm nach der Hitze des Tages. Nur Laubwald stand hier, Stieleichen, Pappeln, Ahorn, Eschen, Weiden und Akazien. Einen Nutzwert in forstlicher Hinsicht hatte der Wald kaum, höchstens als Brennholz, aber für das Wild war er ideal. Der Wald grenzte unmittelbar an einen Maisschlag von „nur" 400 Hektar. Gestern wurde er mit 12 Mähdreschern geerntet, in 24 Stunden war er weg. Kein Wunder, wenn bei derartiger Äsung die Hirsche fünf Zentner und mehr wiegen und die fünfjährigen Keiler groß wie die Esel sind. Das Unterholz, ein Durcheinander von Weiden, Himbeeren, Brombeeren und Schilfgras, war fast zwei Meter hoch und bot dem Wild reiche und abwechselnde Äsung. Vom Hirsch sah man oft nur das Geweih. Auch mein Freund mußte gestern auf 80 Schritt zwischen den Bäumen durch ein „Schlüsselloch" zielen, aber sauber traf die Kugel. Nach dreißig Schritt war sein Hirsch verendet.

Jetzt holperte unser Wagen quer durch ein Schilfbruch. Kahlwild sprang vor uns ab, kein Hirsch dabei. Gestern nachmittag hätte ich fast einen ungeraden Achter geschossen, aber der Jäger schüttelte den Kopf: „Zu schwach für Gospodin, keine 190 Punkte." Was hatte mir Landforstmeister Erdmann gesagt? „Suchen Sie sich einen Eissprossenzehner oder -achter mit dicken Stangen und Masse, Kronen sind nicht unbedingt erforderlich, aber alt muß er sein. Na, ich bin gespannt, was Sie schießen werden." Also blieb der Finger gerade.

Die Sonne hatte die Baumwipfel erreicht. Leichter Nebeldunst lag in der Luft, der Tag ging langsam zur Neige. Der Wagen hielt vor einem Schirm auf der Schneise. Wir stiegen ab und setzten uns an. Der Kutscher umfuhr ein Jagen, um dadurch vielleicht Wild über die Schneise zu drücken. Ein Tag blieb uns noch, und wenn es nicht klappt, schön war es dennoch, herrlich schön. „Mister Gastritis" tat mir schon leid. Er war traurig, daß er mich nicht zum Schuß bringen konnte. Doch halt, was war das? Der Pirschwagen kam gegen jede Abmachung plötzlich zurück. Im scharfen Trab fuhr der Kutscher über die holprige Schneise, gestikulierte wild mit den Armen und mit der Peitsche. Er stoppte neben dem Schirm. „Doktor, schnell kommen, prima Hirsch – 190 Punkte. Schnell, schnell, hundert Meter!" Wir griffen unsere Sachen, sprangen in den Wagen, Zielstock in der Hand, noch einen Blick auf den Stutzen, und ab ging es. „Hier Hirsch, hundert Meter, jetzt weg!"

Wir umfuhren das Jagen. Langsam wurde es dämmrig. Wieder nichts? Es war ein Wettlauf mit dem Licht. Erneut hielt der Wagen an einem Schirm. Herunter vom Wagen und rein in den Ansitz – der Stutzen ruhte auf einer Decke über dem Schirmrand. Links vor uns lag das Jagen, in dem der Hirsch stecken mußte, rechts von der Schneise wuchs eine junge Pappelschonung mit Himbeer- und Brombeergestrüpp. War der Hirsch schon über die Schneise gezogen?

Der Pirschwagen umfuhr nochmals das Waldstück. Es wurde immer dämmriger, leichter Nebeldunst wogte über dem Weg. Noch eine Viertelstunde höchstens, dann war es mit dem Ansprechen vorbei. Ich blickte den Jäger an. Er starrte die Schneise hinunter, als wenn er das Erscheinen des Hirsches erzwingen wollte.

Da! – Wir sehen ihn gleichzeitig. Weit hinten am linken Schneisenrand löst sich ein Schatten aus den Randbäumen. Ich blicke durch das Zielfernrohr. Da steht ein Hirsch. Kopf und Vorschlag sind frei, alles andere decken die Bäume. Der Jäger hat das Glas an den Augen. „Zu weit“, murmelt er.

Jetzt zieht das Stück auf die Schneise. Ein Riese, so scheint es mir. Hohe schwarze Stangen, breiter Vorschlag, hoher Widerrist, Hängebauch, ein alter Hirsch. Langsam, behäbig überquert er den Grasweg. Heiliger Hubertus, vielleicht die letzte Chance. Es muß gehen! Der Sicherungsflügel fliegt herum, einstechen. Der Jäger merkt, daß ich schießen will, und schreit den ziehenden Hirsch an. Vor dem Schneisenrand verhofft er mit erhobenem Haupt und äugt herüber. Da steht der Zielstachel auch schon im Hirsch. Hoch, fast unter dem Widerrist, fasse ich ihn an, denn es sind mindestens zweihundert Meter, und auf hundert Meter ist die Büchse eingeschossen. Knall, Feuerstrahl im Zielfernrohr. Dann – dumpfer „trockener“ Kugelschlag. „Gut“, murmelt „Mister Gastritis“. Der Hirsch wirft im Schuß das Haupt zurück, bäumt auf, klassisch wie in Löbenbergs berühmtem Gemälde „Der Blattschuß“, und verschwindet in der Pappelschonung. Gewohnheitsmäßig repetiere ich. Da ertönt schon wieder des Jägers Stimme: „Doktor, schnell vor zum nächsten Weg!“

Ich renne zum nächsten Kreuzgestell vor die Pappelschonung, so schnell ich kann. Dreihundert Meter sind es, verflixt, man ist doch keine Zwanzig mehr. Der Atem keucht, endlich ist das Gestell erreicht. Den entsicherten Stutzen am Kopf, warte ich. Es ist in der Zwischenzeit dunkler und dämmriger geworden. Die Schneise bleibt leer. Dann kommen meine Frau und der Jäger mit dem Pirschwagen angeklappert.

„Wo ist der Hirsch?“

Fragend sah ich den Jäger an. Er war am Anschuß, zweihundertsechzig Schritte hatte er gezählt, und er machte keine kleinen.

„Hirsch kapuut“ war die Antwort, „aber zu dunkel, nix suchen. Morgen früh – Schweißhund!“

Die Nacht war etwas unruhig. Forstingenieur Milovan Peresic hatte sich noch am Abend beim üblichen Slivowic die Schilderung seines jungen Kollegen angehört. Sein Urteil lautete:

„Der Hirsch liegt vielleicht nach hundert Metern, vielleicht nach dreihundert, mehr nicht!“

Aber was hatte der Hirsch nun wirklich auf dem Kopf? Alt und reif war er. Aber wieviel Punkte? Alle rechnen hier nur nach Punkten, weil danach bezahlt wird. Der Kutscher hatte 190 gesagt. Hatte er recht? Das Gewissen meldete sich: „Du hättest mit dem lichtstarken Doppelglas ansprechen müssen.“ Aber dazu reichte kaum die Zeit.

„Folgen Sie blind den Anordnungen des Jägers“ hatte Landforstmeister Erdmann geraten. „Die Leute verstehen mehr davon als Sie.“

Am Morgen um 5 Uhr saßen wir auf einem Hochsitz in der Höhe des Anschusses. Langsam graute der Tag. Vor uns auf der Schneise stand plötzlich ein Rudel Rotwild: zwei Alttiere mit Kälbern, ein Schmaltier, dabei ein Hirsch, ein Eissprossenzehner und kein schlechter. Aber ich dachte nicht daran zu schießen. Meine Gedanken waren dort drüben, wo irgendwo in der Pappelschonung der Hirsch liegen mußte. Lag er aber wirklich?

Immer wieder zog das Geschehene an mir vorbei: Kugelschlag, Schußzeichen. Er mußte die Kugel haben. Aber hatte die 7×57 TIG auch ausgereicht? Der Hirsch war im Gebäude ein Riese. Wer kennt sie nicht, die Zweifel und Fragen, die mich jetzt bewegten.

Die Morgenkühle wich einem herrlichen Nachsommertag. Meine Frau, der Jäger und ich wanderten über den Deich der alten Drau zum Anschuß, der gleichzeitig Treffpunkt mit den anderen Jägern war. Auf dem Weg dorthin sahen wir noch einen starken Bock, sehr hoch hatte er auf, besser als alle, die ich zu Hause an der Wand hängen habe. Aber da hupte der Geländewagen, ich ließ den Bock ziehen.

Auf der Schneise warten sie, drei Berufsjäger, der Kutscher mit dem Pirschwagen und die bildschöne hannoversche Schweißhündin „Dina", die mit klugen, treuen Augen von einem zum anderen blickt. Wieder stellen wir fest, wie weit es vom Schirm bis zum Anschuß ist, gute zweihundert Meter. Erneut meldet sich das Gewissen: „Durftest du alter Esel auf eine solche Entfernung schießen?"

Am Anschuß findet sich nichts, kein Schweiß, kein Schnitthaar. Wo sind die Ausrisse?

Alle Fragen jedoch beantwortet „Dina". Plötzlich legt sich die Hündin in den Schweißriemen, zieht den kleinen Hundeführer mit sich auf einen schmalen Wildwechsel in die Pappelschonung, die dichtes Brombeergestrüpp als Unterholz hat, so daß ich kaum folgen kann. Zwanzig, dreißig Meter, dann stehe ich vor einem fahlgelben Wildkörper. Das Haupt liegt versteckt in einem großen, dichten Brombeerstrauch. Ich fasse hinein, finde ein Ende, ziehe und erstarre. Ich traue meinen Augen nicht, denn vor mir liegt ein Traumhirsch. Das sehe ich sofort. Die anderen sind herangetreten, und bei allem Temperament der jungen jugoslawischen Jäger sagt keiner ein Wort. Fast minutenlanges Schweigen ehrt diesen gestreckten Waldkönig. Mir ist es heiß in der Kehle, ich sehe zu meiner Frau hinüber. Dann löst sich das Schweigen.

Alle gratulieren, reden auf mich ein, ich blicke auf den Hirsch. Es ist ein 16ender, armdicke Stangen, pechschwarz, rechts ein doppelter Stiefelknecht in der Krone, links eine starke Gabel mit einem kleinen Ende, das eine Dreierkrone daraus macht. All das ist nicht so aufregend: aber die Mittelsprossen!

Der Hirsch trägt auf jeder Mittelsprosse eine Krone, links schaufelartig als Fingerkrone mit vier Enden, rechts eine starke Gabel mit einem kleinen Ende in der Spitze als Dreierkrone. Keiner der Berufsjäger war je einem solchen Geweih begegnet, obgleich sie stärkere Hirsche in jedem Jahr auf der Strecke sahen.

Der Hirsch war 13 Jahre alt, hatte eine Stangenlänge von 106/108 cm, Mittelsprossen 54/56 cm, Augsprossen 35/38 cm, Rosenumfang 30 cm, Gewicht 8,5 kg nach vier Wochen bei abgesägtem Oberkiefer.

Ich könnte nun elf Jahre nach der Erlegung dieses Hirsches von meinem Lebenshirsch sprechen, aber das tue ich als Optimist ungern.

Diesem Hirsch folgten noch zwei weitere, ein Jugoslawe 1971 und ein Rominter 1978, die jedoch beide nicht die Stärke erreichten. Aber noch ist mein Leben als Jäger nicht abgeschlossen, und noch gibt es, wie wir später lesen werden, den Rominter Kapitalhirsch.

Überlassen wir es also dem Schicksal, wie es entscheidet.

Die erste masurische Reise oder *Die Wiederentdeckung der Heimat*

Wild flutet der See
drauf schaukelt der Fischer im schwankenden Kahn.
Schaum wälzt er wie Schnee,
von grausiger Mitte zum Ufer hinan.
Wild fluten die Wellen auf Vaterlands Seen,
wie schön.
Oh tragt mich von Spiegeln zu Hügeln Masovias Seen.
Masovia Land, mein Heimatland,
Masovia lebe mein Vaterland.

Die letzte Reise nach Jugoslawien war eine Winterreise im Januar 1973, bei der mir Diana, das launische Mädchen, einen mittelstarken Keiler bescherte, übrigens den ersten nach 29 Jagdjahren. Später hatte ich auf Schwarzwild mehr Waidmannsheil, als sich die holde Göttin in mich verliebte – bitte sehr, auch der Herbst hat schöne Tage – und mich königlich beschenkte.

Diesen ersten Keiler schoß ich auf zwei Meter Entfernung vom Pirschwagen aus, steil nach unten, als er sich in einem dichten Brombeergestrüpp drückte.

Fröhlich und guter Dinge, denn auch Waidgeselle Klaas – von ihm war schon vorher die Rede – war mit von der Partie und hatte einen Abschußhirsch und einen Überläufer gestreckt, fuhren wir zurück auf unsere Nordseeinsel mit der festen Absicht, 1974 im Frühjahr zurückzukehren, um auf jugoslawische Böcke zu jagen. Aber wir konnten nicht ahnen, was das Wirtschaftsleben so mit sich bringen sollte.

Im Januar kam die Preisliste für 1974, und als ich diese las, dachte ich wirklich, mich knutscht ein Elch! Nicht nur die Abschußpreise waren um mehr als das Doppelte gestiegen, auch die Nebenleistungen wie Jagdführer, Pirschwagen usw. wurden einzeln berechnet, so daß bei aller Passion und Sehnsucht nach starken Böcken dieser Plan ins Wasser fiel. Wie sagte doch der brave ostpreußische Offiziersbursche? „Ik un där Härr Jenerol, wi kickte wie poor Ope!“

Es begann nun ein langes Überlegen und Suchen, bis mir eine Anzeige in einer Jagdzeitschrift ins Auge fiel: „Jagd in Masuren!"

Das war ja die Heimat, und dazu bei annehmbaren Preisen! Zunächst wagte ich diesen Gedanken gar nicht zu Ende zu führen. Es war doch unmöglich, als Marineoffizier in einen Ostblockstaat zu reisen. Allein die Idee erschien mir frivol. Wenn das mein Brötchengeber wüßte!

Bei Reisen nach Jugoslawien gab es keine Probleme, da dieses Land blockfrei ist; aber nach Polen? Doch plötzlich fingen die kleinen grauen Zellen wieder an zu arbeiten. Da war doch etwas mit einem Fernschreiben aus Bonn gewesen? Während ein Korvettenkapitän bekanntlich alles wissen muß, braucht ein Fregattenkapitän – und diesen Rang habe ich als Flottillenarzt – nur zu wissen, wo alles steht.

Es fiel mir wie Schuppen von den Augen! Mein Spieß wühlte in den Papieren und kam strahlend mit einem Fernschreiben an, worin wirklich und wahrhaftig zu lesen stand, daß man als Soldat mit Sicherheitsstufe 1 in die Ostblockstaaten fahren darf, und ich besaß nur Sicherheitsstufe 1. Ich hatte mich, einer inneren Ahnung folgend, nicht für 2 ermächtigen lassen. Die Hürde war also genommen. Nun mußten noch ein Revier in Masuren und ein guter Begleiter gefunden werden, denn mein Bekannter Klaas Weber konnte zur Blattzeit aus persönlichen Gründen nicht mitreisen.

Das Revier war über die Hamburger Agentur schnell besorgt. Es hieß Czarny Piec, also Schwarzofen, und lag bei Neidenburg. Auch einen Waidgesellen fand ich: Hani Knödel, den ich bei Niederwildjagden auf Borkum kennen- und schätzengelernt hatte. Wir waren uns auf Anhieb sympathisch, unsere jagdlichen Meinungen harmonierten, was hier auf der Insel nicht ganz einfach ist, und er war ein guter Kamerad.

Mit von der Partie im Juli 1974 waren Hani, „Peterchen" (meine Frau) und mein Sohn Dietrich. Ich betrachtete diese Reise zunächst als Versuchsballon. Meine Frau wollte Masuren kennenlernen, soweit das in der kurzen Zeit möglich war, Dietrich sollte die Heimat seines Vaters sehen, und Hani und ich wollten jagen.

Was in mir vorging, ist schwer zu beschreiben. Vor fünf Jahren wagte ich von einer solchen Möglichkeit kaum zu träumen. Jetzt sollte sie Wirklichkeit werden. Fast beklemmend war das Gefühl für mich, meine Heimatstadt Angerburg, meinen Mauersee und die Reviere, in denen ich als Junge gejagt, in denen ich die ersten Schritte als Jungjäger getan hatte, nach 30 Jahren wiederzusehen. Eine große Sehnsucht nach den Stätten der Jugend lag in mir, ein unbeschreibliches Gefühl, Bangen und Freude zugleich. Was würde ich wiederfinden? Durch Heimatzeitungen und Berichte von Landsleuten wußte ich, daß mein Elternhaus nicht mehr stand, daß fast die gesamte Innenstadt von Angerburg zerstört war. Davor fürchtete ich mich nicht. Der Krieg hatte mir genug an Verwüstung gezeigt. Aber würde das noch lebendig sein, was man tief im Herzen als Heimat trägt? Würde das psychische Trauma mich nicht lähmen? Für mich sind Masurens Seen und Wälder lebende Wesen, die in der Erinnerung an die unbeschwerte Jugend weitergelebt haben, und erst im Alter weiß man, wie unbeschwert die Jugend war. Konnte das Wiedersehen eine Enttäuschung werden?

Diese Gedanken gingen mir durch den Kopf, als wir in meinem Wagen nach Osten starteten.

Zwischen Start und Ziel lagen 1200 Kilometer. Zunächst mußten zwei unbekannte Grenzen passiert werden. Dazu stand in meinem Visum, daß ich Sanitätsoffizier der Bundesmarine war. Wie würde man an der Grenze reagieren? Es lief jedoch besser, als ich erwartet hatte. In Marienborn gab es keinerlei Schwierigkeiten. Nachdem wir pro Person 5,– DM Autobahngebühr entrichtet hatten, ferner unsere Waffen und die abgezählte Munition für 27,– DM pro Jäger verplombt waren, fuhren wir auf dem Transitweg in Richtung Frankfurt/Oder weiter.

Die Fahrt durch die Magdeburger Börde bis kurz vor den Berliner Raum war landschaftlich wirklich nicht erhebend. Es mag jagdlich gesehen hier viel Niederwild geben, vor allem Hasen und Hühner, dennoch kann ich dieser Kultursteppe keinen Reiz abgewinnen. Borkum und die Marine mögen mir verzeihen: Obgleich ich Marineoffizier bin und eine längere Fahrenszeit hinter mir habe, geht es mir auf die Dauer mit dem Meer genauso. Irgendwann wird es mir zu langweilig und bedrückend. Dann muß ich wieder für ein paar Tage Waldluft schnuppern.

Am Berliner Kreuz änderte sich die Landschaft. Kiefern- und Fichtenwälder standen plötzlich neben der Autobahn, wechselnd mit Heideflächen und unterbrochen von klaren blauen Seen. Trotz

Autobahndunst begann die Luft „ostelbisch" zu schmecken. Fürstenwalde wurde passiert, dann kam die letzte Abfahrt nach Frankfurt/Oder. Vor der Grenze die Oderbrücke, gleich dahinter lag die Grenzstation mit Wachtürmen entlang der Oder auf DDR-Gebiet.

Hier gab es bei der DDR-Kontrolle das erste und einzige kleine Intermezzo, das ich bisher bei meinen Reisen in die Heimat erlebt habe. Es war typisch deutsch und ganz amüsant, wenn man das Ganze nicht so verkniffen sieht.

Die Pässe und Visa waren abgegeben, die Waffen entplombt, die Munition durchgezählt, nur unsere Papiere kamen nicht zurück. Hinter unserem Wagen bildete sich eine Schlange, am Schalter ebenfalls. Es vergingen zwanzig Minuten, dreißig Minuten, dann erschien ein junger Beamter am Schalter, Dienstgradabzeichen eines Oberfeldwebels „alter Art", leicht abgehackte Stimme mit Berliner Dialekt, die forsch klingen sollte, vier Pässe in der Hand.

„Wer ist Dietrich von Oepen?" „Hier." Am hinteren geöffneten Wagenfenster erschien ein Unterschenkel meines auf dem Rücksitz liegenden vierzehnjährigen Sprößlings. Mißbilligender Blick. „Wer ist Ursula von Oepen?" Die Anrede „Frau" wurde bewußt vermieden und „Genossin" ging ja schlecht. Meine Frau, die mit mir am Schalter stand, meldete sich. Flüchtiger Blick. „Wer ist Johannes Knödel?" „Hier!" Ein Arm kam aus dem Fenster des Fahrersitzes. „Sie sind wohl Kapitän bei der Marine?" „Nee, Deichgraf auf Borkum." „Was ist Borkum?" Hier schaltete ich mich ein.

„Eine Insel in der Nordsee vor Ostfriesland. Ostfriesland ist Ihnen doch nicht neu." „Ja!" „Aber die ostfriesischen Witze kennen Sie doch. Soll ich Ihnen einen erzählen?" „Ja!" Brüllendes Gelächter seiner Kameraden im Hintergrund. „Ruhe!" Er warf einen wütend hämischen Blick auf mich. „Und dort mustern Sie wohl Soldaten, was?" „Auch das gehört zu meinen Berufsaufgaben, wie zu Ihren das Kontrollieren von Pässen gehört." Vernichtender Blick, hinter ihm Gekicher. Mit dem Wort „passieren" knallte er vier Pässe auf die Schalterbank, und wir waren durch.

Weiter ging die Fahrt nach Schwiebus, dann um Posen herum, über Gnesen, Hohensalza nach Thorn. Nach dreißig Jahren fuhr ich wieder über die Weichselbrücke, ein seltsames Gefühl.

Es war in der Zwischenzeit später Nachmittag geworden. Von

Thorn aus lagen noch etwa zweihundertundzwanzig Kilometer vor uns. Die Fahrt verlief bisher gut, nur das Wetter machte uns Kummer. Schon bei der Abreise war es trübe und regnerisch. An der polnischen Grenze tröpfelte es bei Nordwestwind und sehr kühler Temperatur. Auch die Weichsel als Wetterscheide hatte keine Änderung gebracht.

In Brodnica (früher Straßburg) gab es die erste Panne. Trotz guter Reisebeschreibung fanden wir kein Straßenschild nach Neidenburg oder einem davor liegenden Ort, der mit Lizbark angegeben war. Wir fragten also nach Lizbark und wurden nach Allenstein eingewiesen. Hier lag jedoch der Irrtum. Wie wir später feststellten, gibt es zwei Orte gleichen Namens. Der eine ist das alte deutsche Heilsberg vor der polnisch-russischen Grenze in Richtung Königsberg, der andere Ort ist ein Flecken, früher Soldau, zwischen Brodnica und Neidenburg. Nachdem wir etwa zehn Kilometer in Richtung Allenstein gefahren waren, wurde ich unruhig. In einem Dorf trafen wir auf einen Polen, der uns in gutem Deutsch die Angelegenheit erklärte. Wir mußten nun einen Umweg von fünfundzwanzig Kilometern machen. Die Nacht brach an. Von Neidenburg aus war die Straße nach Czarny Piec ausgeschildert, und gegen 22 Uhr hielten wir am Zielort.

Der Empfang war herzlich. Man hatte sich Sorgen um uns gemacht, weil wir über zwei Stunden Verspätung hatten. Auf dem sehr reichlich gedeckten Tisch standen geräucherte Maränen, eine Delikatesse, die jeder Masure kennt und zu schätzen weiß. Nach über dreißig Jahren aß ich sie zum ersten Male wieder. Besser konnte die Begrüßung nicht sein. Nun war ich also wieder in der Heimat, nur einhundertundzwanzig Kilometer von meinem Geburtsort Angerburg entfernt. Bei der Ankunft hatte man uns mitgeteilt, daß unser erster Jagdtag mit dem Abendansitz am nächsten Tag, einem Sonntag, beginne. Wir konnten also ausschlafen. Lange lag ich noch wach und dachte an die Vergangenheit. Alte Erinnerungen zogen an mir vorüber, und dann kam der Gedanke, der mich nicht losließ: Morgen haben wir bis zum Nachmittag einen jagdfreien Tag, du fährst „nach Hause", nach Angerburg.

Am nächsten Morgen unterbreitete ich meinen Begleitern den Plan. Alle waren einverstanden. Die Fahrt ging über Jedwangen, Ortelsburg, Sensburg, Lötzen. Die genannten Städte blieben vom Krieg weitgehend verschont, allerdings hat der Zahn der Zeit an ihnen genagt. Für ihre Erhaltung war bis 1974 noch nicht viel getan worden. Zu meiner Schande muß ich gestehen, daß ich die Orte bis auf Lötzen kaum kannte. Ich hatte in meiner Jugend wegen zahlreicher „Nebenbetätigungen“ wie Jagen, Angeln, Segeln und Eissegeln kaum Zeit für „Heimatforschung“. Von der Schule wollen wir lieber nicht reden, aber da befinde ich mich ja bei Walter Frevert oder Alexander von Bülow in guter Gesellschaft. Nur soviel sei gesagt: Ich bin einer von den „Kriegsgewinnlern“ meiner Schule, die das Abitur durch Meldung als Kriegsfreiwillige „nachgeworfen“ bekamen. Entgegen jeder schulischen und schulmeisterlichen Prognose ist noch etwas aus mir geworden, wenn es auch heißt: „Die Eltern waren ehrbare Leute, der Sohn aber ging zur Marine.“

Die Umgebung von Lötzen kannte ich. Wenn man von Sensburg kommt, steigt das Gelände etwas an, und ich erinnerte mich des herrlichen Blicks, den man von der letzten Anhöhe vor der Stadt hat. Hani fuhr, und als der Wagen den letzten Berg hinaufgeklettert war, hielten wir. Rechts von uns blickte man über den Löwentinsee, links blinkte die Fläche des Kissainsees, Nebensee des Dargain- und Mauersees, mit seinen zahlreichen Inseln herüber. Vor uns lag das alte Lötzen, von Kiefernwäldern umrahmt. Beim Anblick dieser landschaftlichen Schönheit sagte keiner etwas. Ich spürte das erste Mal nach Passieren der alten ostpreußischen Grenze einen Kloß im Hals und mußte jetzt wieder erheblich schlucken. Nach dreißig Jahren sah ich meine masurischen Seen wieder. Was in mir vorging, läßt sich schlecht beschreiben. In mir stritten Sehnsucht, Heimweh, Wiedersehensfreude und Bedrücktheit miteinander.

Von Lötzen aus sind es nach Angerburg fünfundzwanzig Kilometer. Die Straße befuhr ich viele Male in Jugendjahren. Fast alles stand noch so wie früher, nur die Chausseebäume waren größer geworden, und die Kiefern- und Fichtendickungen am Straßenrand sind heute Wälder. Verträumt lagen die Straßendörfer, im Krieg kaum zerstört, und die Dorfschilder trugen die gleichen Namen wie vor 1935, nur mit polnischen Endungen. In Ogonken führt die Straße am Schwenzaitsee entlang, einem Nebensee des Mauersees.

Frau Meiers Kneipe stand noch immer an der Straße. Wie oft hatten wir früher nach dem Eissegeln dort einen Klaren zur inneren Erwärmung getrunken oder nach der Entenjagd auf dem Groß

Strengeler See die nassen Jacken und Hosen bei einem „Grogchen" getrocknet.

Endlich befanden wir uns am Stadtrand von Angerburg. Die Außenbezirke der Stadt standen noch wie früher, die zerstörte Innenstadt war aber neu aufgebaut, ein Teil der Trümmerflächen durch Grünanlagen ersetzt. Angerburg, Pforte Masurens! Auf Reklameschildern sah man, daß die Polen bemüht sind, diesen alten Ruf neu zu beleben. Vor unserem Wohngrundstück am Neuen Markt ließen mich meine Begleiter allein. Unser Haus stand nicht mehr. Aus den Trümmern hatten die Nachbarn (früher Gärtnerei, heute wieder Gärtnerei) Gewächshäuser gebaut. Die alten Rotdornbäume neben dem Haus blühten. Der eiserne Zaun und das Hoftor und – oh Wunder! – der große Stall und die Garage, Koksschuppen und Gerätekammer waren erhalten geblieben.

Wohl zehn Minuten verharrte ich und haderte mit dem Schicksal. Sollte ich doch von „verloren" sprechen, sollte ich denen, die hier heute leben, gram sein? Oder durfte ich mich freuen und der Vorsehung danken, daß ich die Heimat wiedergefunden hatte? Das Leben geht weiter, was war, läßt sich nicht mehr zurückholen. Es lohnt nicht, Vergangenem nachzutrauern. So fand ich zu mir zurück. Die Heimat hatte mich wieder, sogar jagen konnte ich hier. Plötzlich empfand ich eine große Freude. Nun fühlte ich, daß diese Fahrt nach Masuren nicht meine letzte sein würde. Dann folgte ich meiner Frau, Hani und Dietrich.

Die drei standen auf dem Neuen Markt und sahen mir erwartungsvoll entgegen. Sie merkten, daß ich mit mir wieder einig war. Wir gingen zum Wagen zurück, fuhren noch durch die Stadt, am alten Kreiskrankenhaus, der Arbeitsstätte meines Vaters, vorbei und dann in Richtung Czarny Piec, jedoch nicht ohne eine kleine Pause an meinem geliebten Mauersee einzulegen. Da die Rückfahrt nicht über Lötzen, sondern über Rastenburg führte, mußten wir an der Pristanier Bucht, einem Teil des Mauersees, vorbei. Die Straße läuft hier am See entlang. Wir hielten und konnten über die ganze Breite des Sees blicken – achtzehn Kilometer weit. Wieder erwachten Erinnerungen, da die Straße von Angerburg durch unser altes Jagdrevier führt. Wie oft saß ich als Jungjäger hier mit meinem Onkel, der Mitpächter des Reviers war, auf der Gerstenstoppel auf Enten an. Hier schoß ich meine ersten Böcke, lernte die Hühnersuche kennen und erlegte meinen ersten Ansitzhasen.

Über Rastenburg kamen wir nach Sensburg und erreichten Czarny Piec am späten Nachmittag. Es wurde nun ernst mit der Jagd in Ostpreußen.

Zunächst lernten wir unseren Revierbeamten kennen, das heißt, wir versuchten ihn kennenzulernen. Gelungen ist uns das während unseres sechstätigen Aufenthaltes nicht, bis auf die Tatsache, daß er nach unserer Meinung ein „Schlitzohr" war. Er verstand es geschickt, wo immer es nur möglich war, zu seinem Vorteil zu kommen. Er war ein zierlicher, schlanker Mann von etwa 45 Jahren mit einem feinen, intelligenten Gesicht und listigen blau-grünen Augen. Auf dem Kopf trug er stets einen kleinen, kecken Jägerhut, unter dem graumelierte Locken ringsherum hervorschauten. Eine Forstuniform trug er nie, sondern einen leichten grünlich-oliven Jagdanzug. Aus diesem Grund bin ich auch nie hinter seine Dienststellung gekommen. Er hatte auffallend schlanke, schmale, gepflegte Hände, ich möchte sagen, Hände eines Pianisten, Hände, die den Eindruck machten, daß sie sicher nichts von körperlicher Arbeit wußten. Tadäus, so hieß er mit Vornamen, sprach sehr gut Deutsch. Verständigungsschwierigkeiten gab es nie. Er war meist gut gelaunt und fröhlicher Dinge. Vor allem verstand er es, jagdlichen Laien gegenüber mit todernstem Gesicht Geschichten zu erzählen, die diese erschauern ließen. Er besaß zum Beispiel eine heimliche Wut auf alle Pilz- und Beerensucher.

Bekanntlich liegt die Blattzeit gerade in der Zeit, in der Walderdbeeren und Blaubeeren reifen. Es herrschte daher im Wald reger Betrieb, wahrscheinlich auch ein Grund für unser geringes Waidmannsheil, wie wir später sehen werden. In unserem Jagdhaus wohnten noch zwei deutsche Ehepaare mit Kindern, die ihre Ferien dort verbrachten. Es waren auch Ostpreußen, die die Heimat und ihr altes Gut besuchten. Frauen und Kinder sammelten natürlich eifrig Beeren und Pfifferlinge, die es in Unmengen gab.

Vor einer Abendpirsch standen wir beratend auf dem Hof vor dem Jagdhaus, als Tadäus erschien. Er bekam unsere Unterhaltung mit, die sich um Blaubeeren und Erdbeeren drehte. Plötzlich erhob er mit warnendem Blick seinen Zeigefinger wie ein Lehrer vor der Schulklasse. Es entwickelte sich folgendes Gespräch:

„Beeren und Pilze sammeln ganz gefährlich.“ Fragende Blicke, Hani und ich grinsten verstohlen, fragten aber: „Warum denn das?“ „Ja, müssen wissen, viele Wölfe in Wald und das ganz gefährlich.“

Die Frauen sahen ihn scheu an und sagten nichts. Um ihn etwas in die Enge zu treiben, warf ich ein: „Wölfe tun doch nichts. Sie sind menschenscheu. Die wilden Wolfgeschichten sind doch Märchen.“ Tadäus blickte mich mahnend an, und es folgte dieses belehrende Argument: „Ist wie mit Löwe. Neunundneunzigmal nicht angreifen, aber einmal sitzen Wölfe in Busch und lauern. Wenn dann Kinder und Frauen kommen, Wölfe springen zu, und dann kann man nur noch werfen Jacke oder Hut auf Baum“

Zögernd fragte eine der anwesenden Damen: „Und das hilft? Dann laufen die Wölfe weg?“ Überlegen schüttelte er den Kopf. „Nein, Wölfe zerreißen Menschen, fressen auf und verstreuen Knochen in Wald. Dann Angehörige wissen nicht, wo Frau oder Kind geblieben. Wenn aber Hut oder Jacke auf Baum, Angehörige finden, sehen, was ist geschehen, und können noch setzen Denkmal an diese Stelle.“

Hani und ich mußten plötzlich „dringend“ unsere Waffen holen, während die Damen etwas blaß zurückblieben und von Tag und Stunde an keine Beeren mehr sammelten.

Tadäus ging es vermutlich finanziell gut. Er hatte stets einige Tausend Zloty in der Tasche und stand, wenn wir tanken mußten, zum Tauschen zu Diensten. Höflich pflegte er zu fragen, ob im Kurs 1:20 oder 1:30. Der offizielle Kurs war allerdings 1:13. Da wir keine Schwarzmarktgeschäfte machen wollten, tauschten wir 1:13. Tadäus strahlte natürlich bei dem guten Geschäft, das er machte.

Das Revier, das er verwaltete, war etwa 10 000 Morgen groß und gehörte, wie ich später erfuhr, wahrscheinlich zur „Neidenburger Heide“. Der Begriff „Neidenburger Heide“ muß etwa Anfang der 40er Jahre entstanden sein. Mir war zwar eine „Rominter Heide“, eine „Borkener Heide“ und eine „Johannisburger Heide“ bekannt, „Neidenburger Heide“ war mir neu. Dieses Revier bildeten vier Forstämter.

Die Entfernung von unserer Unterkunft Czarny Piec (Schwarzofen) bis zum Revier betrug etwa fünfzehn Kilometer. Das Revier war vorwiegend mit Kiefern- und Fichtenwäldern bestanden, umgeben von Wiesen, die in dem regenreichen Sommer zum Teil unter Wasser standen und nach dem ersten Schnitt schlechtes, hartes Gras aufwiesen, das vom Wild nicht geäst wurde. Klee- oder Luzernefelder, in denen das Rehwild so gerne äst, habe ich kaum gesehen. Desgleichen kam man beim Pirschen oder Pirschfahren an keinem Kahlschlag mit etwas Anflug vorbei, auf dem Rehe oft bummeln.

Unsere Unterkunft, früher entweder ein großer Bauernhof oder eine Revierförsterei, lag am Omulef See, sieben Kilometer von Gedwangen entfernt. Das Wohnhaus war zum Gästehaus umgebaut worden und zweistöckig. Die Zimmerwände hatte man mit abgeflammtem Fichtenholz verkleidet. Das Gehöft mit Gästehaus gehörte dem Offizierscorps der polnischen Armee. Deshalb begrüßte uns bei der Ankunft ein Beamter der Standortverwaltung Allenstein, der mit seiner Stirnlocke Napoleon äußerst ähnlich sah.

Während unseres Aufenthaltes blieb das Essen ausgezeichnet und war stets sehr reichlich. Es wurde von einem etwa 20- bis 22jährigen polnischen Mädel zubereitet. Die junge Dame hieß Bogda, trug rabenschwarzes langes Haar, das auf die Schultern und den Rücken fiel. Genauso schwarz leuchteten auch die Augen. Sie war bildhübsch. Dazu kamen eine blendende Figur, an der „alles“ an der richtigen Stelle saß, und ein paar Beine, die Marlene Dietrich alle Ehre gemacht hätten. Hani, der damals kurz davor war, in den Stand eines „Freiherrn“ zu treten, meinte nach intensivem Kennerblick: „Sie geht wie ein Panther!“ Schon hatte sie ihren Spitznamen weg: „Bogda, der Schwarze Panther von Czarny Piec.“

Am 21. Juli, unserem ersten Pirsch- und Jagdtag, erschien Tadäus gegen 17 Uhr mit einem großen PKW Marke „Warzcawa“, Baujahr etwa 1960. Der Auspuff röhrte wie ein älterer Hirsch und orgelte beim Gasgeben wie ein Kampfpanzer. Außerdem gab es nichts, was an dem Auto nicht klapperte. Es lief aber und war hochbeinig, was bekanntlich bei Feld- und Waldwagen wichtig ist.

Zunächst wurden wir von Tadäus jagdlich examiniert. Nachdem unsere Waffen und unsere Gummistiefel für gut befunden waren, folgte der „Gefechtsplan“. Zunächst fuhren wir etwa acht Kilometer in Richtung Neidenburg und bogen dann in den Wald ein. Wir erreichten einen kleinen runden See, den zu zwei Dritteln hoher Kiefernwald umgab. Die Bäume standen wie die Kerzen. Es war der typische Kiefernwald Masurens. Auf dem See schwammen zahlreiche

Baumstämme, alles Kiefern, die auf ihren Abtransport warteten, mindestens 2500 bis 3000 Festmeter.

Ich hatte beim Kennenlernen von Tadäus über dieses und jenes gesprochen, unter anderem auch über die Tatsache, daß Krebse mein Leibgericht seien. Der kleine See vor uns im Tal sah, wenn ich in meine Jugenderinnerungen zurückgriff, ausgesprochen nach Krebsen aus. Ich bohrte also nach. „Sagen Sie, Tadäus, sind eigentlich Krebse in diesem See?“ Verschmitztes Grinsen. „Müssen Sie das wissen aus Jugend, Doktor, daß sind „Rak“ in solche See. „Nix Krebspest?“ „Nix! Ich werde besorgen übermorgen. Krebse gehören zu Staat, aber ich Chef von Revier, Dobże.“ Nach Besichtigung dieses Sees fuhren wir weiter, links Hochwald mit dichtem Unterholz, rechts Hochwald ebenfalls mit Unterholz. Man konnte ein Stück Rehwild höchstens auf fünf Meter sehen. Zur Abwechslung kam dann einmal eine Kiefern-, Tannen- und Eichendickung. Auf der ganzen Strecke fand sich weder eine Wiese noch ein älterer Kahlschlag. Das war ein Hochwild-, aber kein Rehwildrevier.

Nach längerer Schaukelei landeten wir auf einem größeren Kreuzgestell. Hier stellte Tadäus den Wagen ab und wies uns ein. Hani kam auf einen vielversprechenden Hochsitz. Nach links blickte man auf eine ovale Wiesenschlenke, die sich zum Hochsitz hin verschmälerte, Länge etwa hundertfünfzig Meter. Nach rechts öffnete sich die Wiese und ging in ein Stoppelfeld über. Dichter Kiefernhochwald, dickungsartig mit Laubholzanflug unterstellt, grenzte sie ab. Die Erweiterung nach rechts zum Feld reichte oben an eine Kieferndickung. Auch ich saß am nächten Tag hier auf dem Hochsitz und sah über zehn Stück Rotwild.

Tadäus ging mit mir auf die Pirsch. Das Wetter war unangenehm. Es regnete zwar nicht, aber ein kühler Wind blies aus Nordwesten. Am Himmel segelten große Wolken dahin. Hin und wieder lugte der tiefblaue Himmel hervor, und die Sonne zeigte uns, wie schön es wäre, wenn sie schiene. Nach etwa fünfhundert Metern standen wir vor einer großen, breiten Viehwiese, die von Koppelzäunen durchzogen wurde. „Roßgärten“ sagt man dazu in Ostpreußen. Auf der Wiese wuchs kurzes, hartes, fast schilfartiges Gras. Dazwischen blinkten riesige Wasserpfützen. Hier würden wohl kaum Pferde oder Kühe weiden, von Wildäsung konnte bei diesem Zeug keine Rede sein. Dies stellte auch Tadäus fest und schimpfte halb Deutsch, halb Polnisch auf den schlechten Sommer. Wir pirschten am Waldrand entlang und kamen an einem Hochsitz vorbei. Der Weg führte wieder in den Hochwald hinein. Direkt aus dem Wald wechselte plötzlich eine Ricke über die Wiese, verhoffte noch einmal auf etwa hundert Meter und ging flüchtig zur anderen Seite hinüber ab.

Auch dort wuchs gemischter Kiefern- und Fichtenwald, in den man ein Stück hineinsehen konnte. Wir beobachteten die Ricke noch eine Weile und hofften, daß doch noch ein Bock auftauchen würde. Aber es rührte sich nichts mehr, obgleich die Jahreszeit nicht dazu angetan war, daß sich Rehdamen jetzt allein Naturbetrachtungen hingaben. Sie haben bekanntlich Ende Juli bis Mitte August andere Dinge im Sinn. Die Ricke, das mag ihr zur Ehre gereichen, war das erste Stück Rehwild, das ich nach dreißig Jahren in der Heimat Masuren sah. Das wiederum hob wesentlich meine Stimmung, besonders auch deswegen, weil wir in einer Senke einen Rotspießer, natürlich im Bast, mit guten Spießen ansprechen konnten. Er hatte uns bald weg. Der Träger wurde immer länger, und im spanischen Tritt, vor Neugierde fast platzend, trat er etwa fünf Meter auf uns zu. Die Lichter fielen ihm fast aus dem Haupt. Dann Wahrnehmen – Wind konnte er nicht haben – und ab ging's in eleganten Fluchten in den Wald.

Am späten Nachmittag hatte der Himmel etwas aufgeklart, und die untergehende Sonne erreichte die Baumwipfel. Die Vogelwelt setzte zum großen Gesangsfinale des beginnenden Abends an, der Wind ließ nach. Wildtauben gurrten, und über uns begannen die Wotansvögel, sehr zahlreich vertreten, zu ihren Schlafbäumen zu streichen. Wir wollten quer über die Wiese pirschen, die sich zur Enten- und Bekassinensuche entschieden besser eignete als zum Ansitz auf den roten Freiherrn, da erschienen im Wald drüben an der Stelle, an der die „ältere Dame" eingewechselt war, plötzlich zwei fahlgelbe Flecken. Glas hoch: Bock und Ricke. Sie sehr jung, also Schmalreh, er gesetzter. Handbreit standen die weißen Spitzen über den Lauschern. An Schießen war nicht zu denken, die Entfernung betrug dreihundert Meter. Der Bock zog hinter dem Schmalreh her tiefer in den Wald. Von Treiben bemerkten wir nichts. Tadäus schritt nunmehr zur Tat. Im weiten Bogen nach links ausholend, stelzten wir wie Störche durch die nasse Wiese, in der die Gräben mittleren tiefen

Der Verfasser und seine Frau

Bächen glichen. Die Gummistiefel nahmen natürlich Wasser über, aber was half's? Tadäus hatte mir erklärt, daß sich hinter dem Waldrand im Hochwald eine Wiese mit guter Äsung befand. Dahin würden die Rehe vermutlich ziehen. Trotz größter Vorsicht geschah die Überquerung der nassen Wiese nicht ganz geräuschlos. Nach etwa zehn Minuten erreichten wir eine wirklich schöne, nicht geschnittene Wildwiese. Wir setzten uns hinter einigen kleinen Kiefern mit guter Sicht an. Die Wiese war etwa 200×200 Meter groß, etwas Rot- und Weißklee wuchs wild zwischen hohem Gras und gelben Wiesenblumen, rot schimmerte blühender Sauerampfer dazwischen. Wir leuchteten sie mit den Gläsern ab. Wenn die Rehe, ohne Wind von uns zu bekommen, in die Wiese wechseln wollten, mußten sie von rechts kommen. Eine Stunde verging. Plötzlich Quorren in der Luft, zwei Schnepfen strichen über die Wiese. Dann stieß Tadäus mich an und wies nach halblinks. Ein großer roter Fleck stand am Waldrand. Glas hoch: ein Hirsch. Auch er war noch im Bast wie der Spießer. Das Geweih hatte er jedoch fertig geschoben, ein Achter mit fast tonnenförmig gebogenen Stangen, die oben etwas über handlang auseinanderstanden, ein mittelalter Hirsch, aber nichts Besonderes. II b würde man bei uns dazu sagen. Der Hirsch zog etwas in die Wiese, äste, warf auf, äugte herüber. Er mußte eine Prise Wind bekommen haben. Nach unruhigem Hin- und Hertreten wechselte er zurück. Den Bock sahen wir nicht. Wir brachen den Ansitz ab und bummelten in Richtung Auto. Auf dem Weg zum Wagen fragte ich nach Rotwildbestand und Geweihentwicklung. Tadäus zuckte mit den Schultern.

„Zuviel Hirsche und noch mehr Tiere. Geweihe sind nicht gut!" Dann wies er mit der Hand etwa in Richtung Süd-Ost. „Dort Revier mit starke Hirsche, kapital. Ich dort schießen starke Hirsche. Sie werden sehen morgen früh in meine Wohnung."

Nach einigen Minuten erreichten wir den Wagen und holten Hani ab. Er hatte vom Hochsitz aus zwei Spießböcke gesehen, Jährlinge mit kleinfingerlangen Stängelchen, dazu ein Schmalreh und eine führende Ricke. Er meinte, daß dort sicher kein besserer Bock stände, sonst wären die Jünglinge nicht so dreist gewesen und hätten versucht, das Schmalreh zu treiben.

Am nächsten Morgen um 3.30 Uhr rasselte der Wecker. Ein Blick durch das Fenster bot die erste Enttäuschung. Es regnete und wehte heftig. Dunkelheit lag über dem Wald. Der Regen ließ jetzt nach, der Wind blies aber kalt. Tadäus wartete auf uns an einer Kreuzung. Hier stellten wir unseren Wagen ab, stiegen in den „Warzcawa“ und fuhren langsam ins Revier.

An diesem Morgen setzte ich mich auf den Hochsitz, auf dem Hani gestern angesessen hatte. Praktisch war dieses Gerüst gewiß nicht, besser gesagt, völlig verbaut. Wenn man stand, konnte das Wild den Jäger wohl nicht eräugen, allerdings sah man auch nicht das Wild. Von Schießen war keine Rede, denn die Seitenwände ragten zu hoch. In der Mitte der vier Wände hatte man ringsherum ein Brett entfernt. Durch diese Sichtlücken sollte man im Sitzen beobachten und schießen. Jedoch ging das nur in fast liegender Stellung, denn die Ausschnitte lagen zu tief. Man bekam bei längerem Hinausschauen Nacken- und Rückenverspannungen. Ich schlug den Mantelkragen hoch und zündete mir eine Zigarette an. Es begann zu dämmern. Die Wolkendecke riß auf, die verblassenden Sterne blinkten durch die Lücken. Am Horizont kam ein heller Streifen auf, der immer breiter wurde. Ringsherum graute es, man konnte auf dieser Wiese, die ich bereits kurz beschrieben habe, die ersten Konturen erkennen. Die Wiese war leer. Mit dem Doppelglas suchte ich alles genau ab. Nach einer Rehwiese sah sie nicht aus, jedenfalls nicht das linke Oval. Binsen, Pfeifengras und Schilfgewächse wucherten in wirrem Durcheinander, dazwischen allerlei Blattpflanzen. Rechts vom Hochsitz blickte man auf ein Brennesseldickicht, das bis zum Waldrand reichte. Mir gegenüber näherte sich der Bestand bis auf fünfzig Meter, alter hoher Kiefernwald mit herrlichen geraden, hohen Stämmen. Dickungsgleich unterstellten hohe Holunderbüsche die Kiefern. Die Sonne ging blutrot auf. Es wurde noch kühler, der Wind von Nordwesten blies weiter. Vor die Sonne zogen erneut graue Wolken. Das schlechte Wetter blieb uns treu.

Als ich zu den Brennesseln hinüberschaute, entdeckte ich darin eine Ricke. Deutlich sah man am Gesäuge, daß sie führte. Sie äste hastig, warf dauernd auf und sicherte. Immer wieder äugte sie zurück zum Waldrand. Nun erschien ein einzelnes starkes Kitz und drängte zum Gesäuge der Mutter.

Von links zogen jetzt zwei Stücke Rehwild am Waldrand entlang auf den Hochsitz zu: Schmalreh und Bock, das sah ich ohne Glas. Aber was hatte der Bock auf? Zwei halbfingerlange Spieße, ganz eng gestellt. Im Wildbret wog er vielleicht zehn Kilogramm. Jetzt fehlte noch der zweite Spießbock, dann hatte ich den gleichen Rehwildanblick wie Hani gestern. Kaum gedacht, erkannte ich in den Brennesseln den dritten roten Fleck, ebenfalls ein Jährling, aber stärkere Spieße und mehr Wildbretgewicht.

Ich hatte mich für die Rehe so stark interessiert, daß ich das Wiesenoval links neben mir außer acht ließ. Als ich gelegentlich dort hinblickte, sah ich mitten in der Wiese Rotalttier, Kalb und Schmaltier äsen. Das Alttier warf dauernd auf und äugte zum gegenüberliegenden Waldrand. Den suchte ich nun mit dem Glas ab. Siehe da, es schimmerte rot zwischen den Holunderbüschen. Langsam, andauernd sichernd, zog ein Alttier, gefolgt von neun Stück Rotwild – Tiere, Schmaltiere und Kälber – heraus. Sie traten nach links zu den drei anderen Stücken. Dann schwenkten sie langsam zum hinteren Ende der Wiese und wechselten in den Hochwald. Meine Rehe waren inzwischen aus den Brennesseln verschwunden.

Nun saß ich wieder allein mit meinen Gedanken. Das letzte Rotwild sah ich 1944 Anfang September in der Heimat vor dem Jagdhaus eines Bekannten in Jakunowken bei Angerburg. Dort lag eines Morgens zur Strecke ein kapitaler 18ender mit nicht sehr langen, aber unterarmstarken schwarzen Stangen, blitzenden weißen Enden und starken Becherkronen. Der Jagdaufseher hatte ihn gestreckt als außerplanmäßigen Ia-Hirsch, denn in Richtung Goldap, Rominter Heide, war schon das Grollen der Front zu hören. Es sollte mein letzter Heimaturlaub in Angerburg sein. Zwei Böcke schoß ich damals in den 14 Tagen. Es war der Abschied. Meine Gehörne sind beim Zusammenbruch verlorengegangen.

Der Himmel bezog sich, und es begann wieder zu nieseln. Die Uhr zeigte kurz vor sieben, und um sieben Uhr wollten wir uns am Weg treffen. Ich hängte den Stutzen um, dabei stellte ich fest, daß ich keine Patrone im Lauf hatte (das ist natürlich noch keinem der Leser passiert!) und baumte ab.

Hani und Tadäus erwarteten mich bereits. Hanis Gesicht machte keinen sehr glücklichen Eindruck. Er erzählte mir, daß er gleich bei Tagesanbruch einen starken Sechser vor sich gehabt habe mit fast handlangen Stangen über Lauscherhöhe. Aber Tadäus habe behauptet, der Bock sei erst vier Jahre alt und noch zu jung. Nachdem man durch die Gegend, in der ich gestern unterwegs war, gepirscht war, wobei nur zwei Ricken in Anblick kamen, seien sie zu der Waldlichtung zurückgegangen. Tadäus erklärte den Bock nun doch für schußbar, nur war es jetzt zu spät. Er blickte uns leicht verlegen an und lud uns in seine Wohnung zum Frühstück ein.

Tadäus wohnte in einem Dorf in Richtung Neidenburg. Wir hielten vor einem einstöckigen Insthaus mit zwei Wohnungen. Die eine Wohnung war verfallen. Ein dreißig Meter breiter Teich umgab das Haus ähnlich wie ein Burggraben. Über ihn führte an einer schmalen Stelle eine kleine Brücke. Eine Treppe als Aufgang gab es nicht, dafür lagen vor der Tür zwei große Steine, die die Treppe ersetzten. Man kam zunächst in eine saubere, gut und modern eingerichtete Küche, in der uns seine junge Frau in gutem Englisch begrüßte. Durch die Küche gelangten wir in das Jagd- und Arbeitszimmer. Abgesehen von der sehr geschmackvollen Einrichtung, in der Radio und Fernseher nicht fehlten, befanden sich an den Wänden Trophäen, die selbst einen alten Jäger in erhebliche Erregung versetzen konnten. Dort hingen fünf oder sechs Geweihe, von denen mancher Rotwildjäger in der Bundesrepublik nur träumen kann. Die absolute Spitze war ein 18ender mit armdicken langen Stangen, herrlichen Becherkronen und weit über zehn Kilogramm Geweihgewicht. Der Hirsch hatte wenigstens 225 int. Punkte. Die Frage nach seiner Herkunft wurde recht unbestimmt beantwortet. Um die Geweihe waren die Wände mit Rehgehörnen, Keilerwaffen und Fuchsbälgen gespickt, wobei bemerkt werden muß, daß mindestens fünf Böcke 400 g überschritten. Zwei weitere Höhepunkte waren ein starker Wolfsbalg – Tadäus behauptete, der Wolf habe fünfzig Kilogramm gewogen – und der sauber präparierte Balg eines Marderhundes. Wie war Tadäus als Berufsjäger oder höherer Forstbeamter – wir haben seine Dienststellung nie erfahren – eigentlich an diese starken Trophäen gekommen? Er gab dieses Geheimnis nicht preis. Nur soviel erzählte er uns später, daß er Mitglied in drei Genossenschaftsjagden sei – Einzelpacht gibt es in Polen nicht – und dafür nach deutschem Geld etwa 900,– DM im Jahr zahlte. Uns wurde nun sein freudiges und bereitwilliges Geldtauschgeschäft klarer, jedoch war das noch nicht alles.

Nachdem wir uns gestärkt hatten, erzählte er aus seinem Jägerleben. Ich fragte ihn, woher er so gut Deutsch spreche, und bekam die sehr zweifelhafte Antwort: „Aus der Schule." Dann berichtete er von dem Wolf. Er hatte ihn in einem sehr strengen Winter in dem Revier, in dem wir jetzt jagten, nachts auf dem Ansitz geschossen, Die Frage, ob Wölfe wirklich zur Zeit Standwild seien, bejahte er.

Plötzlich erhob er sich und öffnete seinen Gewehrschrank. Darin standen fünf Gewehre: eine Büchse, eine Bockbüchsflinte mit Wechselläufen tschechischer Herkunft, eine Doppelflinte, ein Kleinkalibergewehr und ein Drilling. Für alle Kugelwaffen besaß er auch Zielfernrohre. Leider gelang es uns nicht, die Fabrikate der Gewehre zu erfahren, aber seine Doppelgläser konnte ich näher betrachten. Es waren drei: ein russisches 6×30 Glas, ein deutsches 8×56 Hensoldt, das er ständig führte, und ein Prismenglas 7×50 Zeiss – Marine mit Wehrmachtsadler und der Aufschrift „Marineflak-Abteilung Pillau". Wie er in den Besitz dieser Gläser gekommen war, sagte er nicht. Wir machten uns unsere eigenen Gedanken darüber.

Am Abend holte uns Tadäus zu neuen Taten ab. Im Wagen saßen bereits drei Jungen. Wir mußten deshalb bis zu dem beschriebenen See hinter ihm herfahren. Am See wurden die Jungen abgesetzt. Tadäus kniff ein Auge zu und führte uns dann ins Revier. Jagdlich brachte der Abend wieder eine Enttäuschung. Ich saß an einem Kahlschlag an, der von Fichtenhochwald und Kieferndickungen umgeben war. Hani pirschte mit Tadäus. Außer einigen Schnepfen sah ich nichts. Hani bekam auch kein Rehwild in Anblick, dafür aber ein starkes Stück Schwarzwild, wahrscheinlich einen Keiler, aber auf fast dreihundert Meter Entfernung. Als es dunkelte, fuhren wir wieder zum See zurück. Bald erschienen die drei Knaben. Jeder trug einen Wassereimer voller Krebse. Es waren mindestens dreihundert Stück. Ich schlug die Hände über dem Kopf zusammen: „Was sollen wir mit den vielen Krebsen?"

„Ein Eimer große für Sie, zwei Eimer kleine für mich. Ich werden setzen kleine in Teich, dann werden größer, dann ich gute Geschäft." Mir ging langsam ein Seifensieder auf! Dem Jungen drückte ich 20,– DM in die Hand, die mit Sicherheit später in Tadäus' Tasche wandern würden.

Am nächsten Morgen regnete es Strippen, doch war es nicht mehr so windig und kalt. Tadäus pirschte mit Hani auf den starken Sechser vom letzten Morgen. Mich hatte er in der Frühdämmerung an eine ungeschnittene Wiese angesetzt. Hier stand sicher Rehwild. Aber zunächst regnete es ununterbrochen. Langsam zögernd kam der Tag. Ein Fischadler zog über mich hinweg, kaum dreißig Meter hoch. In den Fängen trug er einen großen Karpfen.

Nachdem es mir gelungen war, trotz der Nässe zwei Zigaretten in Asche zu verwandeln, suchte ich zum wiederholten Male die Wiese mit dem Glas ab. Plötzlich bemerkte ich links von mir eine Bewegung im Gras am Rande des Birkenbruchs, ein Stück Rehwild, das langsam in die Wiese zog. Es gab hier also Rehe. Gespannt verfolgte und beobachtete ich das Stück, eine Ricke. Jedoch sah ich nie mehr als das Haupt. Alles andere blieb im Gras verborgen. Immer weiter zog die Ricke, ohne zu äsen, und verschwand mit einer Flucht wie ein roter Schatten im Hochwald. Mir kam ein nicht sehr hoffnungsvoller Gedanke. Wenn das ein Bock gewesen wäre, hätte ich nie schießen können. Der Bewuchs war zu hoch. Es gab keine Stelle, an der das Gras niedriger oder durch den Wind hinuntergedrückt war. Ein Blick auf die Uhr zeigte die sechste Morgenstunde. Der Regen hatte etwas nachgelassen, dafür konnte ich mich auswringen. Wegen der Feuchtigkeit begann ich, leicht zu frösteln. Ich wurde langsam unaufmerksam und sehnte mich nach einem Frühstück und trockener Kleidung.

Da! War da nicht wieder ein roter Schatten, der rechts vom Hochwald in die Wiese sprang? Ich blickte durch das Doppelglas und sah einen eisgrauen Kopf. Zwischen den Lauschern standen zwei starke gamsartig nach hinten gekrümmte und kaum vereckte Stangen mit dicken Perlen. Der Bock war eine Kugel wert! Er war alt, stark und abnorm. Aber wohin sollte ich schießen? Die Entfernung betrug etwa achtzig Meter, doch ich hatte nur das Haupt frei. Nach kurzem Verhoffen zog der Bock nach links auf das Birkenbruch zu. Ich entsicherte, stach ein und nahm ihn ins Zielfernrohr, entschlossen zu schießen, wenn ich auch nur den Trägeransatz in Anblick bekam. Ich sah aber immer nur das nickende, gesenkte Haupt des langsam durch die hohe Wiese ziehenden Stückes. Vielleicht gelang es am Rand des Bruches. Einmal sah ich einen Schimmer des Trägeransatzes, aber von Grashalmen überdeckt. Durch das Gras zu schießen war zwecklos.

Der Bock zog nun halb spitz am Bruchrand entlang von mir weg und verschwand in den Birken.

Vom Waldweg her erklang die Hupe unseres Wagens.

Hani und Tadäus strahlten. Tadäus machte den Kofferraum auf, darin lag ein toter Fixköter. „Flüchtig, auf achtzig Schritt mit Kugel! Prima! Tadäus bekommt Prämie. Herr Knödel schießt gutt!"

„So ist's richtig! Hani schießt den wildernden Hund tot, und Sie stauben die Prämie ab!" „Nix abstauben! Ich geben Krebsessen mit große Krebse", antwortete Tadäus schlagfertig.

Am frühen Nachmittag schien die Sonne, es wurde sogar etwas wärmer. Wir machten uns zunächst über die Krebse her. Wir schafften die hundert Stück in einer guten Stunde und waren nun gestärkt zu neuen Taten. Mein Sohn Dietrich begleitete mich und meinte, nunmehr werde es Zeit, einen Bock zu strecken. Die Hoffnung, drei zu erlegen, wie unser Antrag auswies, bestand längst nicht mehr.

Dietrich und ich wurden nach längerer Fahrt in einem neuen Revierteil abgesetzt. Hani und der polnische Jäger wollten sich um den erwähnten starken Sechser und den „Ziegenbock" von heute morgen, wie ich ihn getauft habe, kümmern. Tadäus beschrieb uns einen Hochsitz, zu dem ein Pirschweg führte. Nach etwa zweihundert Metern erreichten wir ihn und kletterten leise nach oben. Ich war angenehm überrascht, denn dieser Hochsitz schien stabil und in jagdlicher Hinsicht sehr gut gebaut zu sein.

Vor uns lag eine flache, fast runde Sumpfwiese, auf der zahlreiche Birken und große Weidenbüsche wucherten. Zu unserem Stand hin nahm der Bewuchs zu und schloß sich nach rechts zur Dickung. Die Wiese umgab ein lichter, alter Kiefernhochwald. Das Waldgelände stieg ringsum an, so daß die Wiese, eigentlich ein kleines Bruch, einem Talkessel glich. Der leise Wind kam von Südwesten, er stand uns entgegen. Der morgendliche Dauerregen war doch noch einem schönen ostpreußischen Sommertag gewichen.

Ein Freudengefühl durchzog mich, weil ich meinen Jungen bei dieser ersten Reise in die Vergangenheit dabeihaben und ihm meine Heimat zeigen konnte. Plötzlich brachte ein Rippenstoß meines Sohnes mich in die Gegenwart zurück. Er deutete auf ein dichtes Birken-Weidengebüsch auf der gegenüberliegenden Seite der Sumpfwiese. Dort schimmerte ein sehr rehverdächtiger, gelbroter Fleck durch die Zweige, die sich ziemlich heftig bewegten. Das war ein Reh, und zwar ein Bock, denn Ricken pflegen bekanntlich nicht zu fegen.

Wir starrten durch unsere Gläser, bekamen aber keine Klarheit. Zwar tauchten ab und zu für Bruchteile von Sekunden Lauscher oder ein graues Rehgesicht aus dem Blättergewirr auf, aber an ein Ansprechen war nicht zu denken.

Etwa zehn Minuten amüsierte sich der Bock in dem dichten Zeug, dann verschwand er. Wohin zog er, zum Hochwald oder auf uns zu in das Bruch hinein? Wieder verstrichen spannende Minuten. Wo kam er nur her, daß wir ihn bei der relativ übersichtlichen Wiese und dem raumen Kiefernwald ohne Unterholz nicht anwechseln sahen? Wahrscheinlich hatte er sich im Gebüsch niedergetan und den Nachmittag verdöst. Nun trieb ihn die Unruhe der Brunft hoch.

Unerwartet sahen wir den Bock an einer einzelnen Birke, dicht neben dem Gebüsch, teilweise von Schilfgras und einigen Birken verdeckt. Glas hoch: ein graues Gesicht, weiße Ringe um die Lichter, breiter starker Träger, sehr stark im Gebäude im Vergleich zu den Böcken in Deutschland, ein typischer Ostpreußenbock. Zwischen den Lauschern trug er dunkelgraue, mäßig starke, schlecht vereckte Stangen, wenig geperlt, etwas über handlang. Entweder hatte der Bock zurückgesetzt oder er war nie besser gewesen. Wahrscheinlich war das letztere der Fall, denn Rehwild in einem Rotwildrevier wird im Gehörn meistens nie sehr stark.

„Den Bock schießt du!" sage ich mir. Aber das Blatt ist von einer Grasbülte verdeckt. Die Entfernung beträgt etwa hundert Meter, also gerade richtig. Nur scheint der Bock meinen stillen Wunsch falsch verstanden zu haben, denn er zieht etwa zehn Schritte vor – an Schießen ist so schnell nicht zu denken – und verschwindet im nächsten Weidenbusch, der so niedrig ist, daß das Haupt herausragt. Also warten, er kann ja nicht ewig dortbleiben. Vorsichtig greife ich wieder zum Glas und sehe mir das Haupt nochmals an.

Daß er alt ist, steht fest. Nur wie alt er ist, kann ich nicht sagen. Ich habe erst etwa sechzig Böcke in meinem Leben geschossen und vielleicht dreihundert in freier Wildbahn gesehen. Es fehlt mir also an Erfahrung, und leider gehöre ich nicht zu den perfekten Jägern, die nach zehn Böcken jedes Stück sicher ansprechen können, besonders natürlich am Stammtisch oder nach dem Schüsseltreiben beim Skat. Es gibt da „gewaltige" Fachleute. Ich bin nicht traurig darüber, daß meine waidmännische Intelligenz nicht dazu ausreicht, denn auch so erfahrene Rehwildexperten wie Herzog Albrecht von Bayern sind im Ansprechen hin und wieder nicht ganz sicher. Ich befinde mich also in guter Gesellschaft.

Der Bock tritt langsam aus dem Strauch nach vorne und kommt, den Äser fast am Boden, halbspitz auf die Kanzel zu. Hat er die Fährte der Liebsten gefunden? Immer dichter zieht er heran, aber er bleibt halbspitz, stellt sich nicht breit. Jetzt besteht die Gefahr, daß er in den Birken und Weiden vor dem Hochsitz verschwindet. Ein scharfer Pfiff, hohen Hauptes verhofft der Bock. Am vorderen rechten Blattrand, etwas tief, steht der Zielstachel, als der Schuß bricht. Den Bock wirft es einfach um.

Zunächst sagten wir beide nichts. Als ich eine Zigarette und das Feuerzeug aus der Tasche zog, zitterten mir die Finger.

„Waidmannsheil zum ersten Ostpreußenbock nach dreißig Jahren. Übrigens, da rechts springt das Schmalreh in den Hochwald ab." Nüchtern und trocken kam es von der rechten Seite neben mir aus dem Mund meines Sohnes. Damit war der Bann gebrochen. Strahlend schüttelten wir uns die Hand, blieben aber auf dem Hochsitz. So früh wollte ich den Ansitz nicht abbrechen, auch war der Abend viel zu schön. Das Gekreisch der Eichelhäher war nach dem Schuß verstummt. Leichte Nebelstreifen zogen in der Wiese hin und her. Abendruhe senkte sich hernieder.

Wir stiegen vom Hochsitz und gingen in die Bruchwiese zum Bock. Das war aber gar nicht so einfach, wie es von oben aussah. Zunächst mußten wir einen Umweg machen, um über einen breiten, tiefen Wassergraben zu kommen. Dann nahmen die Gummistiefel in der Wiese Wasser über, bis wir die Birke am Anschuß erreichten. Da lag er, im Gebäude ein starker Bock. Da der Schuß schräg von oben fiel und das Geschoß Knochen faßte, war der Bock durch das reißende, sich zerlegende Projektil aufgebrochen. Ich vollendete die rote Arbeit. Dietrich kam mit einem Fichtenbruch, den er mir stolz überreichte, und gab dem Bock den letzten Bissen. Er war richtig angesprochen, und ich konnte vor Tadäus' kritischen Blicken bestehen. Es dunkelte schon, als wir das schwere Stück – 24 Kilogramm, wie sich später herausstellte – über Gräben und Wasserlachen zum Treffpunkt auf den Waldweg trugen. Dabei wurde uns doch ziemlich warm, und sämtliche Mücken in der Wiese hatten uns offensichtlich den Krieg erklärt und gingen zum Angriff über. Am Weg setzten wir uns auf einen Baumstamm und warteten. Es war dunkel geworden, Sterne blitzten am klaren Himmel, und surrend spulte über uns die Nachtschwalbe.

Es dauerte fast dreißig Minuten, bis über den bewaldeten Hügeln die Scheinwerfer des Wagens aufblitzten. Dann hielt er neben uns. Ich deutete stumm auf den Bock. Sofort wurde er von Taschenlampen angeleuchtet. Hani schüttelte mir mit „Waidmannsheil" die Hand. Tadäus faßte zunächst in den Äser. „Wie alt ist der Bock?" – dabei prüfender Blick. „Schätze 6–7 Jahre, Abschußbock." „Ist sieben, Selektionsbock" – dabei zufriedenes Nicken, und doch lag etwas Zögern in der Stimme.

War es Tadäus gegen den Strich gelaufen, daß ich zu Schuß gekommen war und den Bock gestreckt hatte? Wartete er bei seiner Geschäftstüchtigkeit zunächst auf den „gefüllten" Händedruck? Ich wehrte den unangenehmen Gedanken ab und beobachtete, wie er mit seinem scharfen Jagdmesser (deutscher Herkunft) die Blätter des Bockes lüftete.

„Nicht machen in Deutschland?" „Doch, aber nur bei Schwarzwild." Als Antwort kam nur ein Kopfwackeln. Wir legten den Bock in den Kofferraum und fuhren zu unserem Jagdhaus. Bei der Ankunft gab es großen Jubel. Nach dem Abendessen erschien „Napoleon", der polnische Verwaltungsmensch aus Allenstein. Tadäus fuhr nach Hause mit den Worten „Mänsch, Mänsch! Muß schlafen und zu Hause junge Frau", allerdings nicht ohne den Hinweis, daß wir für den nächsten Nachmittag „auf große Rak" eingeladen wären.

Wir setzten uns zusammen und tranken auf mein Waidmannsheil. Napoleon hielt kräftig mit, da er mit einem Militärfahrzeug und Fahrer gekommen war. Obgleich er nur ganz wenig Deutsch sprach, lief die Unterhaltung mit vielem Gestikulieren, polnischem, russischem und deutschem Wortgemisch sehr gut. Der Alkohol löste die Zunge, und aus dem zunächst etwas schweigsamen Polen wurde ein glänzender Unterhalter, der in fortgeschrittener Stimmung, unterstützt von Bogda, kleine Geschichten aus dem Leben von Tadäus erzählte. Wir hatten unheimlich viel Spaß, und wieder wurde mir aus den Gesprächen klar, daß die gepflegten „Klavierspielerhände" von Tadäus auf mangelnde körperliche Arbeit schließen ließen.

Der nächste Morgen sah uns wieder im Revier. Tadäus pirschte mit Hani angeblich auf „todsicherem“ Wechsel, ich saß an meiner „Ziegenbockwiese“. An einer Wiesenecke hatte ich eine von Gestrüpp total überwucherte alte Mauerruine entdeckt, die mir jetzt als Ansitz diente. Der Blick in die Wiese schien von oben herab nun freier, aber was nutzte das alles, wenn der Bock nicht kam. Zwar tauchten hintereinander zwei Ricken auf, sonst tat sich zunächst nichts.

Plötzlich hörte ich im Hochwald lautes Brechen, Hecheln und das Aufschlagen von Läufen. Dort treibt ein Bock, war mein erster Gedanke, und ich machte mich fertig. Aus dem Walde wechselte eine Ricke in hohen Fluchten und hetzte mit heraushängendem Lecker quer über die Wiese, gefolgt von einem mittelgroßen, schwarzweißen Hund. Ich riß die Büchse hoch, aber dreimal ging es daneben. Jedoch erreichte ich, daß die Töle mit eingeklemmter Rute von der Ricke abließ und im Birkendickicht verschwand.

Auf dem Waldweg traf ich bald auf Hani und Tadäus. Hani berichtete, daß sie getrennt gepirscht hätten. Der polnische Jäger habe auf der schon beschriebenen großen Waldwiese einen starken Bock in Anblick gehabt. Als sie sich wieder getroffen hätten und nach einer Viertelstunde zur Wiese zurückgekehrt seien, sei die Bühne leer gewesen.

Am Nachmittag folgten wir der Einladung zum Krebsessen. Wir hatten vier Flaschen Bulgarenwein mitgenommen, sehr zur Freude des Gastgebers, der sofort zwei verschwinden ließ und meinte, zwei wären auch genug, wir wollten ja noch Böcke – er sprach tatsächlich in der Mehrzahl – schießen. Die Krebse schmeckten ausgezeichnet und waren größer als die letzten aus dem See. Wo Tadäus sie „organisiert“ hatte, blieb sein Geheimnis. Seine Frau setzte sich auf ein Glas Wein zu uns. Ich unterhielt mich mit ihr in englischer Sprache. Sie war intelligent und gebildet, stammte offensichtlich aus gutem Hause vom Lande. Ich bekam heraus, daß sie seine dritte Frau war. Die erste zog nach der Scheidung mit fünf Kindern in die Bundesrepublik. Jetzt begriff ich auch, warum er so gut Deutsch sprach, denn sie war wahrscheinlich eine Deutsche. Die zweite hatte das Weite gesucht und Tadäus mit den zwei Kindern sitzenlassen. Seine jetzige Frau war sehr zufrieden. Sie erzählte mir, daß Tadäus sie auf Händen trage – Kunststück bei soviel Jugend –, sie zwar mit Haushalt, Garten,

Wohnung und Viehzeug viel Arbeit habe, dazu noch die beiden Knaben, aber ihr mache das Spaß, da sie es von zu Hause gewohnt sei.

Bevor wir am Abend in den Wald fuhren, bat ich Tadäus, uns am nächsten Vormittag nach Allenstein zu begleiten, wo wir ein Telegramm aufgeben wollten. Außerdem suchte Hani einen Samowar für seine Wohnung. Tadäus dachte scharf nach und sagte zu. Wir sollten ihn am Eingang eines in der Nähe gelegenen Dorfes abholen. Es paßte ihm gut, da auch er einkaufen wolle.

Die Abendpirsch verlief ohne Waidmannsheil.

Unsere Zeit ging zu Ende. Am letzten Morgen blieben wir auf der Pirsch in einer Revierecke zusammen, und zwar an der am Anfang beschriebenen Viehwiese. Ich setzte mich auf den Hochsitz, während Hani und Tadäus an den aussichtsreichsten Ecken pirschten. Das Wetter war schlechter geworden. Der Wind hatte wieder nach Nordwesten gedreht, blies ziemlich heftig und kühl. Aber es regnete nicht. Ich nahm Abschied von der „Neidenburger Heide". Wann würde ich sie wiedersehen, in ein oder zwei Jahren? Dann kehrten Hani und Tadäus von ihrem Pirschgang zurück. Sie waren im Frühlicht auf Schwarzwild gestoßen, ein starkes und ein schwaches Stück. Es gelang jedoch nicht, sie anzusprechen.

Nach kräftigem Frühstück fuhren meine Frau, Hani, Dietrich und ich zum Treffpunkt mit Tadäus. Er stand bereits am Dorfrand. Als er zustieg, fragte ich ihn, warum wir ihn ausgerechnet hier und nicht zu Hause abholen mußten. Die Antwort war typisch für ihn: „Ja, müssen Sie wissen, Herr Doktor, kommt heute Direktor von Wald aus Olstyn (Allenstein) und will sehen Revier von mir. Nun, ich werde ihn nicht treffen, denn wenn er fragt später, ich werde sagen, Wald ist groß, haben verpaßt." Guter Tadäus, Du bist schon ein „Schlitzohr"!

Nach dem Mittagessen kam „Napoleon" und brachte meinen Bock mit Unterkiefer. Jetzt, da er abgekocht und präpariert war, zeigte er sich als mittelstarker achtjähriger Sechser, etwa Ib, um die entsetzliche Bezeichnung zu gebrauchen. Wir packten unsere Sachen in den Wagen, nahmen Abschied und machten uns, nachdem wir mit Hilfe von Tadäus' Zlotys in Jedwangen getankt hatten, auf dem Heimweg nach Deutschland.

Seit etwa zehn Stunden rollten wir jetzt in Richtung Heimat. Hani und ich wechselten uns im Fahren etwa alle drei Stunden ab. Trotzdem strengte es an. Hani hatte mich gerade abgelöst. Irgendwo auf der Autobahn in der DDR zwischen Frankfurt und Helmstedt sagte meine Frau plötzlich: „Komisch, wenn ich die Augen zumache, sehe ich immer noch die Wälder und Seen in Masuren vor mir." Hani nahm den Fuß für einen Augenblick vom Gashebel: „Du, mir geht es genauso. Heinrich, ich habe bis heute noch nicht gewußt, daß es einmal so etwas Schönes in Deutschland gegeben hat und heute noch gibt, wenn auch nicht mehr in unserem Deutschland." Ich sah Hani an. „Daß Du alter Borkumer das sagst, freut mich ganz besonders. Mir tut nur leid, daß Du nicht zu Schuß gekommen bist. Aber was nicht ist, kann ja noch werden."

Ich sollte recht behalten, wenn auch ein paar Jahre später. Da beschenkte Diana meinen Freund auf ihre Weise.

Rominten

Wild brauset der Hain,
dort spähet der Schütze des Wildes Spur.
Kühn dringt er hinein,
durchwandert die Höhen,
die Täler, die Flur,
ihr schwebenden Wolken gedenket doch
mein im Hain.
Oh führt mich durch Felder und Wälder
zur Heimat ein.
Der Jugend Hain, der Seen Strand,
Masovia lebe, mein Vaterland.

Rominten! Dieses Wort faszinierte bis 1945 jeden deutschen Jäger, besonders jeden Rotwildjäger. Bei uns im Osten sprach man mit Hochachtung dieses Wort aus. Heute weckt der Name bei mir Erinnerungen an riesige Fichten- und Kiefernwälder, an undurchdringliche Dickungen, an sogenannte „wilde Jagden", in denen keinerlei Holzwirtschaft betrieben wurde, und alles blieb, wie die Natur es wachsen und sterben ließ. Das Wort erinnerte mich an große Wildwiesen, auf denen zur hohen Zeit im Herbst die Herbstzeitlose das Grün in ein leuchtendes Blau verwandelte, an fischreiche Seen, klare Flüsse und Bäche und besonders an den Rominter Kapitalhirsch, der dort seine Fährte zog und dessen dröhnender Brunftschrei im Herbst durch die farbenprächtigen Wälder hallte, über die sich der tiefblaue Herbsthimmel Ostpreußens wölbte.

Für uns Jungjäger bedeutete Rominten einen kaum zu erfüllenden Traum vom Jagen auf Rotwild, und gespannt hörten wir die Erzählungen der Alten von berühmten Hirschen, wie dem „Pascha" oder dem „Vierundzwanziger", zu denen später die durch Walter Freverts Hege herangewachsenen Kapitalhirsche wie „Matador", „Leutnant", „Odin" und viele andere kamen.

Was wäre aus diesem Rotwildrevier noch geworden, wenn der unselige Krieg es nicht zerstört und zweigeteilt hätte in einen polnischen und in einen russischen Teil?

Frevert schreibt in seinem Buch „Rominten", daß die Rominter

Heide auf dem besten Wege war, das berühmteste Rotwildrevier der Welt zu werden. Die dort erlegten Hirsche bewiesen es, und noch heute stellen vier Kapitalgeweihe, darunter der berühmte „Matador“, Höhepunkte unter den Trophäen im Deutschen Jagdmuseum in München dar.

Die Entstehung des Reviers und seine Geschichte sind durch Frevert in so hervorragender Weise in den Büchern „Und könnt' es Herbst im ganzen Jahr bleiben“ und „Rominten“ beschrieben worden, daß sich jedes weitere Wort erübrigt. Er hat mit dieser Literatur der Rominter Heide ein Denkmal gesetzt, zu dem nur ein Mann wie Frevert berufen war. Obgleich er Ostpreußen nur zu seiner Wahlheimat erkor, ist er in der kurzen Zeit seines Wirkens, sieben Jahre, in dieses Land hineingewachsen.

In diesem Buch soll von dem Rominten der Gegenwart die Rede sein, bzw. von dem Teil, der von Westeuropäern, also auch von uns, noch besucht werden darf. Das ist das polnische Gebiet der Heide. In bezug auf das Wild bilden der polnische und der russische Teil noch ein Ganzes. Der polnische Teil des ehemaligen Oberforstamtes setzt sich aus den vormaligen Forstämtern Wehrkirchen (Szittkehmen) und Goldap sowie kleinen Teilen des Forstamtes Rominten zusammen, wobei gesagt werden muß, daß das Forstamt Goldap vor dem 1. Weltkrieg nicht zum Oberforstamt Rominten gehörte. Verwaltet wird dieses Gebiet von etwa 12 000 ha durch das neue polnische Forstamt Goldap, dessen Leiter ein Oberförster ist, etwa einem deutschen Forstdirektor gleichzusetzen. Vom eigentlichen gegatterten Heiderevier (25 000 ha) und den angepachteten, angrenzenden Revieren (etwa 10 000 ha) ist also nicht ganz die Hälfte auf polnischer Seite übriggeblieben. Der Gatterzaun existiert nicht mehr. Man trifft hier und dort noch auf Reste. Wenn ich dennoch von „Rominten“ spreche, obgleich das frühere Oberforstamt und das Dorf Rominten auf russischer Seite liegen, so hat es mehrere Gründe.

Im Sommer 1869 wurden die beiden Oberförstereien (später Forstämter) Goldap und Szittkehmen eingerichtet. 1889 nannte man die Oberförsterei Szittkehmen in Rominten um. Diese Regelung blieb bis zum Jahre 1926 bestehen. Dann erhielt Zytkiejmy seinen alten Namen zurück, während der Ort Teerbude um die Jahrhundertwende in Rominten umgetauft und die Oberförsterei Goldap 1926 zur

Goldaper See in der Rominter Heide

Goldapgarsee bei Angerburg *(links)*. – Mauersee, Pristanier Bucht *(rechts)*

Oberförsterei Rominten verlegt wurde. Somit haben sowohl Zytkiejmy als auch Goldap einmal den Namen „Oberförsterei Rominten“ getragen bzw. dazugehört. 1938 wurden das Forstamt und der Ort Szittkehmen in Wehrkirchen umbenannt. Das Forstamt Goldap erscheint nicht mehr als eigenes Forstamt im Bereich Rominten, denn 1938 wurde die Heide Staatsjagdrevier und erhielt den Namen „Oberforstamt Rominter Heide“.

Als nach dem Zusammenbruch 1945 die polnisch-russische Grenze gezogen wurde, verlief diese ohne Rücksicht auf natürliche Grenzen – die Rominter Heide wäre eine solche gewesen – quer durch das Revier, d. h. sie beginnt an der westlichen Seite der Heide etwa vier Kilometer nördlich von Goldap, quert in fast östlicher Richtung die Heide und verläßt sie etwa zwei Kilometer nördlich des alten Forstamtes Wehrkirchen, um ebenfalls fünfhundert Meter im Norden die Straße Wehrkirchen-Gumbinnen zu kreuzen. Hier steht als einziges Grenzzeichen über der alten Chaussee ein Schlagbaum mit Schild. Wenn man also von Goldap nach Wehrkirchen fährt, führt die Straße zweiunddreißig Kilometer in fünf bis sechs Kilometer Entfernung an der Grenze entlang durch das heutige Forstamt Goldap-Zytkiejmy, das ich nun wieder Rominten nenne.

Die beschriebene Grenze ist für das Wild der Rominter Heide natürlich fiktiv. Es gibt in dem riesigen Waldgebiet keine Grenzmarkierungen. Wer nicht genau den Verlauf kennt, ist plötzlich in Rußland, ohne etwas gemerkt zu haben. Nur an großen breiten Waldwegen erinnern gelb-rote Warnschilder daran, daß nunmehr Polen aufhört. An Dickungen oder Hochwaldbeständen entlang entdeckt man bei genauem Hinsehen ab und zu einen Grenzstein, der meist mit Gras überwachsen ist.

Als mein Freund Hani eines Morgens einen Waldweg entlangfuhr, bemerkte er plötzlich gar nicht weit neben sich einen parallel verlaufenden Weg, auf dem ein Jeep mit Soldaten auftauchte. Hani fragte seinen Jäger: „Was ist das?“ Dieser antwortete gleichgültig: „Na, Ruski!“ Auf die erstaunte Frage, wo die Grenze sei, deutete der Jäger in den Graben neben dem Weg, auf dem sie fuhren, und meinte: „Nu, da Granica!“

Das war für meinen guten Hani eine Überraschung. Er wartete, bis der russische Jeep verschwunden war, stoppte, sprang aus dem Wagen und über den Graben, rannte um eine dort stehende dicke Eiche, kam zurück und rief: „Hurra! Ich war in Rußland." Das weckte den Jäger aus seiner Lethargie, und er schrie, wild gestikulierend: „Varriekt, varriekt!"

Das Wild wechselt je nach Jahreszeit und Äsungsangebot, nach Ruhe und Störungen von der einen auf die andere Seite. Vor einem gestreckten Elch, der fast rote frischgefegte Stangen hatte, sagte ein polnischer Förster lachend: „Kommt von andere Seite, is sich Kommunist, hat sich rote Stangen."

Wildfolge in unserem Sinne gibt es nicht. Es besteht lediglich eine Telefonverbindung zwischen dem polnischen Militär in Goldap und den Russen. Man ruft auch drüben an und meldet genau, wo das Stück über die Grenze gewechselt ist. Die Russen suchen dann angeblich nach, aber es ist noch nie eine Trophäe oder das gemeldete Stück abgeliefert worden. Wahrscheinlich wandert es in die Bratpfannen der russischen Soldaten oder der Zivilbevölkerung, für die keine Jagdmöglichkeiten bestehen. Wenn ein krankgeschossenes Stück nicht weit über die Grenze gewechselt ist, suchen die polnischen Jäger gelegentlich auf der anderen Seite nach. Treffen sie auf russische Grenzposten, zeigen sie ihren Ausweis vor und sagen, sie hätten sich verlaufen, was im übrigen bei Waldarbeitern in alkoholisiertem Zustand öfter vorkommt. Die Russen schicken sie dann zurück.

Bevor ich meine jagdlichen Erlebnisse in der Heide schildere, will ich auf die Wildsituation eingehen. Wie Frevert bereits berichtet, hat dieses Traumrevier 1944/45 den absoluten Niedergang seines Wildbestandes, besonders des Schalenwildes und hier wieder des Rotwildes, erlebt. Im Herbst 1944 begann der Großangriff der russischen Heere auf Ostpreußen. Viermal stießen die sowjetischen Streitkräfte durch die Rominter Heide bis nach Goldap vor. Viermal wurden sie unter starken Verlusten zurückgeschlagen, bis die Kraft der deutschen Truppen erlahmte und der Untergang Ostpreußens besiegelt war. Der Rominter Wildbestand wurde bis auf geringe Bestände zusammengeschossen. Die Verpflegungslage der Truppen war schlecht, der Rest der Zivilbevölkerung hungerte. Jedes Stück Wild bedeutete eine Bereicherung der kargen Ernährung. Die gesamte Rominter Heide war zum wildleeren Raum geworden. Der polnische Forstamtsleiter von Goldap erzählte mir, daß bei Übernahme des südlichen Teis von

Ostpreußen und damit auch des jetzt polnischen Teils der Heide dort noch acht Stück Rotwild ihre Fährte zogen. Im russischen Teil ist es sicher nicht besser gewesen. Nur langsam fand der Rest des Rotwildbestandes, der sich hatte retten können, wieder den Weg nach Rominten. Ein Teil des Rominter Rotwildes ist mit Sicherheit in die „Borkener Heide", den „Heidwalder Forst" und in die „Johannisburger Heide" abgedrängt worden, denn auch dort findet man typische Rominter Geweihe, wie das Beispiel des im vorhergehenden Kapitel beschriebenen Hirsches von Tadäus zeigt. Der Restbestand hat sich jedoch auch in Rominten vererbt. Der Forstamtsleiter, der übrigens Freverts Buch „Rominten" besitzt und sich daraus ein gutes Wissen über Romintens Rotwild angeeignet hat, sagte mir, daß sich zur Zeit ein Bestand von ca. 120 bis 150 Stück in seinem 48 000 Morgen großen Revier befinde. Die Zahl schwankt natürlich etwas durch Zu- und Auswechseln über die offene Grenze. Der Typus des Rominter Hirsches ist erhalten geblieben, wie in einem späteren Kapitel zu lesen ist.

Durch den Krieg trat in der Rominter Heide noch ein Phänomen ein. Elchwild war bekanntlich in jüngerer Zeit in der Rominter Heide kein Standwild, sondern ist nach Frevert am Ende des 18. Jahrhunderts abgewandert. Hin und wieder wechselte noch ein Stück durch die Heide. Das letzte Mal wurde ein Spießer 1932 beobachtet. Der Elch blieb aber auf der Kurischen Nehrung und im Elchwald Standwild.

Die hervorragende Hege von Oberforstmeister Kramer bewahrte dieses urige Wild vor dem Aussterben in Ostpreußen. Schon Ende der 30er Jahre gab es im Oberforstamt Elchwald einen sehr guten Bestand. Wie bereits gesagt, wurde durch die Kämpfe um Goldap und die Heide fast der gesamte Wildbestand vernichtet. Durch das nördlich gelegene Staatsrevier Elchwald stießen die russischen Truppen bis vor Königsberg schnell durch. Die Schäden in den Wildbeständen waren hier relativ gering. Daran schloß sich im Süden die Rominter Heide mit riesigen, teils urwaldartigen Waldbeständen, Brüchen, Sümpfen und Dickungen als fast wildleeres Revier an.

Nachdem die Russen nach der endgültigen Einnahme Goldaps im Januar 1945 weiter nach Masuren in Richtung Angerburg, Lötzen, Rastenburg und Allenstein auf den Weichselbogen und Danzig vorstießen, wurde es in Romintens Wäldern wieder ruhig. Das Wild und besonders das Elchwild, von Norden und Osten kommend, zog in das leere Gebiet der Rominter Heide. Heute übertrifft der quantitative Elchbestand dort den Rotwildbestand. Die Rominter Heide hat sich also dem Elchwald angeglichen. Wahrscheinlich wandert künftig noch mehr Elchwild vom Norden Ostpreußens in die Heide ein, denn hier hat dieses starke Wild mehr Ruhe. Im Revier Elchwald soll es aus verschiedenen Gründen entschieden unruhier geworden sein als vor dem Krieg, als dort der Elch unter Kramers Hege betreut und geschützt wurde.

In der Rominter Heide sind Elche ein täglicher Anblick. Die polnischen Forstbeamten lieben das Elchwild wegen des erheblichen Wildschadens nicht sehr. Mit ihrem Gewicht überreiten sie Bäume von drei bis vier Metern Höhe und äsen die Kronen, in denen die zartesten Triebe wachsen.

Das Elchwild hat offensichtlich das Damwild, das unter Frevert in der Heide schwach vertreten war, abgelöst. Hasen und Füchse gibt es als Niederwild, nur war schon vor dem Krieg der Hasenbesatz in Ostpreußen nicht überwältigend. Er ist heute genauso mäßig. Über das Rehwild werde ich gesondert berichten, ebenso über das starke Vorkommen von Schwarzwild.

Einige Worte sollen dem Wolf gewidmet werden. Er ist heute Standwild in Rominten. Bekanntlich ziehen Kriege oder andere, häufig durch Seuchen bedingte Katastrophen, die aus den Weiten Rußlands kommen, den Wolf mit sich. Der Bestand ist stark wechselnd und hängt von der Härte der Winter ab. In strengen Wintern ist der Zuzug in der Rominter Heide stärker als bei milderen Temperaturen.

Frevert beschreibt das Vorkommen von Wölfen in der Heide, das in einem gepflegten Gatterrevier aber eine Unmöglichkeit darstellt. Auch heute wird der Wolf kurzgehalten, da er vor allem in die Schafherden und Ziegenställe einbricht.

Abschließend noch einige Worte über die Jagd in Rominten. Es steht fest, daß die polnischen Jäger für ihre sorgfältige Hege und für ihre Liebe zum Wild seit eh und je bekannt sind. Bereits vor dem Kriege wurde dort nach strengen Grundsätzen der Waidgerechtigkeit gejagt, wie man es auch bei Frevert nachlesen kann. Die Erhaltung des

Wisents in Europa nach dem Kriege ist den polnischen Jägern, Forstbeamten und Hegern zu verdanken. Die Bejagung von Luchs und Wolf – auch ersterer soll noch vereinzelt in der Rominter Heide vorkommen, ist aber geschützt – wird nur nach Abschußplan durchgeführt, ebenso ist der Abschuß von Rotwild und Elchwild begrenzt.

Rominten ist als Hochwildrevier noch im Aufbau. Darum herrschen dort entsprechende Hegebestimmungen. Es werden außer auf den Wolf keine Drück- und Treibjagden abgehalten, auch nicht auf Sauen. Der dortige Forstamtsleiter und der Direktor in Bialystok haben dafür ihre Gründe, die durchaus einleuchtend sind und akzeptiert werden müssen. Bei Drückjagden, so sagen sie, wird zuviel Wild krankgeschossen. Der Rotwildbestand ist auch zu gering, als daß man sich der Gefahr eines falschen Abschusses bei Drückjagden aussetzen will. Obgleich der Schwarzwildbestand erheblich ist, wird auch bei seiner Bejagung nicht getrieben oder gedrückt. Hier gilt ebenfalls als Begründung der Verlust krankgeschossenen Wildes. Weiterhin, so sagte mir der Oberförster, werden dabei zu viele Bachen geschossen. Als Jagdarten kommen nur Ansitz und Pirsch oder Pirschenfahren in Frage. Beim Pirschenfahren werden pferdebespannte Pirschwagen, Personenkraftwagen und Schlitten benutzt.

Nun höre ich schon den Schrei gewisser Waidgenossen über unwaidmännisches Jagen mit dem Personenkraftwagen. Gemach, gemach, liebe Waidgenossen! Früher fuhr man mit Segelschiffen nach Amerika, heute fliegt man in Düsenmaschinen dorthin. Es dürfte ziemlich gleichgültig sein, ob man mit 2 PS oder mit 100 PS über die Waldwege fährt oder ob man zum Schießen aus dem Auto steigt oder vom Pirschwagen klettert. Es ist also eine Sache des Gefühls und der inneren Einstellung zum Gefährt und der Jagd. Ich persönlich fahre auch lieber mit dem pferdebespannten Pirschwagen oder dem Schlitten. Ich halte es aber für unberechtigt, den Personenkraftwagen oder den Geländewagen als „unwaidmännisch“ zu verdammen.

Die beiden Jagdarten genügen, um den Abschuß von Hirschen – Tiere oder Kälber werden kaum erlegt – zu erfüllen. Die Hirsche werden meist nur von ausländischen Jagdgästen geschossen, und der Abschuß ist begrenzt. Beim Elchwild beträgt die Abschußziffer in der Heide zur Zeit etwa acht Elchhirsche und zwanzig Elchtiere. Auch die

Erfüllung dieses Abschusses bereitet keine Schwierigkeiten. Anders sieht es beim Schwarzwild aus. Hier müssen etwa hundertsechzig bis zweihundert Stück erlegt werden. Der Anteil der Gästestrecke mag vielleicht vierzig Stück betragen, wenn die polnische Prominenz – es gibt sogenannte „Ministerkeiler" – als Erleger mitgerechnet wird. Der Rest des Abschusses von hundertzwanzig bis hundertsechzig Stück muß durch die Revierbeamten erfüllt werden, und das dürfte bei den naturgegebenen Revierverhältnissen wohl unmöglich sein, wenn nur Pirsch und Ansitz zur Verfügung stehen. Daher werden zumindest in Rominten Sauen an der Kirrung geschossen.

Der Abschuß geschieht aber nicht wahllos, denn jedes Stück Schwarzwild muß vor dem Schuß genau angesprochen werden, wie mir der Forstamtsleiter der Oberförsterei in Goldap versicherte. Auch sei der Schuß an der Kirrung weitaus sicherer als bei Drückjagden. Man darf als deutscher Jäger in diesem Falle die Kirrung nicht mit Fütterung in harten Wintern verwechseln, an der bei uns die Bejagung des Wildes als unwaidmännisch gilt. Kirrungen gibt es auch bei uns. Sie dienen aber nicht dem Wahlabschuß des durch den Fraß angelockten Wildes, sondern sie sind notgedrungen angelegt, um eventuell bei Ausbruch der Schweinepest kranke Stücke zu erlegen. Das gilt in unserem Sinne nicht als unwaidmännisch. Eine Drück- oder Treibjagd in Rominten würde das Wild auch erheblich stören und es auswechseln lassen. Die polnischen Forstbeamten sind deshalb immer sehr erfreut, wenn auf der russischen Seite große Gemeinschaftstreibjagden abgehalten werden. Sie sind nämlich die Hauptjagdart der Russen in der Heide. Es finden im Herbst drei derartige Jagden statt. Besonders das Rotwild wechselt dann in den ruhigeren polnischen Teil, und einige alte starke Hirsche nehmen hier ihren Einstand.

Oft muß man im Leben mit der Nase auf sein Glück gestoßen werden. So ging es mir jedenfalls mit der Jagd in Rominten. Als wir von unserer Jagdreise nach Czarny Piec auf unsere Insel zurückgekehrt waren, kam auf meine Frau und mich zunächst eine Menge Arbeit zu. Wir hatten mit dem Bau unseres eigenen kleinen Hauses begonnen, das unser Alterssitz werden sollte. Im November 1974 zogen wir in unser neues Domizil. Da viele Häuser auf Borkum einen Namen haben, tauften wir das unsrige auch. Was lag näher, als es „Haus Masuren" zu nennen.

Auf eine Fahrt in die alte Heimat mußten wir jedoch 1975 verzichten. 1976 aber konnten wir uns den Wunsch erfüllen. Wir hatten uns als Termin den Juni ausgesucht. Ich wußte aus meinen jungen Jahren, daß das Wetter dort in dieser Jahreszeit meistens schön ist. In Ostpreußen ist der Frühling kurz. Der Übergang von der kalten zur warmen Jahreszeit erfolgt schlagartig. Auch vermieden wir das Heer der Beeren- und Pilzsammler zur Blattzeit.

Als Ziel hatten wir uns wieder Czarny Piec ausgesucht, da Tadäus uns während unseres Jagdaufenthaltes 1974 geraten hatte, Ende Mai, Anfang Juni zu kommen. Geringe Bedenken bestanden wegen der Böcke, die bei einem langen Winter in Ostpreußen später verfärben und noch nicht ganz rot sein können. Diese Überlegung fegte jedoch bei einem Telefongespräch Landforstmeister Erdmann, den ich vor solchen Reisen immer konsultiere, mit dem prägnanten Satz weg: „Man juch ja um die Decke nicht, man juch ja ums Geweih."

Wir trafen also alle Vorbereitungen zum Start am 30. Mai. Hani und seine Frau wollten an der Jagdreise teilnehmen, und wir beabsichtigten, um beweglicher zu sein, jeder mit seinem Wagen zu fahren. Acht Tage vor der Abfahrt erhielt ich einen Anruf der Hamburger Agentur. Man teilte mir mit, daß das Gästehaus in Czarny Piec umgebaut werde. Das war einmalig! Zur Bockjagd bauten die Polen die Gästeunterkunft um! Man bot uns sofort Ersatzreviere an. In Augustow wären für Hani und mich je drei Böcke frei und in Zytkiejmy/Forstamt Goldap je zwei. Goldap war der Nachbarkreis meines Heimatkreises. Mehrfach hatte ich als Schüler gegen die Oberschule Goldap Fußball oder Handball gespielt. Da war ich ja nur achtzig Kilometer von meiner Heimatstadt Angerburg und dem Mauersee entfernt. Bei der Nennung des Ortes Zytkiejmy horchte ich auf. Sollte das etwa das Forstamt Wehrkirchen bzw. Szittkehmen sein, ein Forstamt der Rominter Heide? Das schien unmöglich, die Heide war doch russisch! Zunächst entschied ich mich für Goldap. Dann wurden deutsche und polnische Landkarten geprüft und siehe da, Zytkiejmy war Wehrkirchen und lag noch in Polen. Die russische Grenze verlief direkt oberhalb des Ortes. Aber noch etwas anderes sagte die polnische Karte aus, nämlich, daß mehr als ein Drittel der Rominter Heide noch polnisch war. Zunächst konnte ich es gar nicht glauben, daß ich – was mir zur deutschen Zeit nie vergönnt gewesen wäre – unter polnischer Oberhoheit in dem berühmten früheren Staatsoberforstamt jagen konnte.

Nach Frevert waren die Rehböcke in Rominten zwar nur mäßig stark, aber wir wollten ja nicht gleich Goldmedaillenböcke schießen. Allein die Möglichkeit, an dieses Revier Anschluß zu bekommen, war die Reise wert. So starteten wir am 30. Mai 1976 voller Hoffnung und guter Dinge in Richtung Osten.

Die Fahrt bis Goldap verlief ohne Komplikationen. Auf unserer Anweisung stand, daß wir uns am 1. Juni bis 16 Uhr auf dem Forstamt Goldap melden sollten; pünktlich fuhren wir vor. Wir hätten keine Minute später in Goldap ankommen dürfen, denn die einzige noch vorhandene Angestellte war gerade dabei, Feierabend zu machen. Die Verständigung gestaltete sich etwas schwierig, aber dann erschien ein Forstbeamter, der uns in Richtung Zytkiejmy begleitete. Kurz hinter Goldap trafen wir auf einen Geländewagen des Forstamtes, und so fuhren wir die letzte Strecke im Konvoi.

Bekannte, etwas polonisierte Dorfnamen tauchten auf. Das waren alles Namen ehemaliger Revierförstereien der Forstämter Goldap, Rominten und Wehrkirchen wie Jörkischken, Budweitschen, Bludszen oder Blindischken. Wir befanden uns also mitten in der Rominter Heide. Von Blindischken führte die Straße durch Fichtenhochwald. Als wir den Wald durchfahren hatten, bogen wir in eine Eichenallee ein, an deren Ende das alte Forsthaus Szittkehmen lag. Es war geschafft!

Empfangen wurden wir vom Forstamtleiter des Forstamtes Goldap, Oberförster Andrzej Krajewski und seiner Frau Zofia, die im alten Forstamtsgebäude wohnten, das für die nächsten acht Tage auch uns beherbergen sollte. Die beiden waren uns sofort sympathisch. Andrzej, ein mittelgroßer, schlanker, dunkelblonder Mann, war 31 Jahre alt, mit lustigen blauen Augen, die immer schalkhaft blitzten. Dennoch sah man ihm genau an, daß er wußte, was er wollte. Das merkte man auch deutlich am respektvollen Auftreten der unterstellten Forstbeamten. Trotz seiner Jugend leitete er das Forstamt seit 7 Jahren, hatte also mit etwa 24 Jahren die Stellung eines Landforstmeisters bei uns, und ist Herr über 12 000 ha Wald mit Hochwild. Wie wir später feststellten, verdankt er diese Stellung vor allem seiner Intelligenz und nicht irgendeiner Protektion. Sein Auftreten, sein

Benehmen und sein Charme entsprachen der alten polnischen Kavaliersschule. Die Krajewskis leben hier genauso wie vor dem Kriege die ostelbischen Forstmeister, die bekanntlich Vierelang fuhren und vom Amtsrichter gegrüßt wurden. Andrzej besitzt einen eigenen Wagen, ein Reitpferd, dazu Radio und Fernseher und bewohnt eine Vierzimmerwohnung mit Küche und Bad, also alles Dinge, von denen ein normaler polnischer Beamter in der Stadt nur träumen kann. Dazu kommen noch Kühe, Schweine und Geflügel sowie eine kleine Landwirtschaft. Die beiden haben zwei Kinder, einen Jungen und ein Mädchen, die die Intelligenz und das gute Aussehen ihrer Eltern geerbt haben.

Nach unserer Ankunft wurden uns unsere Zimmer im ersten Stock des alten Forsthauses zugewiesen. Die Zimmer waren sauber und geschmackvoll eingerichtet, Waschwasser und Toiletten funktionierten.

Nach dem Essen lud uns Andrzej zum „Zubrowka“ ein. Dabei wurden die Jagdtage besprochen und vor allen Dingen das Revier Rominten. Der Name „Zubrowka“ wird noch öfter erwähnt werden, darum eine kurze Erklärung. „Zubr“ heißt der Wisent. Es gibt im Białowieski-Park ein bestimmtes Gras, das Wisentgras heißt. Auf einem Extrakt dieses Grases wird der Wodka aufgesetzt, und in jeder Flasche steckt ein Halm des Grases. Der Wodka ist gelblich und schmeckt wie eine frischgeschnittene Wiese riecht, also ausgezeichnet.

Andrzej war über das alte deutsche Staatsrevier hervorragend informiert. Da er Freverts Buch besaß, konnte er Vergleiche zwischen damals und heute anstellen. Seine Hegemaßnahmen schlossen sich denen Freverts weitgehend an. Auf meine Frage nach den Hirschen des alten Rominten bestätigte er, daß wieder kapitale Geweihe in der Heide wüchsen und der Rotwildbestand qualitativ auf dem besten Wege sei, an die Vergangenheit anzuschließen, was uns zwei Jahre später bestätigt wurde. Neu war mir das Vorkommen von Elchen. Er zeigte uns Abwurfstangen und Schaufeln.

Unser Hauptinteresse galt natürlich dem Rehwild. Es ist vor dem Kriege in der Heide qualitativ nie besonders gut gewesen. Bereits Wallmann und danach Frevert haben damals versucht, mit allen hegerischen Mitteln die Stärke der Gehörne zu verbessern. Es ist nicht gelungen. Das Rehwild blieb, wie Frevert sagt, mittelmäßig. Der

Grund hierfür ist unbekannt. Es existieren nur Theorien in der Jagdwissenschaft über diese Tatsache. Es ist auch nachweisbar, daß in guten Rotwildrevieren nie starkes Rehwild steht. Warum das so ist, bleibt vorläufig noch ungeklärt, wenngleich Freverts Theorie über die Periodizität in der Tierwelt etwas für sich hat. Es steht weiterhin fest – wie H. Beninde schon vor dem Krieg nachgewiesen hat –, daß eine Tierart qualitativ geringer wird, wenn die Quantität zu stark ansteigt. Bei dem Rehwildbestand der Bundesrepublik ist das sicher der Fall, denn er ist in einigen Revieren quantitativ zu groß. Die 500 g-Bockgehörne, die in der Bundesrepublik in den letzten Jahren erbeutet wurden, sind selten geworden. Dagegen hat die Anzahl der Knopfspießer zugenommen, vom Wildbretgewicht ganz zu schweigen. Ein 19 Kilo-Bock, der in Ostpreußen vor dem Krieg Durchschnitt war, ist heute bei uns schon etwas Besonderes.

Eine wesentliche Rolle spielt natürlich auch das Biotop. Man kann, wie Herzog Albrecht von Bayern bewiesen hat, in einem entsprechend großen Gatterrevier bei strenger Hege mit der Büchse und entsprechender Äsung, die durch Zufüttern von Kraftfutter künstlich verbessert wird, Kapitalböcke heranziehen, wenn man sich nur auf das Rehwild konzentriert. Ähnliche Verhältnisse wie in einem Gatterrevier lassen sich auf einer größeren Insel erreichen, besonders dann, wenn vorher kein Rehwild vorhanden war und wenn man beim Aussetzen mit einem Null-Bestand anfängt. Zunächst wird man erleben, daß bei geringer Wilddichte Kapitalböcke heranwachsen, selbst bei schlechtem Biotop. Nimmt jedoch der Rehwildbestand stark zu, tauchen die ersten 10 Kilo-Knopfspießer auf, die natürlich erlegt werden müssen. Es wird dann aber auch 14 oder 15 Kilo schwere Jährlinge mit dem gleichen mickrigen Knopfspießergehörn geben. Bringt man einen solchen Bock mit einer Ricke in ein genügend großes Gatter mit guter Äsung und füttert noch zu, dann wird dieser Jüngling als zweijähriger Bock bereits braver Sechser sein und der Vater von gutem Nachwuchs werden. Seine Entwicklung war nur durch ein schlechtes Biotop und durch einseitige Äsung gehemmt, nicht jedoch seine Veranlagung. Das ist bereits bewiesen worden.

Auch das Umgekehrte kann der Fall sein, daß nämlich ein hervorragend veranlagter dreijähriger Sechser plötzlich nicht mehr auf einer Insel mit ihren Voraussetzungen eines natürlichen Gatterreviers zu beobachten ist. Die Jäger stellen dann unterschiedliche Vermutungen an: Verkehrsopfer, gewildert, abgewandert zum Festland. Das alles kann möglich sein. Wird jedoch das Verschwinden von starken, gut veranlagten jungen Böcken auf einer Jagd zur Regel, kann letzten Endes nur angenommen werden, daß sie bei schlechtem Äsungsangebot stark zurücksetzen, sowohl im Gehörnaufbau als auch körperlich. Sie bleiben dann mittelmäßige Böcke und haben ihr Aussehen nahezu völlig verändert.

Wenden wir uns nun dem Rominter Rehwild nach dem Kriege zu. Der russische Einmarsch hatte ebenso wie beim Rotwild den Bestand fast völlig vernichtet. Ferner rissen die nachrückenden Wölfe besonders in strengen Wintern viele Rehe. Auch im westlichen Ostpreußen war die Rehwildsituation nicht viel besser. Ein Rest blieb jedoch erhalten, es waren mit Sicherheit nicht die schwächsten, die die Katastrophe überlebten.

Bekanntlich baut ein dezimierter Rehwildbestand sich entschieden schneller auf als ein Rotwildbestand. Anfang der 60er Jahre hatte sich das Rehwild so stark vermehrt, daß von der polnischen Jagdverwaltung ein erhöhter Abschuß angeordnet wurde. Dann kamen wieder ein oder zwei starke Winter und reduzierten den Bestand um 30 bis 40 Prozent.

Andrzej sagte uns am ersten Abend, daß zur Zeit die obere Grenze der Norm erreicht sei und der Rehwildbestand – bei einem Geschlechterverhältnis von 1:1 – etwa dem Bestand vor dem Kriege entspreche. Das Geschlechterverhältnis regelte die Natur, so daß man im Herbst und Winter kaum in den Rickenbestand mit der Büchse einzugreifen brauchte. Es werden nämlich immer mehr Ricken als Böcke von den Wölfen gerissen. Weiterhin meinte der Forstamtleiter, daß die Stärke der Gehörne und das Wildbretgewicht gegenüber der Vorkriegszeit zugenommen hätten, wobei er als Grund angab, daß weniger Rotwild vorhanden sei. Auf meine Frage, warum das so sei, wußte er auch keine Antwort.

Zunächst war ich skeptisch, wurde aber eines Besseren belehrt. Die berühmten Kapitalböcke gab es, wie auch Frevert bestätigt, schon in den 20er und 30er Jahren in Ostpreußen nicht mehr. Die 500 g-Bockgehörne waren bereits zwischen beiden Weltkriegen zur Seltenheit geworden. Ich wurde das erste Mal stutzig, als ich bei Tadäus in

Czarny Piec dessen Gehörnsammlung sah. Dazu kam noch ein gerader Zehnerbock, der im dortigen Jagdhaus hing. Er hatte eine Stangenlänge von 32 cm bei unglaublicher Stärke. Der Kopf des Bockes war leider mitpräpariert, so daß man das Gewicht nicht ermitteln konnte. Es lag sicher bei über 500 g.

Nachdem ich in der Zwischenzeit etwa 70 Pirschen von 1976 bis 1981 in Rominten hinter mir habe, bei denen ich fast jedes Mal Rehwild in Anblick hatte und zwanzig Böcke strecken konnte, gebe ich Andrzej recht. Das Gehörn meines stärksten in Rominten geschossenen Bockes, das übrigens auch bis jetzt mein bestes ist, wog mit kleinem Schädel vierzehn Tage nach dem Auskochen 400 g. Drei Kapitalböcke, die sicher alle über 400 g Gehörngewicht aufwiesen, bekam ich nicht, teils durch eigenes Verschulden, teils durch unglückliche Umstände. Auch Hani hat auf seinen Pirschgängen im Goldaper Revier 1978 bei der Hirschbrunft zwei derartig starke Böcke gesehen.

Im Wildbret waren die ostdeutschen Böcke im Durchschnitt immer stärker als die westdeutschen. Das hat sich auch bis heute nicht geändert, wenn auch das Durchschnittsgewicht parallel mit der Verschlechterung der Gehörne abnahm. Ich habe zuwenig Erfahrung, um ein Urteil über das Wildbretgewicht der heutigen Böcke in Ostpreußen bzw. Rominten abzugeben. Fest steht jedoch, daß neunzehn von meinen zwanzig in der Heide erlegten Böcke über 20 Kilogramm und mehr aufwiesen, natürlich aufgebrochen ohne Haupt. Der stärkste, ein älterer Ia-Bock, wog 30 Kilogramm. Die neunzehn erlegten Stücke waren bis auf einen „Druckfehler", über den ich noch Laut geben werde, allerdings alle vierjährig und älter.

Soweit meine Gedanken über das Rehwild im allgemeinen und über die ostpreußischen Böcke von einst und jetzt im besonderen. All das kann nur Theorie auf schwachen Füßen sein, denn die Zeitspanne meiner Beobachtungen ist für ein fundiertes Urteil zu kurz.

Jagd auf den roten Bock

Der Abend war lang geworden. Als uns am nächsten Morgen der Wecker aus tiefem Schlaf hochriß, war der erste Jagdtag in Rominten angebrochen. Draußen herrschte noch ein dämmriges Zwielicht. Der Sprosser jubilierte in den alten Fliederbüschen, die um das berühmte Forstamt der Vorkriegszeit wuchsen. In diesem Revier waren 1942 der „Matador“ und 1944 der „Leutnant“ gestreckt worden.

Als wir über die Balkontreppe auf den Hof traten, stand Andrzej dort schon mit zwei Förstern, die uns führen und besonders darauf achten sollten, daß wir nicht in Rußland landeten. Wir stellten uns vor. Es waren Staschu Sokołowski und Jan Novosadko. In Zukunft nenne ich sie nur Staschu und Jan. Sie werden noch oft zu erwähnen sein. Da Staschu recht gut Deutsch sprach, ging Hani mit ihm, während ich Jan als Begleiter hatte.

Nach etwa fünfzehn Minuten Fahrt bedeutete mir Jan zu halten. Wir stellten den Wagen ab und pirschten auf einem sumpfigen, nassen Weg in den Wald. Nach etwa hundert Metern erreichten wir eine mit hohem Gras und Büschen bestandene Waldwiese, die von Fichtenhochwald umgeben war. Nur links ging sie in einen Kahlschlag über, auf dem vereinzelter Birkenanflug stand. Mitten durch die Wiese floß ein reißender Nebenfluß der Rominte, die Blinde. Nach der ersteren hat die Heide ihren Namen. Die Rominte ist wiederum ein Nebenfluß der Angerapp, die wie die Inster und der Pissa ein Quellfluß des Pregels ist.

Zunächst leuchteten wir mit unseren Gläsern die Wiese ab, soweit der Frühdunst dies gestattete. Sie schien leer. Wir pirschten langsam vor, da gingen auch schon links von uns an den Büschen des Flußufers zwei rote Schatten in hohen Fluchten um eine Flußwindung ab und verschwanden hinter den Weidensträuchern. Das konnten nur Bock und Ricke gewesen sein. Jan bedeutete mir, langsam zum Flußufer vorzupirschen und mich dort an geeigneter Stelle anzusetzen. Er wollte an einer anderen Wiese Ausschau halten. Schritt für Schritt schlich ich langsam vor bis zum Beginn einer großen Flußschleife, die ein langes und breites Wiesenstück zum Hochwald hin nach rechts abschnitt. Dort klemmte ich mich auf meinen Jagdstuhl an ein Weidendickicht, zündete mir eine Morgenzigarette an und harrte der Dinge, die da kommen sollten. Sie kamen schneller, als ich dachte.

Ich hatte die herrliche Flußau, an der ich hier saß, noch gar nicht richtig in mich aufgenommen, als ich links eine Bewegung in der hohen Wiese wahrnahm. Vorsichtig, von einem Weidenzweig gedeckt, sah ich genau hin und entdeckte Bock und Schmalreh. Das Glas zeigte mir einen gut veranlagten, kurzvereckten, weit ausgelegten Sechser. Drei Querfinger über den Lauschern blitzte es weiß, aber ich sah in ein Kindergesicht. Der Bock war höchstens zweijährig. Beide äugten neugierig und interessiert zu mir herüber, nahmen mich aber nicht wahr. Zehn Minuten ästen sie vor mir und zogen dabei den Flußbogen entlang zum Fichtenhochwald hin, ein herrliches Bild, und das gleich bei der ersten Pirsch in Romintens Traumlandschaft.

Als die beiden in den Wald wechselten, pirschte ich um die nächste Flußschleife und setzte mich etwa zweihundert Meter weiter in ein Erlengestrüpp auf einen alten umgebrochenen Holunderstamm. Von hier aus konnte ich die mindestens vierhundert Meter lange und ebenso breite Flußwiese nach allen Seiten hin überblicken. Es war in der Zwischenzeit 5 Uhr geworden, die Sonne hatte im Osten ihre gewohnte Reise begonnen. Wild zeigte sich zunächst nicht mehr. Von der hintersten Ecke der Wiese, wo der Bock wieder im Wald verschwand, schwebten zwei große, dunkle Vögel auf mich zu. Ohne Flügelschlag glitten sie dahin. Reiher? Dafür waren sie zu dunkel. Als sie sich näherten und zum Einfallen am Ufer ansetzten, sah ich die roten langen Schnäbel. Schwarzstörche! Vor über dreißig Jahren begegnete ich im Steinorter Wald am Mauersee dem letzten. Die beiden

Störche begannen mit dem Fang von Fröschen. Deutlich erkannte ich im Doppelglas, wie sie blitzschnell zustießen, dann den Kopf hoch nach hinten warfen und mit senkrecht in die Luft gestelltem Schnabel die Beute verschlangen. Sechs Paare gab es noch in der Heide, wie Andrzej mir später berichtete.

Plötzlich sicherten sie zu mir herüber. Mit klaffternden Schwingen und nach ein paar federnden Sprüngen erhoben sie sich in die Luft. Ich wandte mich um. Da sah ich Jan quer durch die Wiese auf mich zukommen. Er winkte, und ich ging ihm entgegen.

Fragender Blick, dann zeigte er in die Wiese: „Nix?“ Ich nickte und berichtete meine Erlebnisse. Enttäuscht sah er mich an: „Warum nix schießen?“

Ich machte ihm klar, daß der Bock zu jung gewesen sei. Er wackelte mit dem Kopf, nahm die angebotene Zigarette, murmelte etwas, das Zustimmung oder Ablehnung sein konnte und ging vor mir her in Richtung Auto. Auf dem Weg dorthin deutete er mir an, daß er zwei „Swinia“ gesehen habe, aber kleine, zeigte mit der Hand Überläufergröße, aber „nix Rogatz“ (Rehbock). Am Wagen angekommen, meinte er, wir würden jetzt „biske fahren, kuken, ob Räh!“

Ich drückte ihm den gesicherten Stutzen und den Zielstock in die Hand, setzte mich ans Steuer und fuhr nach Jans Weisungen. Hochwald wechselte mit Dickungen, Kahlschlägen und Wiesen. Es wurde langsam etwas wärmer. Das tat uns gut.

Aus einer Dickung, direkt vor dem Auto, flüchteten zwei starke Sauen über den Waldweg. Ich stand sofort auf der Bremse, der Wagen bockte, und Jan klebte mit der Stirn an der Windschutzscheibe. Nach diesem Ereignis rauchten wir erst einmal eine Zigarette. Jan hatte bei der Abfahrt gesehen, daß ich eine kleine Flasche Zubrowka in das Handschuhfach gelegt hatte. Nun linste er dorthin wie der Fuchs nach den Trauben. Aber immer mit der Ruhe, alter Freund. Er sollte alles haben, aber erst wollte ich einen Bock schießen.

Der Wagen rollte durch einen 60- bis 70jährigen Kiefernbestand. Rechts am Weg stand ein großer Findlingsblock. Ich mußte halten und aussteigen. Jan zeigte auf die bemooste Vorderseite. Ich kratzte das Moos ab und las: „Hier erlegte Seine Majestät Kaiser Wilhelm II. am 26. 09. 1909 einen kapitalen 16-Ender“. Jan erklärte mir: „Noch viele Steine solche in Wald, jaaa! Hundert, zweihundert. Kaiser viel schießen, viel jagen, gute Revier!" Daraufhin hätte ich fast das Handschuhfach aufgemacht! Nach etwa zehn Minuten Pirschfahrt kamen wir an einem Gehöft vorbei, das wie eine alte Revierförsterei aussah. „Hier Försterei Bludcia", sagte Jan. „Kuken Förster Kowalcki. Sie Doktor! Förster is sich krank." Mit einem Blick auf die Autouhr machte ich Jan klar, daß wir zunächst noch etwas pirschen müßten. Endlich erblickten wir wieder Wild. Links auf dem Kahlschlag mit Birken- und Aspenanflug ästen zwei Ricken, und etwas weiter entfernt stand ein gut veranlagter Jährlingsbock mit überlauscherhohen Spießen. Dann stiegen wir aus und pirschten an eine Wiese. Sie schien leer, doch Jan entdeckte mit seinen geübten Augen zwei Lauscherpaare im Gras. Da hatten sich zwei Rehe niedergetan, das linke war ein Bock. Nach zehn Minuten wurden sie hoch und äugten zu uns herüber. Entfernung etwa hundertfünfzig Meter. Der Bock hatte handlange Spieße, eng gestellt, Alter vielleicht drei bis vier Jahre. Sollte ich? Ich visierte ihn an, das Blatt war frei. Es würde gehen, aber ich durfte nur zwei Böcke schießen. Sechs Tage blieben mir noch, und Rominten sollte etwas Besseres liefern. Ich setzte den Stutzen wieder ab. Jan blickte sauer: „Gute Selektionsbock, warum nicht schießen?" Ah, Abschußbock, damit war doch irgend etwas im Busch? Wie ich später erfuhr, bekam der führende Jäger oder Förster dafür eine Prämie. Ich gab Jan eine Zigarette, wir fuhren weiter.

Erneut erreichten wir raumen Kiefernwald. Dahinter lag ein älterer Kahlschlag mit Pfeifengras. Jan deutete rechts voraus in den Wald hinein: „Dort damals Göring schießen ‚Matador', dort liegen!" War das Wichtigtuerei, oder wußten die Beamten hier so genau Bescheid? Andrzej bestätigte es mir später. Es war tatsächlich mündliche Überlieferung. Wir stiegen aus, pirschten zu einem Kahlschlag. Er war leer.

Ein Fichtenhochwald nahm uns bei der Weiterfahrt auf, aus dem der Weg in einer Rechtswindung heraus auf einen Kahlschlag mit Birken- und Fichtenanflug zuführte. Ich blickte, aus dem Wald kommend, nach rechts. Da stand auf achtzig Schritt ein Reh, ein Bock, und was für einer! Hoch über den Lauschern blitzte es weiß, eng gestellt, fingerlange Hintersprossen. Jung war er nicht. Den mußte ich haben! Aus dem Wagen springen und entsichern waren eins. An der Vorderkante des linken Kotflügels strich ich an. Der Bock hatte uns

Rechts: Hani mit dem Traumbock aus Czarny Piec

Unten: Der Bock vom 60. Geburtstag

weg, der Hals wurde länger, da war die Kugel aus dem Lauf. Den Bock riß es vorn hoch. Mit trommelnden Vorderläufen stand er wie ein Lipizzaner da, rutschte nach unten weg und verschwand in einem kleinen Birkendickicht. Das war schnell gegangen. Hochblatt war ich meiner Meinung nach abgekommen, aber der Teufel sage das genau, wenn es so schnell gehen muß. Jan sprang aus dem Wagen und wollte zum Anschuß rennen. Ich bremste zunächst seinen Tatendrang, schnappte dabei aber nach Luft wie ein Karpfen auf dem Trockenen. Erst eine Zigarettenlänge Pause. Dann wurden wir beide ruhiger. Vorsichtig pirschten wir zum Anschuß. Kirschroter Schweiß lag da wie hingegossen, etwas weiter Lungenfetzen. Wir gingen ein paar Schritte auf das Birkengebüsch zu, rot leuchtete es uns entgegen. Das Haupt des Bockes, der wie ein abgelegter Vorstehhund dalag, sank nach vorne, aus.

Was sich vor uns streckte, war mein bisher bester Bock. Das Gehörn ist sehr eng gestellt, aber die Stangen sind fünfundzwanzig Zentimeter hoch, die Hintersprossen fingerlang, gut geperlt, dicke Rosen. Die linke Vordersprosse ist höchstens 3 cm lang – Ib –, aber damals trotzdem mein Bester.

Wir trugen den schweren Bock, er wog aufgebrochen ohne Haupt 22 Kilogramm, zum Weg und holten den Wagen.

Nachdem wir die rote Arbeit verrichtet hatten, die Kugel saß übrigens tiefblatt und hatte die Herzspitze wie mit einem Messer abgetrennt, holte ich die Flasche aus dem Handschuhfach. Über Jans Gesicht ging nun ein verklärtes Lächeln. Ich hielt ihm die Pulle und einen „gefüllten Händedruck" hin. Der „Händedruck" verschwand in der Tasche, und von dem Zubrowka fehlten plötzlich drei Daumenbreiten. „Düwel Kater" sagt man in Borkum. Ich war etwas vorsichtiger, denn wir wollten ja noch zum Förster Kowalcki und dann nach Hause.

In der Revierförsterei wurden wir freudig empfangen, besonders auch deswegen, weil mich Jan als Arzt vorgestellt hatte. Der dicke Kowalcki hatte einen massiven Hexenschuß, den ich ihm wegspritzte. Viel interessanter als Kaffee, Streuselkuchen und Wodka waren für mich ein Paar Abwurfstangen eines Hirsches, die auf dem Wohnzimmerschrank lagen, ungerader 14-Ender, Gewicht 9,5 kg. Wenn man den kleinen Schädel hinzurechnete, waren 10 Kilogramm erreicht.

Später haben wir den Hirsch oberflächlich ausgepunktet. Wir kamen auf 210 Punkte. Das war der Beweis, daß in der Rominter Heide noch kapitale Hirsche leben.

Wir kehrten dann zum Szittkehmer Forstamt zurück. Mit einem Hubkonzert holte ich die Gesellschaft, die zum Teil noch im Bett lag, zusammen und berichtete.

Hani hatte einen guten Bock gesehen, der aber hatte die beiden eräugt und war abgesprungen. Neidlos freute er sich mit mir, und ich war sicher, daß auch er zum Schuß kommen würde. Doch das sollte noch spannend werden.

Nach ausgedehntem Waldspaziergang am Vormittag, reichlichem und ausgezeichnetem Mittagessen sowie zweistündiger Nachmittagsruhe, waren wir wieder zu neuen Taten bereit.

Zunächst fuhren wir pirschen. An der Blindewiese sahen wir erneut Schwarzstörche, zwei Paare. Sie nisteten in der Nähe. Ein herrlicher Nachmittag lag vor uns. Meine Frau war mitgekommen. Wir sprachen über die seltsame Erscheinung des so intensiv blauen Himmels, den man nur in Osteuropa sieht. Aber die Luft ist hier klarer als im Westen. Ich habe mich darüber mit Kunstmalern unterhalten, die mir bestätigten, daß es sehr schwer sei, diese Himmelsbläue im Bild festzuhalten, ohne kitschig zu wirken. Selbst auf einer Photographie kann das Blau unnatürlich aussehen.

Als der Weg durch eine Fichtendickung führte, die sich bereits unten gereinigt hatte, sagte Jan plötzlich: „Elche!" Tatsächlich! Auf einer Blöße standen Tier und Kalb und äugten zum Wagen. Ich ließ ihn langsam ausrollen. Es war das erste Elchwild, das wir in freier Wildbahn sahen. In meiner Jugend hatte ich dazu nie Gelegenheit gehabt, denn damals gab es dieses Wild nur im Elchwald und auf der Kurischen Nehrung. Wir waren von dem Anblick tief beeindruckt. Das 8fache Glas holte das Wild auf greifbare Nähe heran. Mißtrauisch äugte das Tier zu meinem Fahrzeug und spielte mit den Lauschern. Im Bewußtsein seiner Kraft stand das Elchtier da. Rotwild oder Rehwild wären längst abgesprungen. Dann schnaubte es etwas unwillig, wandte sich ab und verschwand, gefolgt von seinem Kalb, fast lautlos in der Dickung.

Wir legten eine Zigarettenpause ein und unterhielten uns über Elche. Jan erzählte, daß sie schon in der Rominter Heide vorkamen, als er vor fast 30 Jahren hier als junger Förster begann. Der Bestand habe ständig zugenommen, so daß sie in den letzten Jahren wegen des Wildschadens, den sie in den Schonungen machten, stärker bejagt würden. Außer den Menschen hatten sie kaum natürliche Feinde. Lediglich in sehr strengen Wintern verendete das eine oder andere schwache Stück. Ich sollte in den nächsten Tagen noch häufiger und recht ausgiebig Elche in Anblick bekommen.

Wir setzten unsere Pirschfahrt fort, sahen herrliche Landschaftsbilder und freuten uns über meine geliebte Heimat. Einmal fuhren wir an einem kleinen See entlang. Das Wasser schien dunkel, sicher mooriger Untergrund, obgleich es klar durch die Hände lief. Jan erzählte uns, daß man hier Jungkarpfen ausgesetzt habe. Wahrscheinlich gab es darin auch Karauschen, ein sehr grätiger, aber ausgezeichnet schmeckender Fisch, wenn er frisch in Butter gebraten wird. Haubentaucher und Bläßhühner schwammen herum, und am hinteren Ende des Sees, der von Fichtenhochwald umgeben war, blickte man in eine riesige Schilfwildnis, die dem Wasserwild und wohl auch Sauen, Rotwild und Elchwild Deckung bot. Im Wasser blühten Seerosen und Mummeln. Die Sonne näherte sich langsam den Baumwipfeln. Jan meinte, wir sollten uns ansetzen. Zum Pirschenfahren hätten wir immer noch Zeit, denn unsere Jagdzeit habe ja erst heute begonnen. Ich gab ihm recht. Wieder fuhren wir an der großen Wiese vorbei, auf der schon am Morgen der ältere Spießbock mit dem Schmalreh gestanden hatte. Er äste auch jetzt wieder dort. Nochmals sah ich ihn mir genau an. Auch meine Frau meinte, wir hätten etwas Besseres verdient. So blieb er leben. Der Winter war sehr lang und hart gewesen. Kurz vor unserer Ankunft waren Andrzej noch die Tomatenpflanzen im Garten bei minus 7 Grad erfroren, und das Ende Mai.

In einem älteren dichten Mischwald stellten wir den Wagen in einen Seitenweg und pirschten durch den Wald zu einem Kahlschlag, auf dem noch einige Überhälter standen. Der Kahlschlag ging nach Nordwesten in eine Wiese über, die teilweise sumpfig war, wie wir später vom Hochsitz am Wiesenrand sahen. Ich kletterte als erster die Leiter hinauf. Auf halber Höhe sah ich am gegenüberliegenden Waldrand in einem lichten Aspenanflug Rehwild auf etwa zweihundert Meter stehen, einen Bock und drei weibliche Stücke. Sie äugten zur Kanzel hin, nahmen aber keine weitere Notiz von mir, da der leichte Wind günstig stand. Oben angekommen, winkte ich meine Frau zu mir herauf und deutete vorsichtig an, daß Wild vor mir stände. Jan verzog sich langsam in Richtung Auto.

Unser Interesse galt nun den Rehen, die immer noch in den Aspen hin und her zogen. Der Bock war im Wildbret stark. Drei Querfinger über den Lauschern erkannte ich hohe Enden. Das Gesicht war grau, der Muffelfleck ausgezogen. Die Entfernung schien mir jedoch für einen sicheren Schuß zu weit. Die Rehe wechselten langsam nach links, wo der Aspenanflug dichter wurde, und verschwanden. Nun hatten wir Zeit, uns etwas umzusehen.

Eine Rominter Wildwiese lag vor uns, wie sie für dieses Revier kennzeichnend ist. Der Kahlschlag hinter uns stieg etwas an. Teilweise war er mit Himbeergestrüpp bewachsen und kleinen Fichten, in der Mitte ein etwas größeres Aspendickicht. Hier und da konnte man den Kahlschlag gut einsehen. Rechts von uns, schon am Rand der Wiese, blickte man auf einen großen, gelbgrauen vorjährigen Schilfwald, durch den in Bodennähe das junge, hellgrüne neue Schilf leuchtend hindurchschimmerte. Kleine Wasserflächen blinkten davor in der Abendsonne. Die Wiese durchzogen breitere, zum Teil schilfbewachsene Wassergräben, an denen einige große Weidenbüsche wuchsen. Wiese und Kahlschlag waren etwa zehn Hektar groß. Der leichte Wind schlief ganz ein, die geringe Abendbewölkung begann, sich im Westen rosa zu färben. Ein Frühsommertag neigte sich langsam dem Ende zu.

Plötzlich glitt vor mir etwas Rotes aus dem Waldrand heraus und zog über den Schlag: Meister Reineke. Ich stieß meine Frau an und nickte in Richtung des Fuchses. Er saß auf den Keulen, die Gehöre spielten, er beobachtete seine nähere Umgebung am Boden. Dann ein blitzschneller Satz mit wehender Lunte. Die Maus schien schneller gewesen zu sein. Etwas später hatte er mehr Glück. Langsam schnürte er weiter und verschwand über der Anhöhe in Richtung Hochwald.

Auf der Wiese hatte sich noch nichts getan. Die Frösche begannen mit ihrem Abendkonzert, Ringeltauben flogen mit klatschendem Flügelschlag über uns weg, und Wotansvögel ruderten in gleichmäßigem Flügelschlag ihren Nestern zu. Wir genossen den stillen Abend, nahmen das Schöne in uns auf.

Wie hingezaubert stehen unerwartet vier Stück Rehwild drüben am

Rand der Aspen, ein Bock und drei Ricken. In verspielten Sprüngen kommen sie dem Hochsitz näher. Es folgt noch ein fünftes, ein junger, hoffnungsvoller Gabelbock, der immer einen respektvollen Abstand zu dem ersten hält. Wir sprechen ihn sofort als den Bock an, der schon in den Aspen stand, als wir hier ankamen. Nun können wir versuchen, ihn genau zu begutachten. Durch seine helle, ins Gelbliche gehende Farbe sticht er von den anderen roten Rehen ab. Äsend zieht er langsam näher. Jung scheint er nicht mehr zu sein. Das Gehörn ist weit ausgelegt, der untere Teil der Stangen gut geperlt, sechs mittellange Enden sind deutlich anzusprechen. In der Farbe ist es hell, fast gelblich wie der ganze Bock.

„Typischer Bilderbuchbock", flüsterte meine Frau. Ich nicke und beobachte ihn weiter. Jetzt zieht der Bock links neben die Kanzel in einen Wiesenteil mit niedrigem Gras. Ich habe den ganzen Körper und einen Teil der Läufe frei. Mir fällt das sehr starke Gebäude auf. Nochmals einen Blick auf das Haupt. Stirn und Decke um die Rosen sind schwarz, leicht grau durchsetzt. Die Rosen sind nicht auf ihre Dicke anzusprechen, sie stehen nicht dicht zusammen.

Ich komme mir vor wie der ältere Stabsoffizier, der im Kuraufenthalt wegen des „Stabsstresses" bei einem Bauern Kartoffeln sortieren sollte, die großen in den rechten Korb, die kleinen in den linken Korb. Als der Bauer sich am Abend die Arbeit ansah, waren im rechten Korb zwanzig Kartoffeln, im linken fünfzehn. Davor saß ein völlig gebrochener Mann, der laut vor sich hinstöhnte: „Immer diese Sofortentscheidung!"

Der Bock hat sich niedergetan. Sollte es nun der zweite und letzte sein? Zwei Dinge geben den Ausschlag. Wenn ich schoß, blieben mir noch fünf Tage, um in der Heimat herumzufahren, Angerburg und den Mauersee zu besuchen und eventuell Hani zu helfen. Dann reizte es mich natürlich, an einem Tag zwei gute Böcke zu erlegen, was ich in meinen 30 Jägerjahren noch nie erlebt hatte.

Also schießen! Ich lege den Stutzen auf den Kanzelrand, entsichere und visiere. Aber noch ist der Bock niedergetan. Ich bin ganz ruhig. Der Zielstachel steht etwa einen Fuß über dem Bock. Ein scharfer Pfiff, der Bock wirft auf, wird hoch, und raus ist der Schuß, platschender Kugelschlag. Der Rücken des Bockes wird krumm, und er tut sich nieder.

„Verd . . . Mist!“ Ich war doch gut abgekommen, handbreit hinter dem Blatt stand der Zielstachel. Ich habe sofort repetiert und behalte den Bock im Zielfernrohr. Meine Frau schimpft. Sie hat ja recht, aber wohin soll ich jetzt schießen? Ich sehe nur das Haupt. Ich muß ihn krankwerden lassen, für mich persönlich immer eine scheußliche Sache.

Da fällt mir Jan ein. Er muß den Schuß gehört haben. Eilig wie er ist, wird er gleich am Waldrand auftauchen. Es dauert keine zehn Minuten, dann bricht es hinter dem Hochsitz im Wald, Jan erscheint auf der Bühne des Geschehens. Ich winke ihm stehenzubleiben, aber er marschiert munter in die Wiese und auf den Bock los, dessen Haupt er gesehen haben muß, weil er am Waldrand höher stand.

Ich habe den Stutzen gestochen am Kopf. Mit einem Auge blicke ich durch das Zielfernrohr, mit dem anderen schiele ich zu Jan hinüber, der sich dem Bock nähert, ein Jagdmesser in der Hand. Noch dreißig Schritte sind es bis zum Bock, da wird das Stück hoch und zieht halb schräg von ihm weg. Sofort steht der Zielstachel hoch über dem linken Blatt. Die Waffe muß Tiefschuß haben, denn die Kugel heute morgen saß auch tiefblatt, obgleich ich hochblatt angefaßt hatte. Der Schuß wirft den Bock um. Jan bleibt wie angewurzelt stehen. Der Geschoßknall vor ihm war wohl reichlich laut. Später stellte sich dann heraus, daß das Gewehr infolge Zielfernrohrverstellung zu tief schoß.

Als wir beim Bock ankamen, hatte Jan ihn bereits aufgebrochen. Der Bock war fünf bis sechs Jahre alt. Ich hatte ihn mir stärker vorgestellt, enttäuscht war ich jedoch nicht. Der zweite Rominter Bock lag. Nun hatte ich Zeit, mir die Heimat anzusehen, es auf einen Keiler zu versuchen und Hani zu helfen.

Als wir in tiefer Dämmerung in Szittkehmen ankamen, war Hani noch nicht zurück. Wir hängten den Bock in den Wildschuppen, und ich holte die Zubrowkapulle. Als ich nach dem dritten Schluck etwas zögerte, sah Jan mich vorwurfsvoll an und meinte, auf den Bock deutend: „Rogatz hat sich vier Beine und zwei Hörner!“ Damit hatte er unbedingt recht, und ich füllte erneut die Gläser. Es ist übrigens nicht unbedingt richtig, daß der „Rogatz“ vier „Beine“ hat. Es gibt auch zweibeinige „Rogatze“. Das Wort hat nämlich im Polnischen eine Doppelbedeutung und heißt auch soviel wie „gehörnter“ Ehemann.

Endlich kamen Hani und Edith mit Staschu auf den Hof gefahren. Hani sah erstens den Bruch an meinem Hut und zweitens die Wodkaflasche. Er starrte mich an: „Sag mal, Du hast doch nicht etwa . . .?“ Ich nickte und führte ihn in den Schuppen. Er sah sich den zweiten Bock an, verglich beide und drückte mir die Hand. Dann kam ein tiefer Seufzer: „Du, ich habe das Gefühl, ich komme wieder nicht zum Schuß und gehe leer aus.“

Ich versuchte, ihn mit einem freundschaftlichen Schulterklaps zu trösten: „Laß nur den Kopf nicht hängen. Du hast noch fünf Tage, in denen Du zwei Böcke schießen kannst, ich helfe jetzt mit. Du verläßt meine Heimat nicht ohne Bock.“

Mit diesen Worten drückte ich ihm ein volles Schnapsglas in die Hand und sagte: „Na denn . . .“ Die gute Laune kam wieder. Wir feierten noch einen fröhlichen Abend, und die Nacht war wieder etwas kurz.

Am nächsten Morgen wollte ich mich auf Sauen ansetzen und dann versuchen, für Hani einen Bock auszumachen. Jan führte mich in der Dunkelheit durch ein kleines, wild wachsendes Mischwalddickicht, in dem zwei bis drei Meter hohe Fichten vorherrschten, zu einer niedrigen Kanzel, die vor einem abfallenden, mit Himbeeren und Gräsern überwucherten Kahlschlag stand. Hier sollten Sauen wechseln. Im Tal floß am Rande des Kahlschlags ein rauschender klarer Bach, dahinter dehnte sich eine breite und lange typische Rominter Waldwiese aus, an die ein Fichtenhochwald grenzte. Es herrschte graues Dämmerlicht, der Himmel war klar. Über dem rechts von mir stehenden Kiefernwald wurde es nach Osten hin heller, mit leicht rosigem Schimmer. Wenn Sauen einwechselten, mußten sie jetzt kommen. Da krachte es auch schon links unter mir in einem Weiden-Aspendickicht am Bach, und heraus kam nicht etwa der erwartete Dreizentnerkeiler, sondern ein riesiger schwarzer Wildkörper auf vier weißen Läufen, die wie Birkenstämme leuchteten – ein Elch! Der Anblick war so phantastisch, so faszinierend, daß ich den Keiler vergaß. Es war ein Schaufler, noch im Bast und noch nicht fertig geschoben, also kein sehr alter Elch, wie ihn Hani an einem der nächsten Abende sehen sollte. Dieser zeigte lange Augsprossen, an die sich weit über tennisschlägergroße Schaufelansätze anschlossen, die noch keine Enden aufwiesen. Der Schaufler stand höchstens fünfzig

Meter vor mir, äugte und windete sichernd nach allen Seiten, dann zog er langsam den Schlag herauf. An einer etwa meterhohen Anflugfichte verhoffte er, schnaubte prustend und schlug mit den harten Schalen eines Vorderlaufes die Fichte in Fetzen. Danach wechselte er hinüber in den Kiefernwald.

Gedankenverloren saß ich da, immer wieder dieses Urtier vergangener Zeiten vor Augen, und ganz leise und langsam erwachte der Jäger wieder in mir, keimte der Instinkt des Beutemachens in mir auf. Sollte man nicht später einmal im Herbst, wenn der Schrei des Rominter Hirsches durch die Wälder dröhnt, hierher fahren, denn zur gleichen Zeit brunftet der Elch. Das müßte sich doch verbinden lassen!

Nun wurde mir klar, wonach ich mich unbewußt gesehnt hatte. Die Heimat – Rominten, Masuren – hatte mich fest in ihre Arme genommen und würde mich nicht mehr loslassen, so lange ich lebe.

Aber dieser Morgen war noch nicht zu Ende. Langsam schoben sich die Sonnenstrahlen über die Wipfel der Kiefern im Osten. Jeder Tautropfen vor mir im hohen Gras und Bewuchs funkelte blitzend auf. Es war hell geworden, die Morgenkühle verschwand, und ein herrlicher Tag brach an. Ein Blick auf die Uhr zeigte mir, daß ich noch viel Zeit hatte. Jan schlief tief und gut in meinem Wagen, ich versäumte nichts. Da riß mich plötzlich die Erscheinung eines roten Fleckes rechts an der Spitze der kleinen Dickung aus meinen Gedanken. Sichernd stand dort ein Reh. Vorsichtig leuchtete ich mit dem Glas hin. Ich bekam das Haupt nicht frei, denn der Bock, als solcher war er klar anzusprechen, fegte in einem Birkenbusch. Er tobte darin herum, als wenn er Birkenblattsalat fabrizieren wollte. Ab und zu schossen weiße blitzende Enden aus dem dichten Blätterwerk. Was er wirklich auf dem Kopf hatte, blieb zunächst verborgen. Dann eine lange hohe Flucht, und fast frei stand der Bock breit vor mir. Hätte ich nicht gesessen, dann wäre ich mit Sicherheit auf einen gewissen Körperteil gefallen. Vor mir stand der stärkste Bock, den ich in freier Wildbahn gesehen habe. Auch bis zum heutigen Tag ist mir kein stärkerer begegnet. Instinktiv griff die Hand zum Stutzen, doch ich hatte ja keinen mehr frei!

Ich hob das Glas und erlegte ihn theoretisch mit den Augen. Das Gehörn ragte handlang über die Lauscher mit fingerlangen Vorder- und Hintersprossen. Die dicken Stangen, die zwischen den Lauschern alles gefüllt erscheinen ließen, waren dunkelbraun bis schwarz, hochgeperlt bis an die Enden und leuchteten in der Sonne. Die Stangen wirkten viel zu groß im Vergleich mit dem sicher nicht kleinen Kopf dieses Bockes.

Ich bekam das Zittern und mußte das Glas am Hochsitz anstreichen. Diese Bewegung bekam der Bock mit und äugte scharf zu mir herauf. Bis auf dreißig Meter zog er auf die Kanzel zu. Plötzlich fuhr er zurück. „Bööh, bööh!" Zwei Fluchten, wieder „böhh". Dann zog er, ab und zu schreckend, um den Hochsitz herum, beruhigte sich aber wieder, äste an frischen Himbeerranken und wechselte langsam hinter mir dem Wäldchen zu.

Zur unpassendsten Zeit krachte es rechts in der Tannendickung, der Bock sprang laut schimpfend ab, und Jan belebte durch sein Erscheinen die Bühne. Ich kletterte die Leiter hinunter. Jan sah mich fragend an: „Bock?" Ich nickte, deutete ihm die Gehörnhöhe an und beschrieb ihm, was ich gesehen hatte. Jans einziger Kommentar: „Cholera!"

Nachdenklich gingen wir zum Wagen. Hätte ich gestern abend den Finger gerade gelassen, läge jetzt mit großer Wahrscheinlichkeit der Beweis vor mir, daß Romintens Böcke Gehörne über 450 oder 500 Gramm tragen können. Aber – jetzt mußte man auch den Haken bei der Sache berücksichtigen: Der Bock war bei wohlwollender Betrachtung höchstens fünf Jahre alt. Es soll mir keiner kommen und sagen, er hätte den Bock aus hegerischen Gründen auch in diesem Urwaldrevier nicht geschossen. Wenn ich ihn frei gehabt hätte, wäre vom Zögern keine Sekunde die Rede gewesen.

Wir fuhren nach Hause, denn ich hatte Kaffeedurst und an diesem Morgen genug erlebt, was ich erst einmal verarbeiten mußte.

Dort angekommen, weckte ich meine Frau, da Zofia, auch Soschu genannt, schon das Frühstück auf den Tisch brachte. Andrzej „regierte" auf dem Hof. Wir sahen uns gerade noch einmal die beiden Böcke vom gestrigen Tag an, als Hani auf den Hof gebraust kam, Bruch am Hut, na also!

Aus dem Kofferraum hob er einen schweren, uralten, fahlgelben Bock mit zurückgesetztem Gehörn, etwa zwanzig Zentimeter hoch, kaum noch vereckt. Die Molaren waren heruntergeschliffen bis auf das Zahnfleisch, von den Schneidezähnen sah man nur noch Stummel.

Indianergeheul! Hani strahlte. Gott sei Dank, mir rauschte ein ganzer Steinbruch vom Herzen. Nun würden wir auch den zweiten bekommen. Da das Frühstück „angefeuchtet“ besser bekommt und auch dieser Bock „vier Beine“ hatte, meinte Hani: „Nu mutten wi erst eine hebben!“ Es wagte niemand zu widersprechen.

Der Vormittag verging mit dem Fotografieren der erlegten Böcke und einer Fahrt nach Goldap, bei der uns Andrzej begleitete, um das Wild in der Wildbretverwertung abzuliefern. Interessant war für mich, daß die Stücke mit dem sogenannten Jägerrecht, also Herz, Leber, Lunge und Nieren, abgegeben werden mußten. Die Innereien wurden tierärztlich untersucht. Fehlen sie, verliert das Wildbret dreißig Prozent an Wert.

Am Nachmittag fuhren wir in meine Heimatstadt Angerburg, gingen zu unserem alten Grundstück und spazierten auf dem Marktplatz.

Dabei trafen wir einen Deutschen, der optiert hatte, etwa 40 Jahre alt. Er erkundigte sich, woher wir kämen und nach meinem Namen. Als er erfuhr, wer ich war, verwechselte er mich prompt mit meinem Vater, da er die inzwischen verstrichenen 30 Jahre nicht berücksichtigt hatte. Nach aufklärenden Worten besorgte er uns gegen DM, nach unseren Verhältnissen spottbillig, drei Aale, die zusammen fast fünf Kilogramm wogen. Hochbefriedigt kehrten wir nach Szittkehmen zurück, wo Soschu sich über die Aale entsetzte, weil sie Angst vor ihnen hatte. Hani und ich schlachteten die Fische, die Soschu nunmehr für brauchbar hielt und zum Abendbrot briet.

Am Abend ging es wieder in den Wald. Hani mußte ja noch seinen zweiten Bock erlegen. Ich beschwor ihn, mit mir auf den Hochsitz zu kommen, von dem aus ich am Morgen den Kapitalbock gesehen hatte. Aber er wollte es nochmals in Staschus Revier versuchen. Wäre er doch meinem Rat gefolgt!

Auf dem besagten Hochsitz setzten wir meine Frau ab, die auf die Kanzel kletterte, um zu beobachten, und ich pirschte weiter im Hochwald zu einer Suhle, um mich mit den Sauen zu beschäftigen.

Ich saß an der Suhle, die viele Schwarzwildfährten aller Stärken in ihrem Sumpfboden aufwies, und wehrte die Mücken ab. Ein schöner Sommertag ging zur Neige, nur Wild ließ sich nicht sehen. Die Sonne verabschiedete sich hinter den Baumwipfeln, es dämmerte im Hochwald, als lautes Schrecken aus der Richtung der Kanzel, auf der meine Frau saß, herüberklang.

Als das Büchsenlicht an der Suhle schwand, bummelte ich den Weg entlang zur Kanzel. Jan war auch schon erschienen. Meine Frau strahlte: „Mensch, hab' ich einen Bock gesehen. Daß es so etwas gibt! Du hast mir schon viele gezeigt, aber der stellt alles in den Schatten. Einmalig! Den muß Hani strecken!" Ich blickte sie lange und skeptisch an. „Glaubst Du mir etwa nicht? Der war wirklich unwahrscheinlich!"

„Natürlich glaube ich Dir. Nur hat er Dich weggekriegt?" „Er kam so dicht an den Hochsitz, daß er mich eräugen mußte. Und dann bekam er auch noch Wind, weil er nach hinten absprang."

„Siehst Du, der Bock ist heute zweimal vergrämt worden. Ob der wohl wiederkommt? Ich befürchte, wir sehen ihn nicht wieder."

Ich sollte recht behalten. Im Jagdhaus angekommen, wartete Hani bereits auf uns. Er hatte zwei Böcke ansprechen können, aber der eine war zu jung, der andere zu weit. Auch hatte er einen sehr starken Elchschaufler vom Hochsitz aus beobachtet. Nach seiner Schilderung mußte der Elch für ostpreußische Begriffe kapital gewesen sein. Er hatte bereits gefegt. Erstaunt fragte ich Andrzej, wie das möglich sei. Er bestätigte Hanis Bericht: „Wenn Elch ist alt, dann wirft früh ab, schon im November. Geweih dann im Juni schon fertig und gefegt."

Wir besprachen am Abend beim Schlummertrunk noch mein Erlebnis mit dem „Kanzel-Bock" und einigten uns, ihn am nächsten Morgen in Ruhe zu lassen. Hani wollte es noch einmal auf einen bestimmten starken Bock versuchen, auf den er schon zweimal nicht zu Schuß gekommen war. Ich legte morgens eine Ruhepause ein und machte, da es Pfingsten war, mit Edith, meiner Frau, und Krajewskis eine Fahrt durch Masuren zum Mauersee mit all seinen Nebenseen, um, wenn auch kurz, Jugenderinnerungen aufzufrischen.

Voller herrlicher Eindrücke kehrten wir am Nachmittag zurück. Hani, der auf der Frühpirsch nichts erlebt hatte, begleitete an diesem Abend Jan und mich. Er sollte es auf den Starken versuchen. Schon früh fuhren wir ab. Das Pirschenfahren ließen wir. Hani sollte sich nur dem Kapitalen widmen. Jan führte mich zu einer Kanzel in einer Birkendickung. Der Platz sah sehr gut aus. Der Hochsitz auf einem Hügel ragte etwas über die Bäume hinaus. Halb links und hinter mir wuchs Fichtenhochwald. Zwischen den Stämmen wucherte mannshoher dichter Anflug. Geradeaus blickte man auf einen bergab führenden Waldweg. Rechts vom Weg stand eine etwa zwei Meter hohe bürstendichte Kieferndickung. Davor lag eine zur Kanzel führende Anhöhe, mit Pfeifengras und einzelnen Aspen bewachsen, die weiter nach rechts in eine Kiefernschonung überging. Direkt vor mir unter dem Hochstand sah ich in eine kleine sumpfige Wiese und mitten darin auf eine große binsenumwucherte Suhle. Hier mußten und sollten Sauen wechseln.

Ich machte es mir auf der Kanzel gemütlich, legte Zigaretten und Feuerzeug bereit und überprüfte nochmals den Stutzen. Ich besah mir die schöne Umgebung und träumte vor mich hin. Für Sauen war es noch viel zu früh, es sei denn, sie wechselten in dieser stillen Ecke hin und her.

Ein pfeifender, klingelnder Flügelschlag und ein Klatschen vor mir auf dem kleinen Teich weckten mich aus meinen Träumen. Ich blickte nach unten. Da war doch wirklich eine Löffelente auf dem Wasser eingefallen. Nach ausgedehnter Gefiederpflege beschäftigte sie sich mit Gründeln. Ich rauchte so vor mich hin, und da der Mensch von Natur schlecht ist, kam mir der hinterhältige Gedanke, den Zigarettenstummel von oben herab auf die Teichfläche zu schnippen. Es zischte, die Ente schoß darauf los, ließ die Kippe aber sofort wieder aus, ohne sich über den Urheber dieser Gemeinheit klar zu werden.

Nach einer Weile strich sie wieder ab, und ich war zunächst allein. Mit Unmut stellte ich an dem fortflatternden Zigarettenrauch fest, daß der Wind zu küseln begann. Wenn es auch nur ein Hauch war, so strich er doch auf die Pfeifengrasfläche zu. Da war es auch schon passiert. Plötzlich stand eine starke Sau im hohen Gras und windete zum Hochsitz hin. Glas hoch: Keiler! Ich sah deutlich die Spitzen der Gewehre. Ein Griff nach dem Stutzen. „Wuff!“ Zu spät. Spitz von hinten trollte die Sau zur Bürstendickung. Verzweifelt versuchte ich, hinter dem Teller abzukommen. „Das gerät nicht mehr“, sagt der Ostpreuße, und so war es auch. Die Zweige der Kiefern schlugen hinter dem Keiler zusammen. Ich stellte den Stutzen wieder in die Kanzelecke und steckte mir eine neue Zigarette an, schon um den Wind beobachten zu können.

Die Sonne verschwand hinter sich rötenden Abendwolken über den

Baumwipfeln. Die Sau war unerwartet früh gekommen. Wahrscheinlich hatte sie sich in dem hohen Zeug eingeschoben und war durch meine Witterung hoch geworden. Die Revierecke schien so ruhig und schön, daß ich noch mehr zu erleben hoffte. Die Ereignisse ließen auch nicht lange auf sich warten. Hinter mir hörte ich ein leises Anstreichen und Knacken; ein Kolbenhirsch trat auf den Weg und äste am Rande des Birkenwäldchens zwanzig Meter hinter mir, der erste, den ich in Rominten sah. Er versprach gut zu werden. Aug-, Eis- und Mittelsprosse waren schon geschoben, wenn auch nicht in voller Länge. Die Kolben über den Mittelsprossen schienen gewaltig. Ich schätzte ihn auf sieben bis acht Jahre nach Figur und Aussehen. Der Hirsch zog noch dichter heran, und ich ärgerte mich, daß mein Fotoapparat im Jagdhaus lag. Das wäre auch ohne Teleobjektiv gegangen. Ich schielte nach dem Zigarettenrauch, aber da der Geweihte dicht neben dem Hochsitz stand, ging der Rauch über ihn hinweg.

Langsam wechselte der Hirsch den Weg hinunter. Als er die Dickung erreicht hatte, verhoffte er, windete nach links, schüttelte fast unwillig das Haupt und verschwand etwa hundertzwanzig Meter vom Hochsitz nach rechts in die Kiefern. Dann rauschte und knackte es im Fichtenanflug links im Hochwald, und da standen fünf mittlere Sauen auf dem Weg. Überläufer! Zunächst verhofften sie, schoben sich durcheinander und bissen sich, eine unruhige Gesellschaft. Ich versuchte, durchs Zielfernrohr anzusprechen, mir einen Keiler herauszusuchen, aber es ging nicht auf diese Entfernung. Ich konnte keinen Pinsel entdecken, und einfach auf irgendein Stück Wild zu schießen, wäre unwaidmännisch gewesen, auch den polnischen Beamten gegenüber. Ich hatte nur ein männliches Stück frei. Daher wechselte ich zum Doppelglas. Zwar sah ich, daß zwei oder drei Überläuferkeiler dabei waren, aber immer, wenn ich zum Stutzen griff, schoben sie sich durcheinander, und näher auf mich zu zogen sie nicht.

Plötzlich fühlte ich den küselnden Wind im Nacken, verzweifelt starrte ich durchs Zielfernrohr, aber nun war in der Zwischenzeit das Licht schlechter geworden. „Wuff!“ Schon verschwanden sie in der Dickung. Dann eben nicht, denn auch ohne Schuß hatte ich einen herrlichen Abend mit viel Anblick und Spannung erlebt. Langsam begann es zu dämmern. Ein Keiler war nicht mehr einwandfrei anzusprechen. Auch trieb es mich zu Hani. Ich brach den Ansitz ab und ging zum Wagen. Jan meinte, ich hätte schießen sollen, da keine Frischlinge dabei gewesen wären. Wie man es macht, ist es verkehrt!

Schon bei Dunkelheit trafen wir Hani auf dem Weg. Er hatte einen vielleicht zwei- bis dreijährigen Gabelbock gesehen, vom Starken keine Spur. Hatte er den Einstand gewechselt? Am nächsten Morgen wollten wir es noch einmal hier versuchen, um dann pirschen zu fahren.

Es tagte noch nicht, als wir Hani zum Hochsitz brachten. Ich setzte mich wieder auf meine Saukanzel, erlebte einen herrlichen Sonnenaufgang und sah außer einem einsamen Hasen nichts. Später holten wir Hani ab. Der geringe Bock trat aus der Fichtendickung, und zur Abwechslung trollte noch ein Gabelelch im Bast durch, sonst kam nichts. Der starke Bock war vergrämt, sonst hätte der geringe Bock nicht hier seinen Einstand genommen. Ich habe es im nächsten Jahr auf dieser Kanzel nochmals versucht, den Bock aber nie gesehen. Ich schoß dann den geringeren als Abschußbock. Er war doch fünf Jahre alt und ein angedeuteter Sechser.

Uns blieb jetzt nur noch die Abendpirsch und am nächsten Tag die Morgenpirsch. Am späten Vormittag mußten wir zurückreisen. Die Jagdtage waren zu Ende.

Die Pirschfahrt an diesem Morgen schien wie verhext. Bis auf zwei Ricken sahen wir nichts. Als wir uns schon auf dem Heimweg befanden, stand plötzlich links neben dem Weg in einer kleinen Waldblöße ein Bock. Wir schienen ihn überhaupt nicht zu interessieren. Er äste ruhig weiter. Es war ein ungerader Sechser mit hohen schwachen Stangen, mäßig geperlt. Wir blickten in ein Kindergesicht.

Für die Abendpirsch wurde ein neuer Plan gemacht. Der Tag hatte Sonne und schönes Wetter gebracht. Wir sahen uns am Vormittag auf einem weiten Spaziergang zum kleinen See das Revier an, und fast wollte eine leichte Abschiedsstimmung aufkommen.

Wir wollten in Jans Revier. Obgleich ich in späteren Jahren bei Staschu viel Waidmannsheil hatte, gab es im ersten mehr alte Kahlschläge und lichte, mit kräftiger Äsung bewachsene Anflugflächen von Birken, Aspen und jungen Fichten.

Meine Frau sagte selbstbewußt: „Hani, Du schießt heute Deinen zweiten Bock, und den mache ich aus.“ Auf meine Frage, woher sie das wüßte, antwortete sie nur: „Das weiß ich eben!“

Im Konvoi fuhren wir ab. Ich mit meiner Frau und Jan vorweg. Jan saß neben mir mit dem Stutzen. Hani und Edith fuhren hinter uns. Falls wir bei der Schleichfahrt etwas sehen sollten, wollte ich das Bremslicht aufleuchten lassen und dann in geeigneter Deckung halten. Meine Frau saß hinten und beobachtete nach links und rechts. Wir waren noch nicht lange unterwegs, da machten wir rechts in einem ansteigenden Birkenanflug ein Reh aus. Es war der wirklich schlechteste Bock, den ich bis dahin in Rominten gesehen hatte, Gewicht schätzungsweise 12 Kilogramm. Die kleinen, kaum halbfingerlangen Spieße und das Kindergesicht wiesen ihn als typischen IIc-Bock aus. Der mußte weg, aber Hani winkte ab. Ich stieß Jan an, wies auf mein Gewehr und sagte: „Schieß ihn tot!" Jan schüttelte den Kopf: „Muß erst Oberförster fragen." Er durfte nur krankes Wild erlegen, aber krank sah der Bock nicht aus, und bis Jan den Oberförster gefragt hätte, würde der Bock sicher nicht warten.

Etwa eine Viertelstunde später rollten wir einen langen, geraden Waldweg entlang. Ich achtete auf den Weg, Jan beobachtete nach links, meine Frau nach rechs. Da ertönte hinter mir ihre Stimme: „Rechts auf dem Hügel steht ein Reh, ich glaube, ein Bock." Jan und ich fuhren herum und – sahen nichts. „Seht ihr ihn denn nicht, jetzt verschwindet er hinter einem Busch, halte doch, zum Donnerwetter!"

Noch immer zweifelnd, trat ich kurz auf die Bremse, damit das Bremslicht aufleuchtete, und ließ den Wagen hundert Meter ausrollen. Hani hatte gestoppt, war ausgestiegen und sah durchs Glas. Dann hob er die Hand und ging, den Hügel nach rechts umschlagend, mit Gewehr und Zielstock los. Jan zuckte die Schultern. Ihm entging so leicht nichts, und er hatte sofort nach rechts geblickt: „Ich nix sähen, nix wissen."

Nach hinten gewandt, erkundigte ich mich vorsichtig: „Hast Du Dich nicht getäuscht? War das vielleicht eine trockene Lärche?" Sehr bestimmt kam es zurück: „Ich bin ja nicht doof! Was ich sehe, das sehe ich!" Da kann man eben nichts machen. Wir steckten uns eine Zigarette an. Ab und zu schielte ich nach hinten durch das Rückfenster. Edith saß im Wagen, von Hani war weit und breit nichts zu sehen. Die zweite Zigarette war geraucht. Jan und ich blickten uns ab und zu zweifelnd an, hielten jedoch den Mund.

„Rums, platsch!" Schuß und Kugelschlag! Wir sprangen aus dem

Wagen. Der Schuß war hinter dem Hügel zum Hochwald hin gefallen. Meine Frau nickte triumphierend: „Hab' ich es nicht gesagt?"

Ich wußte zwar nicht, ob sie die Voraussage oder ihre Beobachtung meinte, aber das war ja im Augenblick egal. Edith war auch aus dem Wagen gestiegen und blickte fragend zu uns herüber.

Nun ergriff Jan die Initiative. Mit den Worten „gehen, gucken, was ist Bock!" marschierte er einen Querweg hinauf, der an der Lärchenschonung entlang zum Hochwald führte. Dann sahen wir Hani an einer Erlenbuschreihe stehen, die rechts den Weg säumte. Er hatte den Hut in der Hand und winkte strahlend. Als wir ihn erreichten, lag vor ihm ein braver Sechserbock mit eisgrauem Haupt, etwa zwanzig Zentimeter langem, merkwürdig grau-schwarzem Gehörn und kurzen stumpfen Enden, mit breiter Auslage und mittelgroßen Dachrosen. Die Kugel saß wie abgezirkelt hochblatt.

Hani war selig. Vergessen waren alle Zweifel, alle Ungewißheit. Ich gab ihm den schweißbenetzten Fichtenbruch auf blanker Waffe. Edith hielt eine Schachtel mit sechs kleinen Magenbitterflaschen in der Hand und verteilte sie. Jan kannte diese Art „Feuerwasser" noch nicht. Ein verklärtes Lächeln zog über sein Gesicht, als er sein Fläschchen geleert hatte. Das Lachen wurde nach dem Aufbrechen noch entschieden strahlender, als Hani ihm auch noch das letzte Fläschchen überreichte. Mit den Worten „gut, sähr gut" und mit einer streichelnden Bewegung über die Magengegend leerte er auch dieses.

Zum Abschluß der unvergeßlichen Jagdtage setzten Hani und ich uns noch auf Sauen auf dem schon beschriebenen Hochsitz an, während unsere Frauen einen Abendspaziergang in dem herrlichen Revier machten, das uns soviel Waidmannsheil beschert hatte.

Am nächsten Morgen gab es als „Henkersmahlzeit" nochmals gebratenen Aal zum Frühstück. Danach packten wir unsere Koffer. Es stand für uns fest, daß wir wiederkommen würden. In Soschu und Andrzej hatten wir zwei sehr liebe, gastfreundliche, ehrliche und offenherzige Menschen kennengelernt. Ich hatte ein Revier wiederentdeckt, das mit den Kultursteppen und den „Holzfabriken" des Westens nicht zu vergleichen ist, und besonders glücklich war ich darüber, daß ich drei mir so nahestehenden Menschen die Schönheit meiner geliebten Heimat zeigen und die Erzählungen aus meiner Jugendzeit in die Wirklichkeit umsetzen konnte.

Das alte Forstamt Szyttkehmen

Jagdhaus Czarny Piec

Es kam, wie es kommen mußte. Schon der Juni 1977 sah meine Frau und mich in Szittkehmen wieder. In irgendeinem Lied heißt es: „Wer die Heimat liebt, so wie Du und ich, kann in fremdem Land nie glücklich sein . . ." Es mag sentimental oder kitschig klingen, mir ging es jedenfalls so.

Andrzej und Soschu fielen uns bei der Ankunft um den Hals, so freuten sich diese lieben Menschen über unseren Besuch. Bei herrlichem Sommerwetter und azurblauem Ostpreußenhimmel waren wir nach einer traumhaft schönen Reise entlang der masurischen Seenplatte von Nikolaiken über Lötzen und Angerburg in der Rominter Heide gelandet. Hier war ich frei. Zwar mußte ich für Verpflegung, Unterkunft und Abschuß meinen Obulus entrichten, aber ich konnte weitgehend entscheiden, ob ich diesen oder jenen Bock erlegen wollte.

Acht Böcke standen auf meiner Abschußerlaubnis. Von einigen will ich erzählen. Doch noch etwas darf nicht unerwähnt bleiben. Wir hatten diesmal einen treuen Begleiter dabei, meinen „Berry". Von ihm soll später in einer gesonderten Erzählung noch berichtet werden. Nur soviel: „Berry" war ein bildschöner, braun-weißer Münsterländer, an dem unsere ganze Liebe hing. Er stand leider schon im 13. Feld und im Spätherbst seines jagdlichen Lebens. Dazu war er fast taub, auch machte ihm eine alte Bißverletzung im rechten unteren Sprunggelenk manchmal Schwierigkeiten. Er sollte noch einmal in der Freiheit der Rominter Heide seine hervorragende Nase gebrauchen. Er erledigte das, wie ich später erzählen werde, in so hervorragender Weise, als wenn er auf dem Höhepunkt seines Lebens gestanden hätte.

Es war später Nachmittag. Meine Frau und ich saßen mit „Berry" auf einem Hochsitz, der von Birken abgeschirmt war. Links vor uns sah man in eine kleine mit Aspen und Birken zugewachsene Mulde, geradeaus auf hundertfünfzig Meter ragte eine Wand riesiger Fichten empor. Rechts dehnte sich eine kleine Wildwiese aus, an die eine Erlenanflugdickung mit Kahlstellen und alten Baumstümpfen anschloß. Jan, der uns wieder treu zur Seite stand, spekulierte weit hinter uns in der Landschaft herum. Der Himmel war wolkenlos, Hitze brütete über der Heide, und die Luft flimmerte. Es war noch früh, da schimmerte es rot in der Mulde vor uns. Ein Schmalreh zog dort hin und her, um sich schließlich niederzutun. „Berry" hob leicht die Nase, windete dorthin, denn die Luft kam aus dieser Richtung.

Kurze Zeit später stieß mich meine Frau an und wies zu der Erlendickung hinüber. Auf einer Kahlstelle äste ein Reh. Trotz der dreihundert Meter, die das Stück entfernt war, konnte ich es als Bock ansprechen. Ich bat meine Frau, den Bock und die ganze rechte Seite der Dickung weiter zu beobachten. Bald darauf zogen rechts zwei Ricken über die Wildwiese zu der Anflugdickung hin. In der Zwischenzeit war es Spätnachmittag geworden. Bald würde uns Jan zum Pirschenfahren abholen. Plötzlich begann von den Erlen her ein mehrstimmiges Schreckkonzert in hohen und tiefen Lagen. Obgleich ich kurzsichtig bin, hatte ich aus Unachtsamkeit meine Brille nicht aufgesetzt. Nun überschlugen sich die Ereignisse. Jan war quer durch die Dickung marschiert und hatte die Rehe auf Schwung gebracht. Das Schrecken kam schnell näher. Meine Frau zischte: „Da, ein ganz starker Bock! Schieß doch!“ Ich blickte in die falsche Richtung. Der Bock stand schon halb links vor mir, während ich auf der Wildwiese suchte und fragte: „Wo denn?“ „Schau doch mehr nach links!“ Da sah ich ihn endlich, aber auch der Bock hatte mich weg. Handlang blitzte es über den Lauschern, graues Gesicht! Mehr Zeit nahm ich mir nicht, riß den Stutzen hoch, da sprang er laut schimpfend zum Fichtenhochwald ab. Ich fuhr mit dem Zielfernrohr mit, ihn nicht mehr auslassend. Er verhoffte noch einmal auf hundertfünfzig Meter vor dem Waldrand. Ich schoß, die Kugel zischte durch die Botanik. Der Bock verschwand mit hohen Fluchten in den Fichten.

Jan erschien unter dem Hochsitz und meinte: „Sch. . .!“ Das hatte er in der Zwischenzeit von mir gelernt. Wir kletterten von der Kanzel herab, dabei vertrat ich mich an den Leitersprossen und fiel beinahe hinunter. Der Anschuß zeigte keinerlei Schußzeichen und „Berry“ kein Interesse. Schweigend marschierten wir zum Auto, wo meine Frau sagte: „Setz’ endlich deine Brille auf!“ Ich faßte in die Brusttasche, keine Brille! Ich durchwühlte alle anderen Taschen mit dem gleichen Ergebnis. Sie mußte mir beim Stolpern auf der Leiter aus der Tasche gefallen sein. Wir gingen zurück, suchten im hohen Gras die gesamte Umgebung des Hochsitzes ab. Nichts!

Hani behauptete: Während der Hirschbrunft 1978, als er auf demselben Hochsitz verhörte, sei ein Fuchs vorbeigekommen, der habe eine Brille aufgehabt!

Am nächsten Morgen schoß ich von der Kanzel, aus der wir im

vorigen Jahr den starken Sechser gesehen hatten, den Abschußbock. Der Kapitale blieb verschwunden.

Nun begann eine herrliche Jagd- und Urlaubszeit. Über 14 Tage hatte ich mich für diese Reise freimachen können. Der Wettergott war uns gnädig. Früh morgens und abends gingen wir zur Jagd auf den roten Bock, tagsüber sonnten wir uns und badeten an einem großen See hinter Dubeninken. Besonders „Berry" genoß die herrliche Freiheit. Hier gab es keine Polizisten und Hegeringleiter wie auf Borkum, die ihn des Streunens und Wilderns beschuldigten. Dabei war er dort meist nur auf der Spur irgendeiner Liebsten, denn in der Hinsicht war er, so gut er sich jagdlich zeigte, unmäßig.

Wieder waren Jan und ich eines Morgens unterwegs. Einige Böcke lagen schon auf der Strecke, aber ich wollte einmal etwas Besseres schießen. Die bisher erlegten trugen zwar gute Durchschnittsgehörne, aber einen wirklich Braven hatte mir Diana noch nicht geschenkt.

In der Nacht hatte es ein Gewitter gegeben. Der morgenfrische Wald dampfte bei der aufkommenden Wärme, das Pirschwetter konnte nicht idealer sein. Aber auch die Waldwege waren aufgeweicht. Große Pfützen standen in allen Löchern, und ich bat Jan, nur feste Wege zu wählen. Zunächst ging das auch gut. Dann aber rutschte der Wagen vorne weg, wir saßen fest, und zwar erheblich. Über eine Stunde benötigten wir, um wieder fahrbereit zu werden.

Aus einem Mischhochwald herauskommend, sahen wir linker Hand einen viereckigen Kahlschlag, auf dem sich alte Baumstümpfe, viel Anflug und Unterwuchs befanden. Dort stand ein roter, hoher Gabler mitten auf einer niedrigen, mit Blaubeerkraut bewachsenen Fläche und äugte herüber. Überraschung auf beiden Seiten. Ich nahm Jan den Stutzen aus der Hand, für den Zielstock reichte die Zeit nicht mehr, glitt aus dem Wagen, kniete hin und schon knallte es. Der Bock sprang ab und verschwand zum Waldrand hin über einen kleinen Hügel. Verärgert über diesen Fehlschuß, drückte ich Jan wortlos die Büchse in die Hand, ließ den Motor an, mit mir und der Welt zerfallen. Nur Jan machte ein pfiffiges Gesicht, ich sah, daß er innerlich feixte. Dadurch wurde meine Laune noch schlechter. Der Weg bog in einem rechten Winkel nach links in den Kahlschlag ab. Kurz nach dem Abbiegen sah mich Jan überlegen von der Seite an und meinte lakonisch: „Stop!" Ich fragte, was der Unsinn sollte, der Bock sei doch einwandfrei vorbeigeschossen. Jan bestand auf „Stop!". Wir stiegen aus und gingen zum Anschuß. Dort zeigte er auf einen übermeterhohen Erlenbusch, vor dem der Bock gestanden hatte. Das Laub war rot mit Schweiß überzogen. Jan folgte der Rotfährte, in der der Schweiß kirschrot lag. Sie führte über den Hügel hinweg. Dreißig Meter dahinter, in dichten Himbeerranken eingebettet, lag der Bock.

Ich kniete neben dem Bock nieder und schämte mich. So etwas mußte einem alten Jäger passieren. Der eigentliche Könner war Jan, der den Bock im Schuß zeichnen sah, ruhig und sachlich gehandelt und auf seine Weise dafür gesorgt hatte, daß der Bock auch zur Strecke kam. Ich entschuldigte mich bei ihm und nahm den Bruch entgegen.

Der Bock war gut, für westdeutsche Verhältnisse sogar kapital. Korbförmig standen die gleichmäßigen, mittellangen, kaum vereckten Stangen, die aus Dachrosen entsprangen. Die Perlung fehlte, jedoch wiesen die Stangen 23 Zentimeter auf; dazu war der Bock mindestens neun Jahre alt.

Ein anderes Bild kurz vor Ende dieses herrlichen Urlaubs: Ich hatte noch zwei Böcke frei. Da ein guter Bock bereits gestreckt war, wir noch einen Tag für Angerburg freihalten wollten, war ich nicht mehr sehr wählerisch, Hauptsache, die Böcke hatten das Alter und kein ausgesprochenes Kümmerergehörn. Seit Hellwerden befanden wir uns draußen. Der Ansitz hatte nichts gebracht. Nun rollten wir pirschend durchs Revier. Die Autopirsch hat ihre Nachteile, denn man kann nicht jeden Weg befahren, und eigentlich paßt auch ein Pirschen mit dem Auto nicht so recht in dieses Urwaldrevier. Wenn man nur zum Ansitz fährt, lasse ich wegen des Zeitgewinns ein Auto gelten. Aber natürlicher scheint mir doch die Pirschfahrt mit dem Jagdwagen und zwei Pferden zu sein.

Diese Gedanken gingen mir durch den Kopf, als wir einen sehr schlechten und steinigen, etwas ansteigenden Weg hinauffuhren. Vor uns lag ein einsamer Bauernhof, dem gegenüber befand sich ein von Eichendickungen umgebener großer Luzerneschlag. Gestern hatten wir hier eine einzelne Ricke gesehen. Wir erreichten die Bergkuppe. Rechts neben dem Weg lag das Gehöft, links das Luzernefeld, das sich über zwei Hügel erstreckte. Auf dem ersten Hügel ästen ein Bock und eine Ricke. Aber was für ein Bock!

Im Kapitel „Rominten" berichtete ich über drei Kapitalböcke, die mir begegneten. Dies war der zweite. Handbreit ragten die dicken, dunkelbraunen Sechserstangen, die etwas enggestellt waren, über die Lauscher. Der Muffelfleck war breit, das Gesicht eintönig grau. Den mußte ich haben. Die Luzerne reichte dem Bock bis zum halben Wildkörper, der Rücken bot nur einen roten, handbreiten Strich. Hals und Halsansatz waren frei, Entfernung etwa hundertzwanzig Meter. Anstatt nun am nächsten hohen Zaunpfahl anzustreichen und auf den Halsansatz zu schießen, hielten wir Kriegsrat. Jan meinte, ich sollte ihn von rechts, um den zweiten Hügel herum, anpirschen. Der Wind wehte uns leise ins Gesicht. Ich hielt den Weg am Rande der Eichendickung zwar für besser, folgte jedoch Jans Vorschlag.

In der Zwischenzeit waren Bock und Ricke über den ersten Hügel gezogen und so überriegelt. Auf halbem Wege, als ich mich schon vorsichtig den zweiten Hügel emporschob, merkte ich, daß ich meinen Zielstock vergessen hatte. Es mußte auch so gehen. Als ich über die Kuppe hinwegblicken konnte, stand auf dreißig Schritt der Bock vor mir. Die Luzerne reichte ihm bis zum Hals, der sich „giraffenartig" in die Länge zog. Teils entsetzt, teils neugierig starrte er die seltsame Figur an, die vor ihm aufwuchs. Noch wenige Sekunden, dann würde er abspringen. Die hinter ihm stehende Ricke flüchtete bereits. Büchse hoch, Schuß! Rechts neben dem Hals spritzten Tauwasser und Luzerneblätter hoch. Weg war der Bock. Wir haben ihn bis zum Juni 1981 nicht wiedergesehen. Aber davon später.

Das Pech verfolgte uns an diesem Morgen. Nachdem wir den Hochwald wieder erreichten, dehnte sich links neben der Straße ein riesiger, stark mit Anflug bewachsener hügeliger Schlag aus. Eine etwas höhere Kuppe erhob sich in einiger Entfernung. An diesem Hang zeigte sich ein roter Fleck. Jan blickte mit dem Fernglas hin, als ich den Wagen anhielt. „Doktor, ganz starke Bock! Ganz dicke Stangen! Schießen, aber nicht vorbei!"

Ich stieg aus dem Wagen, legte mich an die gegenüberliegende Randerhöhung des Weges, strich fest an einen Zaunpfahl an und visierte hin. Es war weit. Hoch faßte ich ihn an. Im Schuß rutschte der Bock nach vorne in ein Gebüsch.

Jan stieß ein Triumphgeheul aus. Nach zwei Zigarettenlängen gingen wir zum Anschuß. Hellroter, blasiger Schweiß und Lungenfetzen leuchteten aus dem Busch, fünf Meter weiter lag der Bock.

Diana, verhülle dein Angesicht! – Ein zweijähriger, ziemlich hoher Gabler im Bast. Wenn ein Bock falsch geschossen war, dann dieser. Unsere Stimmung war auf den Nullpunkt gesunken. Der Bock brachte, wie wir später feststellten, kaum 17 Kilogramm auf die Waage. Es war erstaunlich, daß der rotgefärbte Bock Mitte Juni noch nicht gefegt hatte.

Zur Abendpirsch hatte ich mich von den Ereignissen des Morgens etwas erholt. Wir setzten uns an den Luzerneschlag auf den Starken vom frühen Morgen an. Der Schlag blieb leer. Ich hatte nun noch einen Bock frei. Wenn wir den Kapitalbock nicht bekamen, sollte es wenigstens der kurze starke Sechser aus der Sumpfwiese sein. Es paßte auch gut, denn nach dem Morgenansitz am Luzernefeld fuhren wir an der Wiese vorbei. Für mich war es die letzte Pirsch, denn ich hatte Geburtstag. Wir wollten nachmittags an den See und abends zusammen mit Krajewskis feiern. Als ich im morgendlichen Dämmerlicht Jan zu Hause abholte, stand er auf dem Hof, in der einen Hand eine Taschenlampe, in der anderen den Kopf des Bastbockes. Der Bast war heruntergekocht, wie ich es ihm gesagt hatte. Er leuchtete in den Äser. Der Rachen war voller Rachenbremsen, der Befall so stark, daß der Bock sicher daran eingegangen wäre. „Is sich Bock richtig geschossen“, sagte Jan. „Selektion gut für Jan.“

Meine Geburtstagsstimmung stieg erheblich. Jetzt wußten wir, warum der Bock nicht gefegt hatte. Er war krank. Nachdem Jan nun doch noch zu einem „gefüllten Händedruck“ infolge meiner aufgebesserten Geburtstagslaune gekommen war, fuhren wir ab.

Ohne Umweg ging die Fahrt zur Luzerne. Aber es ereignete sich nichts. Wir setzten uns wieder ins Auto. Stolz passierten wir die Stelle der „Untat“, die nun keine mehr war, und blickten um die Waldecke, unter der die Sumpfwiese lag. Auf hundert Meter stand dort der gesuchte, starkstangige Sechser und äste. Leise öffnete ich die Autotür und schlich mich seitlich vorwärts an eine Kiefer. Nochmals sah ich ihn an. Der Bock war alt. Als er mir halbschräg das linke Blatt bot, riß die Kugel ihn im Feuer zusammen. Da lag der Geburtstagsbock! Er war richtig angesprochen und hielt, was er versprochen hatte.

Am Abend trafen wir uns zur gemeinsamen und fröhlichen Geburtstagsfeier, bei der zwei große Terrinen voller Krebse und eine Erdbeerbowle den Höhepunkt bildeten. Nachdem wir Andrzej und Soschu am nächsten Morgen versichert hatten, 1978 zur Hirschbrunft wiederzukommen, nahmen wir Abschied.

Wir hielten Wort. Im September 1978 waren Landforstmeister a. D. Erdmann, Hani und ich wieder dort. Über unsere Erlebnisse werde ich im Kapitel „Hirschbrunft und Elchintermezzo in Rominten“ berichten.

Im Juni 1979 zog es meine Frau und mich erneut auf den roten Bock in die Rominter Heide. Ich hatte sechs Böcke frei, die auch zur Strecke kamen.

Bei dieser Gelegenheit lernte ich einen Landsmann, Helmut Steiner, kennen, der beim Bockabschuß in Rominten eigentlich unser Konkurrent war. Er war ein netter Jagdkamerad. Wir schlossen Freundschaft und sprechen jetzt stets unsere Fahrten ab.

Als wir in Rominten ankamen, lagen Helmuts vier beantragte Böcke bereits auf der Strecke. Der Winter 1978/79 hatte mit aller Strenge in der Heide gewirkt. Das Thermometer war bis unter minus 40 Grad gesunken, es war viel Schnee gefallen, wie ja auch in der Bundesrepublik. Der Rehwildbestand hatte erhebliche Verluste erlitten, auch waren die Wölfe vermehrt in die Heide eingebrochen.

Mein begleitender Jäger war diesmal Staschu. Auch interessierte mich der Rehwildbestand bei ihm. Das Vorkommen an Sauen sollte besonders stark sein, so daß man meinen Antrag, auf Keiler zu jagen, genehmigte.

In den ersten Tagen benutzten wir unseren Wagen zur Morgenpirsch, abends fuhren wir, was meine Frau und ich besonders lieben, mit dem pferdebespannten Pirschwagen. Er paßt besser in die Heidelandschaft, auch erlebt man in der Natur mehr, kann selbst beobachten und hat mehr Zeit zum Ansprechen, ohne sich um Wagen und Weg kümmern zu müssen.

Staschu und ich pirschten an einem der ersten Morgen mit dem Auto durchs Revier. Es herrschte schon Büchsenlicht, als direkt am Wegesrand ein Schatten neben uns auftauchte, der mit torkelnden, unbeholfenen Fluchten im Wald verschwand. „Da, kleine Elch, kleine Elch! Is sich krank, schlecht laufen!“ Ich fragte daher: „Fangschuß?“ „Nix schießen, ich fangen kleine Elch!“

Ich hielt, und Staschu rannte in den Fichtenwald hinter dem Kalb her. Was das wohl gibt, dachte ich, da tauchte Staschu schon wieder auf. Etwas blaß, sprang er in das Auto und murmelte: „Nix krank, nur ganz klein. Mamma kommen, schnell weiterfahren!“

Nach Staschus Elchunternehmen fuhren und pirschten wir alle erfolgversprechenden Wiesen und Schläge ab, fanden aber keinen abschußreifen Bock. Als wir an einer dichten Kieferndickung entlangrollten, huschte vielleicht zwanzig Meter vor einem Kreuzgestell ein katzengroßes Tier über den Weg. Unwillkürlich bremste ich. „Was war das“ Ich beschrieb kurz, was ich gesehen hatte. Er meinte: „Chase?“ „Haben Sie schon mal ‚Chase‘ mit ‚Zagel‘ (Schwanz) gesehen?“ Jetzt liefen ein zweites und drittes Tier über den Weg. „Kleine Wolf, kleine Wolf!“, rief Staschu.

Im gleichen Augenblick stand mitten auf der Kreuzung ein schäferhundartiges Tier, die Wölfin. Mit gespitzten Lauschern, die geschlitzten, schrägstehenden Seher auf den Wagen gerichtet, verhoffte sie und äugte herüber. An ihrer kurzen, buschigen Rute zottelte verspielt das vierte Junge. Nach kurzer Zeit verschwand sie, gefolgt von ihrem Nachwuchs, in der Dickung. Staschu sprang aus dem Wagen. „Kleine Wolf fangen, kleine Wolf fangen!“, und er verschwand ebenfalls in den Kiefern. Er hatte heute offensichtlich seinen tierfängerischen Tag.

Nach ein paar Minuten erschien er wieder mit betrübtem Gesicht und meinte achselzuckend: „Kleine Wolf weg.“ Das hätte ich ihm auch vorher sagen können, denn junge Wölfe sind keine Jungkatzen.

Das war ein einmaliges Erlebnis. Tief befriedigt kehrten wir zum Jagdhaus zurück.

Zwei Jagdtage blieben uns noch. Als wir am Morgen des vorletzten Tages mit dem pferdebespannten Pirschwagen abfuhren, war wieder mein Geburtstag angebrochen. Staschu war in Hochform. „Heute große Tag, schießen zwei Böcke, Sie werden sehen!“

Links von der Straße nach Goldap lief ein Holzabfuhrweg an einer Lichtung entlang, die mit hohem Gras und jungen Eichen bewachsen war. Vor zwei Tagen hatten wir hier bei der Abendpirsch einen sehr guten älteren Bock gesehen. Der Kutscher fuhr auf Weisung Staschus langsamen Schritt. Wie ein Schlag durchfuhr es uns gleichzeitig. Direkt neben dem Wagen stand der gesuchte Bock im hohen Gerank und äugte zum Gefährt. Ich glitt vom Wagen, ging nebenher, bis mir ein Baum Deckung bot. Der Bock verfolgte aufmerksam das Pirschgefährt. Da er im hohen Gras stand, hatte ich nur den Hals frei. Aber angestrichen auf vierzig Schritt mußte es gehen. Als der Wagen fast weg war, backte ich an. Dumpf hallte der Schuß durch den morgenfrischen Wald. Der Bock fiel wie vom Blitz erschlagen. Die erste Prophezeiung Staschus war in Erfüllung gegangen. Der Pirschwagen drehte und kam zurück. Ich blickte nochmals zum Anschuß. Ja, was war denn das? Rot leuchtete mir eine Keule des Bockes entgegen. Das gab es doch in dem hohen Zeug gar nicht! Ein paar Sprünge brachten mich neben meine Beute. Die Halme um den Bock standen höchstens fußhoch. Ich hatte den Bock im Bett auf den Hals geschossen in der Annahme, er stehe im hochgeschossenen Kraut. Staschu und der Kutscher vergnügten sich über dieses Ereignis und wunderten sich über meine Bedenken. „Prima! Nix Fleisch kaputt!“, kommentierte Staschu die Angelegenheit.

Der Bock war gut: sechs weiße Enden, dicke schwarze Dachrosen und ebenso schwarze, stark geperlte Stangen, enggestellt, gut zweiundzwanzig Zentimeter hoch.

Nun mußte auch der letzte Bock alt sein. Am Nachmittag fuhren wir die Straße nach Bludszen entlang, links von uns wuchs eine große dichte Fichtendickung, rechts zur russischen Grenze hin wucherte eine leicht hügelige, sehr lückige Erlenanflugdickung mit eingesprengten kleinen Fichtenhorsten. Unser Kutscher zeigte mit der Peitsche nach rechts. „Hier immer stehen Bock!“ Er hatte es kaum ausgesprochen, da flüchtete dicht neben der Straße ein Bock aus einem dichten Weidenbusch und sprang nach rückwärts ab. Auf einer Kahlstelle verhoffte er, etwa fünfundzwanzig Meter hinter uns. Das Ansprechen war leicht: älterer, dünnstangiger, ungerader Gabler, ein Schadbockgehörn, wenn er ein Raufbold war. Ich sprang vom Wagen, nahm mir auf die kurze Entfernung erst gar nicht die Zeit, zum Zielstock zu greifen, und schoß freihändig. Der Bock machte noch zwei Fluchten, dann brach er zusammen. Er war richtig geschossen.

Ich wollte noch einen Versuch auf einen Keiler machen. Morgens entdeckten wir auf einem Kreuzgestell eine Stelle, auf der Sauen frisch gebrochen hatten. Auf dieser Fahrt sah ich den dritten Kapitalbock in Rominten. Wir kamen aus einem lichten Kiefernhochwald. Links stieg das Gelände ziemlich steil an und ging dann in eine sehr hügelige, mit hohem Pfeifengras bewachsene Kahlfläche über. Aus einem der Büsche sprang ein Bock ab. Im Glas erkannte ich: Das Gehörn war nicht sehr hoch, vielleicht 24–25 Zentimeter, aber die weißblitzenden Enden fingerlang. Zwischen den Stangen über den Rosen konnte man nicht durchblicken, so dick waren sie.

Staschu drückte mir den Stutzen in die Hand. „Schießen!“ Da ging der Bock in Fluchten über die Hügelkuppe ab. „Staschu, ich hab' doch keinen mehr frei!“ Er stammelte nur: „So große Bock, so große Bock!“

Es war dämmrig geworden, als wir zweihundert Meter vor dem Kreuzgestell hielten. Von weitem hörte man schon, daß Sauen dort waren, denn sie trugen kreischend irgendwelche Differenzen aus. Am Rande des Weges pirschten wir vorsichtig zur Kreuzung. Bis auf dreißig Meter kamen wir an die Rotte heran und nahmen Deckung hinter einem Baum. Nun ging die Sucherei nach einem Keiler los, denn vor uns wirbelten mindestens dreißig Sauen durcheinander, vom Frischling bis zum starken Stück. Ich hatte den gestochenen Stutzen am Kopf, Staschu versuchte anzusprechen. Ein starkes Stück sah mir verdächtig aus. Blitzten da nicht kurze Waffen? Ich machte Staschu darauf aufmerksam. Er hatte das Stück auch schon beobachtet. Da stellte sich die Sau plötzlich völlig breit. „Pinsel“, flüsterte Staschu. Schon war der Schuß heraus. Das Stück fiel um. Staschu stürzte zum Anschuß. „Keiler“, schrie er.

Auch ich trat nun heran. Mir war warm geworden, und ich mußte die Büchse an einen Baum stellen, sonst wäre sie mir aus der Hand gefallen, so beutelte mich das Jagdfieber. Vor mir lag ein dreijähriger Keiler. Horrido! So endete die Jagd auf den roten Bock mit einem Keiler!

Der Abend wurde sehr fröhlich. Wir hatten ja auch allen Grund zu feiern.

Am nächsten Morgen fuhren wir zum Mauersee in die Thiergartener Bucht. Es hatte sich dort seit 40 Jahren nicht viel verändert. Auf der Rückfahrt am See entlang zeigte ich meiner Frau, wo ich als 16jähriger Junge meinen ersten Bock gestreckt hatte. Die kleine Wiese vor einem Bruch lag da wie in alten Tagen. Mein Onkel hatte den Bock am Morgen vorbeigeschossen und mir am Nachmittag den Drilling mit dem Hinweis gegeben, ich solle es versuchen, er müsse zum Stammtisch. Bevor er zum Hotel „Deutsches Haus“ zum Dämmerschoppen hatte gehen können, war ich mit dem Bock, für mich als Anfänger ein viel zu starker Sechser, bereits wieder zurückgekommen.

Hirschbrunft und Elchintermezzo in Rominten

Und die Meere rauschen
den Choral der Zeit,
Elche stehen und lauschen
in die Ewigkeit

Masuren und Rominten hatte ich 1974, 1976 und 1977 im Sommer besucht. Nun wollte ich dort einmal auch den Herbst erleben und in einer Jahreszeit jagen, in der der Schrei des Rominter Rothirsches durch die Wälder dröhnt, der Wald sich goldgelb färbt von Birke und Aspe. Ich wollte zur Hirschbrunft in einem der berühmtesten Rotwildreviere der Vorkriegszeit sein, alles das in mich aufnehmen, was mir vor dem Krieg nicht vergönnt gewesen war.

Obgleich ich heute auch schon zu der „älteren, weisen Generation" zähle, wage ich ketzerisch zu behaupten, daß der Jäger starke Trophäenträger strecken soll, wenn er in der Blüte seiner jungen Jahre steht. Im Alter bleiben oft nur wenige Jahre, um sich an den erlegten Kapitalen zu erfreuen.

Wir beschlossen im Herbst 1978 eine „Männerpartie" in die Rominter Heide: mein ostpreußischer Lehrprinz, Landforstmeister a. D. Erdmann, mein Freund Hani und ich. Jeder von uns hatte besondere Wünsche. Erdmann wollte einen 10-Kilogramm-Hirsch strecken, Hani sollte seinen ersten Geweihten schießen, und ich wünschte mir meinen ersten Heimathirsch. Ferner hatten wir unseren ersten Elch eingeplant. Hani wollte die Jagd auf Schwarzwild versuchen. Uns zeichnete also nicht unbedingt Bescheidenheit aus. Aber Bescheidenheit ist eine Zier, der man entraten soll, um weiterzukommen, wie der Volksmund sagt. Rominten bot die Möglichkeit, unsere Träume zu erfüllen. Also leitete ich über die Hamburger

Agentur die Formalitäten ein. Alles schien in Ordnung zu gehen, aber jedes Vorhaben muß mit einem Mißgeschick beginnen, wenn etwas daraus werden soll.

Ich hatte auf meinem Visumantrag zwar meinen Beruf, aber nicht meinen Dienstgrad angegeben. Vierzehn Tage vor der Abreise erhielten meine Mitstreiter Visa und Pässe, nur ich nicht. Es kam der Tag der Abfahrt. Was nicht kam, waren mein Paß und mein Visum. Hani und Erdmann starteten, und ich wartete weiterhin auf meine Papiere. Ich schritt dann zur Tat und rief in der polnischen Botschaft in Köln an. Man war sehr höflich und sehr entgegenkommend und bot mir an, aus Zeitersparnisgründen den Paß am nächsten Morgen in Köln abzuholen. Das geschah auch.

Ich startete sofort in Richtung Osten. Leider gab es noch eine Verzögerung. Nachts wurde ich ohne mein Verschulden bei Posen in einen Verkehrsunfall verwickelt. Mein Auto hatte einige Formveränderungen an Lichtanlage und Kühler, die meine Weiterfahrt um sieben Stunden verzögerten, mir aber eine Ruhepause einbrachten. Polnische Polizei und die Reparaturwerkstatt arbeiteten schnell; am nächsten Vormittag konnte ich meine Fahrt fortsetzen.

Meinem geliebten Mauersee rief ich nur einen Gruß zu. Langsam begann es zu dämmern, noch knapp hundert Kilometer lagen vor mir. Nachdem ich Goldap passiert hatte, mußte ich die Beleuchtung einschalten. Aber der eine Scheinwerfer strahlte nach links unten, der andere nach rechts oben, vor mir auf der Straße war es dunkel. In der Werkstatt in Posen hatte man vergessen, die Beleuchtung neu einzustellen. Ich schaltete das Abblendlicht ein. Nun sah ich wenigstens fünfundzwanzig Meter vor dem Kühler einen hellen breiten Fleck. Nach langsamer Fahrt kam ich spät abends auf dem Hof des alten Forstamtes Szittkehmen an. Ich wurde herzlich begrüßt.

Das Wetter, das schon während der Fahrt zwischen Sturm, Regen und Sonnenschein gewechselt hatte, war am nächsten Morgen nicht besser geworden. Wir drei gingen zunächst mit Jan. Staschu führte einen Berufskollegen von mir, der mit seiner Frau aus Süddeutschland gekommen war, um auf einen Hirsch zu waidwerken.

Jan verteilte uns weit voneinander entfernt auf drei Kanzeln. Durch Zufall kam ich auf die Kanzel, von der ich vor zwei Jahren den gelben Sechserbock geschossen hatte. Wild zog nicht an diesem unfreundlichen Morgen. Kein Hirsch meldete, die Brunft schien noch nicht richtig in Gang gekommen zu sein. Meine Jagdfreunde hatten an den beiden Vortagen auch nur vereinzelt hier und da einen Hirsch melden hören. Außer Rehwild und Elchtieren war ihnen nichts in Anblick gekommen.

Gegen sieben Uhr wurde ich abgeholt. Jan kam ein kurzes Stück in die Wiese und winkte. Ich hängte meinen Stutzen um, wollte die Leiter hinabsteigen – aber die Leiter schwebte frei in der Luft. Offensichtlich hatten die Nägel meinen Aufstieg gerade noch ausgehalten, dann waren sie aus dem morschen Holz gerissen. Zunächst winkte ich Jan zu. Er sollte mir helfen. Das verstand er falsch und ging in volle Deckung in der Annahme, mir wäre im letzten Augenblick Wild gekommen. Nun stieß ich zwei scharfe Pfiffe aus und winkte erneut. Endlich kam er und fragte: „Sie schießen?“ Ich zeigte auf die frei hin- und herwackelnde Leiter. Er lachte und hielt das Absteigegerät fest.

Am Abend sollten Erdmann und ich mit dem Förster Stephan Barwicki im Goldaper Revier pirschen, während Hani mit Jan ging. Damit war auch die Verteilung für den nächsten Morgen geklärt.

Am Nachmittag besserte sich das Wetter. Die Bewölkung wechselte mit Sonnenschein, die Regenschauer hatten nachgelassen und der Wind sich gelegt. Es war kälter geworden. An einem Kreuzgestell ließen wir den Wagen stehen. Nachdem uns Stephan den Verlauf der polnisch-russischen Grenze erklärt hatte, die nur fünfhundert Meter entfernt war, trennten wir uns. Erdmann pirschte alleine, ich ging mit Stephan. Das Revier wies größere Nadelholzpartien im Wechsel mit neuen und alten Kahlschlägen auf. Die Kahlschläge waren teils mit Birken-, Aspen- und Fichtenanflug bewachsen, überall wucherte Pfeifengras, einige Schläge zeigten keinerlei Bedeckung, waren schmierig und lehmig. Kleine Hügel und Täler kennzeichneten die Endmoränenlandschaft. Dazwischen standen große, tiefe Pfützen und Teiche als Folge des nassen Herbstes.

Die Pirsch war interessant und abwechslungsreich. Zunächst zeigte mir Stephan einen Gedenkstein, auf dem man lesen konnte, daß hier Kaiser Wilhelm II. seinen 2000. (!) Hirsch erlegt hatte. Danach standen wir pirschend an einem sehr hügeligen Anfluggelände und brachten einen Bock in Bewegung, der laut schreckend absprang. Auf dem nächsten, mit Pfeifengras bewachsenen Kahlschlag zog vor uns ein junger, vielleicht fünfjähriger Vierzehnender aus einem kleinen Tal, ein merkwürdig neugieriger Herr, der mit langem Träger dauernd verhoffend zu uns hin sicherte. Es war der erste Hirsch in dieser Brunft, den ich in Anblick bekam. Er verschwand in einer großen Erlendickung. Davor fanden wir auf einem dicken Baumstumpf einen Ansitzplatz.

Es begann langsam zu dämmern. Zur Dickung hin hatten wir halben Wind, nur die letzte Spitze, die in den Schlag wuchs, lag ungünstig. Rechts von uns erhob sich ein Fichtenhochwald, links stockte die Erlendickung und ging in ein dickes hohes Dornengebüsch über. Der Abend kam, blaß stand der abnehmende Mond am Himmel.

Plötzlich links von uns Bewegung, ein Elchtier mit Kalb schob sich langsam aus den Dornen über die Hügelkuppe. Das Tier sicherte lange, bevor sie langsam weitertraten. Wo war der Elchhirsch? Es war Brunft. Da rauschte es hinter uns in der Erlenspitze. Der Elch war genau in unseren Wind gekommen und sprang ab. Stephan schimpfte leise vor sich hin, aber es war nicht zu ändern.

Es wurde immer dunkler. Einen Hirsch konnte man sicher nicht mehr ansprechen. Da trenzte es dicht vor uns. Wir starrten in das Walddunkel der Fichten. Im Mondlicht erschienen zwei Schatten – Hirsch und Tier. Was er aufhatte, verbarg die Dunkelheit.

Nach zehn Minuten brachen wir ab. Auf dem Weg trafen wir Erdmann. Er hatte Rottier mit Kalb gesehen. Ein Hirsch war nicht dabei. Wir bummelten zum Wagen am Kreuzgestell und wollten gerade einsteigen – da: „Ah – uh – oh, ah – uh – oh“ dröhnte es nicht weit von uns auf einem mit Pfeifengras überwucherten hügeligen Kahlschlag. Aus der Ferne antwortete ein Hirsch, der näherkam. Die Hirsche schrien sich ein, tobten auf dem Schlag herum, dann Sprengruf. Es entwickelte sich ein richtiges Brunftkonzert. Erdmann meinte, der nähere Hirsch müßte der Stimme nach älter sein. Stephan wollte den Hirch angehen, aber ich hielt ihn zurück. Wir setzten uns vorsichtig ab und hofften auf den nächsten Morgen. Beim Essen tauschten wir unsere Erlebnisse aus. Hani hatte ebenfalls einen Hirsch gehört. Als er ihn anzupirschen versuchte, verschwieg der Hirsch. Er wollte am Morgen nochmals in der Ecke ansitzen. Staschu führte den anderen Doktor an einen starken Hirsch, der dem Jäger angeblich zu jung war, daher schoß er nicht. Wie ich später erfuhr, hatte sein Zögern jedoch einen anderen Grund.

Der Abend verging mit Jagdgesprächen, wobei auch weidlich auf das Wetter geschimpft wurde. Ich hatte mir die Sache auch anders vorgestellt, erinnerte mich an meine Jugend, an glühend heiße Septembertage und kalte Nächte mit Reif und Bodenfrost, an Hühnerjagdtage in Hemd und kurzer Hose, an denen jeder Schritt durch die Kartoffelfelder fast zur Qual geworden war, – und nun dies.

Am nächsten Morgen regnete es in Strömen. Hani fuhr mit Jan vom Hof. Stephan schimpfte auf den Regen. Die alten Linden vor der Tür rauschten in der Windbö. Das war alles andere als Brunftwetter.

Wir beeilten uns, in den Wagen zu kommen, um nicht schon am Anfang naß zu werden. Eine halbe Stunde später hielten wir am selben Kreuzgestell wie am Abend vorher. Der Himmel hielt noch immer seine Schleusen geöffnet, aber hinter der Regenwolke zeigte sich ein heller Streifen, in dem Sterne blitzten. Im Osten begann es zu dämmern. Wir saßen im Wagen bei offenem Fenster. Schweigen im Walde, nur die hohen Fichten rauschten im Morgenwind ihr altes Lied. Die Tropfen klatschten von den Bäumen aufs Wagendach. Der Regen hörte auf. Es herrschte fahles Morgenlicht, als wir zu pirschen begannen. Erdmann wollte es in der Gegend des Anflugschlages versuchen, an dem ich gestern gesessen hatte. Stephan und ich pirschten langsam den hügeligen Schlag am Waldrand hinauf, blieben alle paar Schritte stehen und verhörten. Die Hirsche, die am Abend im Mondlicht noch gut geschrien hatten, verschwiegen.

Es war fast hell geworden. Als wir nach links über einen Hügel blickten, standen dort in einer mannshohen Lärchenschonung, die mit Erlenbüschen durchsetzt war, ein Alttier mit Kalb. Sie ästen, von uns abgewandt, an den Himbeerranken. Der Wind kam von halb rechts vorne, stand also einigermaßen günstig. Wir umpirschten den Hügel, spähten vorsichtig und suchten die Schonung weiter ab. Dabei machten wir ein einzelnes Stück aus, offensichtlich ein Schmaltier, das vorher von Büschen gedeckt wurde. Wo blieb der Hirsch? War das Schmaltier der Grund des Schreiens von gestern abend?

Vor uns erhob sich ein langer, ziemlich steiler, dicht bewachsener, dünenartiger Wall, auf dessen Kamm ein dicker, alter, meterhoher Baumstumpf emporragte. Zu ihm krochen wir. Stephan blickte vorsichtig hinüber in das nächste Tal und fuhr blitzartig zurück. Aufgeregt bedeutete er mir, mich fertigzumachen und, gedeckt vom Baumstumpf, über den Hügel zu schauen.

Ich sah von oben in ein dicht mit Schilf, Binsen und Pfeifengras zugewachsenes Tal, das man nicht ganz überblicken konnte. Dort unten zog ein Hirsch langsam von rechts nach links auf das Kahlwild zu. Nur Haupt und ein Teil des Trägers waren frei. Er trug ein weit ausgelegtes, mittelstarkes Geweih mit stumpfen, kurzen Stiefelknechtkronen. Aug-, Eis- und Mittelsprossen blitzten hell wie Kerzen im Morgenlicht. Stephan fuchtelte mit den Armen herum und bedeutete mir zu schießen. Ich hatte den Kopf des Hirsches im Zielfernrohr und zog mit. Nach links wurde der Hügel flacher. Der Rumpf wurde frei, war aber schemenhaft von Schilf und Gras gedeckt. Da verhoffte der Hirsch und äugte zu uns herüber. Hatte er etwas wahrgenommen? Der Zielstachel stand hochblatt, als ich auf etwa achtzig Schritt schoß. Der Hirsch war gar nicht zu fehlen, und doch warf er sich herum und trollte den Weg zurück, den er angewechselt war, wieder zum Teil von der Kante überriegelt. Mit schnell repetierter Büchse zog ich mit. Kurz vor dem Hochwald bekam ich den Hirsch für einen Augenblick frei, halbspitz von hinten. Ich warf den Schuß im letzten Augenblick auf den flüchtigen Hirsch, meinte, vor der rechten Keule abgekommen zu sein, hörte einen hellen Kugelschlag, und der Geweihte war wie vom Erdboden verschwunden. Stephan sprang nach rechts und nach links, riß mir plötzlich völlig unerwartet den Stutzen aus der Hand, kniete nieder und schoß zweimal in das hohe Binsendickicht einer Suhle hinter den Weidenbüschen. Dann sprang er auf, warf, den Stutzen in der Hand, die Arme hoch, stieß ein „Kriegsgeheul" aus wie weiland „Sitting Bull" nach dem Sieg über Kuster und rannte nach unten zum zweiten Anschuß.

Von Freverts jagdlichem Brauchtum hatte er noch nie etwas gehört. Was blieb mir übrig? Ich lief ihm nach. Hinter den Weidenbüschen sahen wir den Hirsch in den Binsen bei der Suhle, wie er schwerkrank versuchte hochzukommen. Es ging aber nicht mehr. Ich nahm Stephan den Stutzen ab und schoß dem Hirsch mit der letzten Kugel, die ich in der Büchse hatte, aufs Blatt. Ein kurzes Schlegeln – aus.

Nun stand ich mit zitternden Knien vor meinem ersten Ostpreußenhirsch, dazu noch einem Rominter, und bekam feuchte Augen.

Oben: Die ersten 11 „Spätheimkehrer“

Rechts: Mein jugoslawischer Kapitalhirsch

Dann kam Stephan herangestolpert, in der Hand hielt er eine „Eichenstange“ erster Ordnung, die er mir mit polnischem Wortschwall, von dem ich kein Wort verstand, an den Hut steckte. Nun sahen wir uns den Hirsch an. Es war ein braver Hirsch, er war richtig geschossen, für polnische Maßstäbe ein „Selektionshirsch“, Alter etwa zehn Jahre. Ihn faßten zwei Kugeln. Der erste Schuß verschlug sich im Gras, das alte Lied. Der flüchtig nachgeworfene Schuß hatte den rechten Hinterlauf im Oberschenkelknochen zerschmettert, war durch die Bauchdecke geschlagen und hatte hoch den linken Vorderlauf zerfetzt. Stephans beide Schüsse waren verrissen, da er, den Stutzen nicht kennend, ungestochen geschossen hatte. Mein Fangschuß saß hochblatt.

Wir brachen den Hirsch auf, verblendeten ihn mit Patronenhülse und Papier und bummelten zum Wagen zurück. Zwischendurch bekamen wir noch einen Regenguß ab, aber das interessierte mich jetzt herzlich wenig. Ich hatte meinen Hirsch!

Erdmann stand am Wagen, blickte auf die „Eichenstange“ an meinem Hut und fragte, ob wir mit einem Elch Zwistigkeiten gehabt hätten, wie aus dem „Dauerfeuer“ zu schließen gewesen wäre. Ich antwortete strahlend: „Mein Hirsch liegt!“ Er fragte: „Nur einer? Und Sie trafen wirklich?“ Wir erklärten ihm das Geschehen; herzlich gratulierte er.

Wir stiegen in den Wagen und starteten in Richtung Szittkehmen. Doch kaum hatten wir fünfhundert Meter zurückgelegt, da stand zweihundert Meter vor dem Wagen ein Hirsch mitten auf dem Weg und äugte zu uns. Die Gläser gingen hoch. Ruhig sagte Erdmann: „Kronenzehner, sieben bis acht Jahre alt, nichts für mich.“ Wir beobachteten den Hirsch, bis er einzog, und fuhren heimwärts. Wahrscheinlich war von den Hirschen, die sich gestern abend das Duell geliefert hatten, mein erlegter Hirsch der Platzhirsch und dies der Beihirsch.

Bei unserer Ankunft stand Hani auf dem Hof, stolz mit einem Bruch am Hut. Eine alte Geltbache, die eigentlich ein Keiler sein sollte, war im hohen Pfeifengras vor dem Teich, an dem ich im Sommer 1976 die Sauen beobachtet hatte, seine Beute geworden. Er hatte sie eingeschoben in einem Grasbusch entdeckt, sich vorsichtig angepirscht und hochblatt gehalten. Das Stück verendete im Knall. Das erste Stück Schwarzwild seines Lebens lag auf der Strecke. Vielsagend meinte er, das sei erst sein Anfang!

Nach dem Frühstück holten wir meinen Hirsch mit einem LKW ein, nachdem Waldarbeiter ihn mit Pferden aus dem Sumpf gezogen hatten. Was wollte ich mehr? Der Hauptgrund meiner Herbstreise, ein Hirsch aus der Heimat, dazu kein schlechter, war zur Strecke. Ich konnte mich in Ruhe einem Elch widmen und – soweit es möglich war – den Freunden helfen.

Am Abend fuhren wir drei mit meinem Wagen in das Goldaper Revier. Stephan ging mit Erdmann und Hani zur Abendpirsch. Ich setzte mich auf eine hohe Kanzel vor einem Kahlschlag mit Buchenüberhältern, natürlicher Verjüngung und viel Pfeifengras. Vor mir lag eine große Suhle, die Fährten von Elch, Hirsch und Sau aufwies. Das Wetter war nicht gerade erfreulich. Es blies ein starker Nordwestwind. Regenböen wechselten mit blassem Sonnenschein. Da der Hochsitz jedoch an den Stamm einer dicken Buche gelehnt war, deren Blätterdach mich etwas schützte, taten mir die Schauer nicht viel. Ich war rundherum zufrieden, genoß den Spätnachmittag und die Schönheit der heimatlichen Landschaft.

Ein Regenguß verzog sich. Ich suchte gerade in den Taschen nach meinem Feuerzeug, da stieß rechts hinter mir ein Hirsch an. Das Melden nahm zu. Es war das zufriedene Röhren eines einzelnen Hirsches, der beim Rudel steht. Der Stimme nach, die jedoch bekanntlich kaum ausschlaggebend ist, schrie dort ein älterer Hirsch. Die Entfernung konnte man wegen der wechselnden Stärke des Windes schwer schätzen. Auf jeden Fall röhrte der Hirsch hinter einem größeren Buchenaltholz, das an eine Dickung angrenzte.

Der Wind wehte günstig. Man hätte ihn durchaus angehen können, wenn einer meiner beiden Waidgesellen hier gewesen wäre. Aber die beiden pirschten in genau entgegengesetzter Richtung. Ich blieb sitzen in der Hoffnung, das Rudel würde zu dem Kahlschlag ziehen, vor dem ich saß. Es geschah jedoch nichts, außer daß sich der Himmel verdunkelte und eine Regenbö herunterprasselte. Danach verschwieg der Hirsch. In tiefer Dämmerung baumte ich ab und ging zu meinem Wagen.

Bald kehrten Erdmann, Hani und Stephan ebenfalls zurück. Sie hörten zwei Hirsche schreien und sahen ein Tier mit Kalb, hatten sonst aber nichts Besonderes erlebt und schimpften auf das Wetter. Wir besprachen noch kurz einen Gefechtsplan für den nächsten Morgen und fuhren nach Szittkehmen.

Am nächsten Morgen stellten wir fest, daß das schlechte Wetter uns treu blieb, aber was half es? Hirsch oder Elch würden sicher nicht zu uns in das warme Jagdhaus kommen, deshalb starteten wir erneut. Erdmann und Hani mit Stephan in Richtung Goldap, Jan und ich gingen ins Bludszer Revier. Wir rollten mit dem Wagen langsam von Kahlschlag zu Kahlschlag, von Wiese zu Wiese, hielten dauernd, verhörten und suchten die Flächen ab. Es regnete stärker oder schwächer. Petrus schien unzufrieden mit uns zu sein. Die Hirsche verschwiegen. Elche zeigten sich nicht, weder auf den Flächen noch im raumen Hochwald oder auf Fehlstellen in den Dickungen.

Schließlich landeten wir an der russischen Grenze. Jan hatte gedöst. Ich wäre beinahe hinübergefahren. Auf engem Gestell mußte ich den Wagen wenden. Nachdem das gelungen war und ich langsam zurückfuhr, sagte Jan plötzlich: „Stopp!"

Ich bremste und blickte gleichzeitig nach vorn. Da stand auf etwa hundertfünfzig Meter vor uns ein starker Hirsch und äugte zu uns herüber. Jan schob mir instinktiv den Stutzen hin. Ich blickte jedoch durchs Glas und versuchte, den Hirsch durch die regennasse Windschutzscheibe anzusprechen. „Mensch, ich hab' doch keinen mehr frei!" „Cholera!", war die Antwort.

Es war ein Vierzehnender mit guten Becherkronen. Nach kurzer Zeit trollte er über den Weg in den Hochwald. Sehr alt schien der Hirsch nicht zu sein, vielleicht sieben bis acht Jahre.

Die Uhr zeigte in der Zwischenzeit die 7. Stunde. Wir kamen zur Försterei Bludszen. Der Förster stand vor der Tür und winkte uns herein. Natürlich wurde sofort aufgetischt. Wir ließen uns nicht nötigen und langten kräftig zu. Die guten Leute freuten sich ehrlich, daß es dem Doktor, der doch geholfen hatte, schmeckte und sie ihm eine Freude bereiten konnten. Danach wurde noch eine Stunde geplaudert, der Förster nochmals untersucht und auf seine Gesundheit ein Wodka getrunken. Es können auch zwei gewesen sein!

Es war etwa 9 Uhr, als der Wagen auf den Hof rollte. Das Wetter hatte offensichtlich den Entschluß gefaßt, sich heute nicht zu ändern. Hanis Wagen stand nicht auf dem Hof. Nanu? Ich ging zu Soschu in die Küche. Andrzej befand sich in Goldap auf dem Forstamt. Er hatte bis heute hohen Besuch aus Warschau gehabt. Der Oberbürgermeister und ein Minister wollten Sauen schießen. Am Morgen fuhren sie jeder mit einem dreijährigen Keiler zurück. Der „Ministerkeiler“ hatte es vorgezogen, sich zu drücken.

Ich fragte Soschu nach meinen beiden Mitjägern, worauf sie aufgeregt berichtete, Hani habe auf einen Elch geschossen. Die beiden seien sofort nach dem Frühstück zur Nachsuche aufgebrochen. Da ich nicht wußte, wo sie steckten, beschloß ich, zunächst etwas Schlaf nachzuholen.

Durch das knarrende Öffnen der Zimmertür fuhr ich hoch. Es war Mittag geworden. Vor mir stand Hani, einen Fichtenbruch am Hut, und lachte fröhlich. Aber wie sah der Kerl aus. Man konnte ihn auswringen. Um ihn bildeten sich kleine Pfützen, die Gummistiefel quietschten von Wasser, und das Gesicht war dreckverschmiert. „Waidmannsheil zum Elch, alter Junge!“

„Hab’ ich es Dir nicht gesagt, daß es diesmal besser klappt?“ Tatsächlich schien er recht zu behalten und war dazu noch steigerungsfähig. Erst die Geltbache, nun lag der Elch, wie sollte das noch enden? Dann ging es ans Erzählen:

Sie waren früh schon beim Hellwerden an ein Brunftrudel gekommen. Das Wild stand überriegelt in einem Tal eines Kahlschlages. Es war unmöglich gewesen, über die Hügelkante an die dauernd schreienden Hirsche heranzukommen. Kahlwild stand dazwischen.

Nun hatten sie versucht, das Tal von der anderen Seite mit halbem Wind anzugehen. Kurz bevor sie die tiefliegende Fläche einsehen konnten, waren sie auf eine vom Sturm gefällte Fichte gestoßen, die erneut umgangen werden mußte. Da hatte der Wind an der Waldkante geküselt. Aus!

Ziemlich durchnäßt und enttäuscht hatten sie die Morgenpirsch abgebrochen, waren zum Wagen zurückgekehrt und langsam, die Wiesen und Schläge absuchend, in Richtung Szittkehmen gefahren, als plötzlich Elch und Tier in einem Stangenholz auftauchten und auf eine hohe Schilfwiese wechselten. Erdmann sprach den Elch an und meinte: „Den können Sie schießen!“

Hani stieg sofort aus dem Wagen, lief ein paar Schritte und war auf etwa hundertzwanzig Meter freihändig genau auf das Blatt abgekommen. Auf den Schuß hin zeichnete der Elch deutlich, er hob sich vorne kurz und flüchtete schräg durch die Wiese hinter eine Erlenbuschreihe.

Im brusthohen Schilfgras, in Sumpf und Nässe – das Wasser lief in die Stiefel – fanden sie weder Anschuß noch Schußzeichen. Erdmann hatte die beiden immer wieder eingewiesen. Sie folgten dann der Fluchtrichtung des Elches, aber auch ein planmäßiges Absuchen des Geländes blieb erfolglos. Nach einer Stunde brachen sie die Nachsuche zunächst ab, fuhren nach Szittkehmen, frühstückten und holten Hilfe aus Goldap.

Dann wurde die Nachsuche mit Hunden fortgesetzt. Bei der Meute handelte es sich allerdings um Fixköter, die zwar scharf auf Sauen, jedoch sonst in keiner Weise abgeführt waren. Der polnische Jäger schnallte die Hunde. Kläffend sausten sie in das Schilfdickicht, erschienen nach einer Weile wieder, doch wo sie gewesen waren, wußte niemand. Schließlich suchte Erdmann nochmals die Stelle auf dem Weg ab, von der aus Hani geschossen hatte. Er fand die ausgeworfene Hülse ein ganzes Stück weiter, so daß sich der vermutliche Anschuß verschob.

Von dort aus wies er Hani und Stephan erneut ein, leitete sie durch die Erlenbüsche und ließ sie die sogenannte „Todeskurve" des Wildes nach links gehen. An einem Fichtenstangenholz in mannshohem Schilf fanden sie den längst verendeten Elch. Die Decke war stellenweise zerzaust. Die Hunde, in dem hohen Zeug nicht auszumachen, waren bei dem verendeten Elch gewesen, hatten ihn gebeutelt und waren zurückgekehrt, ohne daß einer der polnischen Jäger bemerkt hatte, daß sie am Stück gewesen waren.

Es handelt sich um einen 7jährigen Stangenelch, ungerader Achter, mit fast zinnoberroten Stangen, ein guter Abschußelch. Zum Schluß bemerkte Hani sehr trocken: „Den Hirsch schieße ich auch noch!" Das hatte seinen Sinn, denn vor unserer Abfahrt von Borkum hatten wir eines Abends in Hanis neuem Kaminzimmer zusammengesessen, er, Edith, meine Frau und ich. Die Reise wurde nochmals besprochen. Die Hirsche nahmen an Geweihgewicht und Stärke dauernd zu, bis ich schließlich einwarf, daß Erdmann, der als Forstamtsleiter schon einiges an den Wänden hängen hatte, seinen Lebenshirsch schießen wolle, so bei neun bis zehn Kilogramm. Es ging ja schließlich nach Rominten, und da spukten schon starke Geweihe in unseren Köpfen.

Ich legte auch fest, daß Hanis Hirsch vor dem Kamin hängen mußte, als er unerwartet sagte: „Du, den 10-Kilogramm-Hirsch, den Erdmann schießen will, schieße ich." Ich wagte aus Höflichkeit nicht zu widersprechen.

Am Abend befand ich mich wieder in der Nähe des Hochsitzes vor dem kleinen Teich, der mit Dickungen und Pfeifengras umgeben war. Ich saß dieses Mal im hohen Fichtenwald, gedeckt von einer Anflugfichte an einen dicken Stamm geklemmt, und beobachtete die gelbe Grasfläche. Hani hatte hier sein erstes Stück Schwarzwild geschossen, die Geltbache. Hier fanden wir auch frische Elchwechsel, dazu zahlreiche Sauwechsel, Fährten aller Stärken. Schon früh am Abend begann hinter dem Hochsitz ein Hirsch zu melden. Er rief nicht oft, aber mit tiefer, grollender Stimme tönte sein Schrei zu mir herüber. Für ein Angehen und Ansprechen stand der Wind so ungünstig, daß eine Umgehung von mindestens einer halben Stunde erforderlich gewesen wäre. Ich beschränkte mich auf das Verhören und stellte fest, daß der Hirsch am selben Ort blieb. Erdmann und Hani jagten wieder mit Stephan im Goldaper Revier, Jan saß in meinem Wagen und wartete auf meinen Schuß.

Als es dämmrig wurde, kam Bewegung in die Landschaft. Vor mir brachen Sauen im hohen Pfeifengras. Ein Ansprechen war nicht möglich, daher hieß es warten. Der Hirsch meldete wieder. In der Dunkelheit schrie der Hirsch immer noch. Ich ging zurück zum Auto und fuhr mit Jan nach Hause. Unterwegs sahen wir im Scheinwerferlicht noch einen geringen Stangenelch.

In der Nacht war Andrzej mit dem Doktor unterwegs gewesen. Sie hatten das Mondlicht ausgenutzt, das gerade noch ausreichte, und brachten ein Stück Schwarzwild zur Strecke. Es war ein kleines Trostpflaster für den Gast aus Süddeutschland, der vergeblich den „Matadorurenkel" suchte.

Hani und Erdmann zogen morgens in Richtung Goldaper Revier. Mich führte an diesem Morgen Staschu. Als besondere Überraschung hatte mir Andrzej den pferdebespannten Pirschwagen zur Verfügung gestellt. Der Wind begann nachzulassen. Es war bedeckt, regnete aber nicht mehr. Langsam graute der Morgen. Zunächst trafen wir auf eine Bache mit Frischlingen, die ein ganzes Stück wie unklug vor den Pferden herflüchteten, bis sie in einer Dickung rechts vom Weg verschwanden. Die Pferde gingen im Schritt durch einen Hochwald, damit wir in der Dämmerung Zeit genug zur Beobachtung hatten. Auf einer Wegegabelung hellte es etwas auf, da die breitstehenden hohen Fichten mehr Licht durchließen.

Plötzlich stand auf dem nach links führenden Weg ein einzelnes starkes Stück Schwarzwild. Wir hielten sofort. Beim Hochnehmen der Waffe warf ich den Sicherungsflügel herum und stach ein. Noch verhoffte der Keiler – er war einwandfrei anzusprechen – und äugte die Pferde an. Der Wind wehte günstig. Offensichtlich hielt er die großen Tiere für Elchwild. Er bot mir die rechte Halsseite. Schon sah ich ihn im Zielfernrohr, da zischte Staschu neben mir halblaut: „Keiler!“ Das Stück warf sich herum, ich konnte den Schuß nicht mehr halten. Vor dem Keiler spritzte die Erde hoch, weg war er.

Staschu ging zum Anschuß, was in diesem Falle höchst überflüssig war, und sagte dann: „Nix.“

Hätte Staschu den Mund gehalten, würden wir nun wohl vor einem Keiler stehen, und zwar vor einem nicht schlechten, denn man hatte die blitzenden Gewehre sehen können.

Der Wettergott hatte ein Einsehen. Ab und zu zeigten sich blaue Flecken im Gewölk, und die Morgensonne blinzelte durch die hohen alten Bäume. Einmalig schön war es, so im Pirschwagen zu sitzen, den Blick über die herrliche heimatliche Landschaft gleiten zu lassen und sich wohl zu fühlen.

In ruhigem, gleichmäßigem Schritt zogen die kräftigen Pferde, von sicherer Hand geführt, den leichten Pirschwagen über den Waldweg. Plötzlich hielt unser Kutscher, zeigte mit der Peitsche nach rechts vorn und sagte leise: „Elche!“ Tatsächlich, dort zeigten sich ein großes und ein kleines Stück Wild zwischen Fichtenstangen auf einer kleinen Blöße und äugten zu uns herüber. Ich blickte durchs Doppelglas, das mit seiner achtfachen Vergrößerung die vorweltlich wirkenden Tiere dicht heranholte. Immer wieder faszinierte der Anblick dieser gewaltigen Wildkörper, die wir Mitteleuropäer nicht gewohnt sind.

Tier und Kalb zogen etwas weiter. Das Tier äugte immer wieder zurück. Ob noch ein zweites Kalb folgte? Aber es geschah zunächst nichts. Schon wollte der Kutscher wieder anfahren, da stießen mich plötzlich Staschus Finger zwischen die Rippen: „Da, Elch!“ Ich fuhr mit dem Glas nach rechts in Richtung des äugenden Tieres. Da kam in langsamem Troll ein starkes, schwarzes Stück Wild hinter den beiden anderen her, verhoffte und stellte sich spitz. Staschu geriet völlig aus dem Häuschen: „Starke Gabler, starke Gabler! Schießen, schießen!“

Ich sprang vom Wagen hinter eine einzelne hohe Kiefer, strich an und sah noch kurz durch das Zielfernrohr auf das Geweih. Staschu hatte recht. Es war ein Abschußelch ohne Schaufelansatz mit zwei weiten Gabeln.

Peitschend zerriß der Schuß auf dem Stich die Morgenstille, dumpf hallte der Kugelschlag zurück. Den Elch hob es vorn etwas an, dann drehte er sich langsam und stand nun spitz von hinten. Tier und Kalb sprangen zögernd ab. Mit fliegenden Händen lud ich durch, aber der Elch brach zusammen. Schon wollte ich den Stutzen aufatmend absetzen, da wurde der Elch plötzlich wieder hoch und stand breit. Ich schoß. Dicht hinter dem Blatt traf die Kugel den Wildkörper, der Urwaldrecke brach zusammen. Mit zitternden Händen stellte ich den Stutzen an einen Baum und versuchte, mir eine Zigarette anzustecken. Es ging vor Aufregung nicht. Der Kutscher gab mir Feuer. Ich sagte nichts, rauchte in tiefen Zügen und blickte zum gestreckten Elch hinüber. Staschu und der Kutscher wollten sofort zum Stück. Ich hielt sie zurück. Der Elch war noch nicht verendet. Stoßweise sprühte der hellrote Schweiß aus dem Einschuß hinter dem Blatt.

Nach zwei weiteren Beruhigungszigaretten gingen wir zu dem Elch, eine oder zwei Minuten zu früh. Als ich an den gefällten ostpreußischen Recken herantrat, hob er noch einmal sein Haupt, dann sank es mit den Gabelstangen zur Seite. Das war zuviel für mich. Wohl hundertfünfzig Stück Schalenwild hatte ich geschossen und habe Rehe verenden sehen, aber dies ging über meine Kraft. Ich war innerlich von diesem letzten Blick des verendenden Riesen so aufgewühlt, daß ich zur Seite ging und mir die Tränen aus den Augen schossen. Staschu und der Kutscher blickten mich ernst an, sie sagten nichts.

Es dauerte eine Weile, bis ich mich gefaßt hatte. Damals glaubte ich, nie wieder einen Elch in meinem Leben schießen zu können. Auch heute bin ich mir nicht im klaren, ob ich noch einmal den Lauf des Stutzens auf dieses edle Wild richten werde. Eines jedoch weiß ich sicher: sollte ich nochmals einen Elch strecken, werde ich mindestens eine Stunde warten, bis ich an ihn herantrete.

Die Wirkung der 7×57 TIG auf das sieben Zentner schwere Wild war doch erheblich. Alle Autoren, die über die Erlegung von europäischem Elchwild schreiben, sagen allerdings, daß Elche „weich“ sind. Andrzej, der schon viel Elchwild, besonders beim Kahlwildabschuß, gestreckt hatte, bestätigte diese Ansicht. Eben-Ebenau (Kanada) läßt in seinem Buch „Goldgelbes Herbstlaub“ eigentlich nur das Kaliber 9,3×74 gelten, allerdings sind die kanadischen oder die Alaskaelche fast doppelt so schwer.

Die schwere Arbeit des Aufbrechens eines so starken Wildkörpers lenkte mich etwas ab. Dann wurde der Elch mit den Pferden aus dem Wald zum Weg geschleppt, und wir fuhren zum Forsthaus.

Erdmann und Hani waren gerade von der Pirsch zurückgekehrt, letzterer hatte schon wieder einen frischen Bruch am Hut. Ich erzählte mein Erlebnis und verschwieg nichts. Hani holte die Zubrowkaflasche. Auf seinen Hut weisend, erlaubte ich mir die Frage, was er nun schon wieder totgeschossen habe und ob er Rominten wildfrei machen wolle. Er meinte, jetzt komme er erst richtig in Form. Dann berichtete er von der Erlegung eines zweijährigen Keilers, den sie mit Hunden nachsuchen mußten und der einem der Fixköter einen erheblichen, allerdings nicht lebensgefährlichen Schmiß beigebracht hatte.

Ich war innerlich noch immer aufgewühlt von der Erlegung meines ersten Elches. Schlafen konnte ich jetzt doch nicht. Darum fuhren wir nach Goldap, um bei Stephan nach unseren Trophäen zu sehen, vor allen Dingen aber interessierte mich Hanis Elch. Wir kauften dann noch im Intershop ein und kehrten zurück nach Szittkehmen.

Am späten Nachmittag jagten Erdmann und ich mit Jan zusammen, während Hani mit Stephan pirschte. Ich wollte mich wieder am Teich ansetzen, während Jan und Erdmann in der Gegend waidwerkten, in der der Hirsch mit der tiefen, grollenden Stimme gemeldet hatte.

Ich richtete mich gerade an meinem Fichtenstamm ein, da gab es hinter mir in einem stubengroßen Fichtenanflugdickicht ein lautes „Wuff“. Heraus fuhr ein starkes Stück Schwarzwild, wahrscheinlich ein Keiler, und verschwand pürzelschwingend in der Kieferndickung gegenüber, ehe ich zur Waffe greifen konnte. Nun war mein Ansitz hier aussichtslos geworden. Trotzdem blieb ich sitzen. Wieder schrie der Hirsch, aber mehr aus südlicher Richtung, während Erdmann und Jan westlich von mir pirschten.

Es dunkelte. Wir trafen uns am Wagen. Erdmann und Jan hatten den Hirsch auch vernommen, konnten aber wegen widrigen Windes nicht näherkommen; der Umgehungsweg erwies sich als zu weit.

In Szittkehmen erwartete uns schon Hani beim Abendessen. Andrzej hatte für uns Zeit. Er war rührend besorgt, und Soschu erschien mit zwei großen Suppenterrinen voll von Krebsen zum Abendessen. Den dazugehörigen spritzigen Mosel ersetzten wir durch einen guten bulgarischen Weißwein, und es stieg ein ostpreußisches Krebsessen nach alter Väter Sitte. Es folgte einer der so gemütlichen Abende des Ostens mit viel Unterhaltung, Witzen und Anekdoten, wobei auch Andrzej und Soschu kräftig mitmischten.

Am nächsten Morgen begann unser vorletzter Jagdtag. Hani setzte sich in Richtung Goldaper Revier ab, wir zogen erneut in die Gegend des Hirsches mit der grollenden Stimme.

Es war noch dunkle Nacht, als wir vom Wagen aus den Weg zu einem Holzlagerplatz hochpirschten, an dem zahlreiche Buchenstämme auf ihren Abtransport warteten. Bereits auf dem Wege dorthin hörten wir den Hirsch von Zeit zu Zeit melden, und es klang wie der ruhige Schrei eines Hirsches, der bei seinem Kahlwild steht.

Vom Holzplatz trennten uns bis zu seinem Standort noch etwa zweihundert Meter. Der Wind stand günstig. Der abnehmende Mond und einzelne Sterne blinkten durch die Wolken. Der Weg, der noch vor uns lag, war völlig aufgeweicht. Es schien unmöglich, weiter vorzupirschen, da wir nicht den genauen Brunftplatz des Hirsches kannten. Wir warteten das erste Licht ab und versuchten nun, den Hirsch anzugehen. Ein Stück des Weges führte durch Fichtenhochwald. Dahinter lag eine große Wiese, umrahmt von raumem Buchenwald. Dort irgendwo mußte der Hirch stehen.

Als wir durch den Fichtenwald schlichen, meldete der Hirsch noch zwei- oder dreimal, um dann schließlich ganz zu verschweigen. Wir warteten das volle Tageslicht in Deckung vor der Wiese ab. Sie blieb leer. Kein Äser tat sich mehr auf. Der alte gewitzte Hirsch war in eine riesige Kieferndickung hinter dem Buchenwald gegen den Wind eingewechselt, wie später Fährten auf dem aufgeweichten Weg zwischen Dickung und Wald bestätigten. Um eine Enttäuschung reicher, fuhren wir zum Frühstück.

Hani hörte mehrere Hirsche schreien und traf auch bei einem

Anpirschversuch auf einen schwachen jungen Sechser, offensichtlich ein Beihirsch. Wegen des vorletzten Jagdtages hatte Stephan zum Schuß geraten. Hani ließ jedoch den Finger gerade.

Auf der Rückfahrt begegneten sie – das ist ja immer so im Jägerleben – einem kapitalen alten Elchschaufler, der in einer großen Sumpfwiese stand. Hani raufte sich die Haare, machte Zielübungen, aber ein Elch stand nicht mehr auf unserem Abschußplan.

Am Nachmittag, bevor wir wieder ins Revier fuhren, hatten Erdmann und ich einen Spaziergang gemacht und uns besonders über das nicht gerade günstige Brunftwetter unterhalten. Immer wieder wechselte es zwischen Regenschauern und Sonnenschein. Dazu blies der Wind kräftig aus Nordwesten. Kalt war es auch nicht. Die Temperatur lag so um 8 bis 10 Grad. Plötzlich blickte er mich an und sprach fast im Brustton der Überzeugung die denkwürdigen Worte aus: „Heute nacht gibt es Frost!“ Ich starrte ihn an. „Wie kommen Sie denn darauf?“ „Ja“, sagte er, „ich habe heute nacht von Toten geträumt, und in Ostpreußen sagte man früher, wenn man im Frühjahr oder Herbst von Toten träumt, gibt es Frost.“

Davon hatte ich noch nie etwas gehört, schüttelte zweifelnd den Kopf, dann lachten wir beide.

Der vorletzte Pirschabend brach an. Schon früh begaben wir uns zu unserem Revierteil, um es wieder auf den alten Schlauberger zu versuchen. Erdmann und Jan wollten sich in der Nähe der Wiese ansetzen, ich ging wieder zu meinem alten Platz. Um die beiden nicht zu stören, teilte ich ihnen mit, ich würde nur dann schießen, wenn mir ein alter, starker Keiler kommen sollte, was aber höchst unwahrscheinlich war.

Am Spätnachmittag begann hinter mir wieder der Hirsch zu röhren, spärliche, vereinzelte Schreie, dazwischen hin und wieder ein Knören. Der Hirsch stand mindestens fünfhundert Meter weiter links von der Wiese, an der Erdmann und Jan ansaßen. Da der Wind nördlich gedreht hatte, konnte es sein, daß die beiden den Hirsch nicht hörten. Wie sich später herausstellte, war es auch so.

Bei mir ließ sich nichts blicken. Der Wind stand auch ungünstig. Nur wenn Sauen aus der hohen Kieferndickung hinter dem ansteigenden Pfeifengrasschlag herauswechseln würden, bestand Aussicht auf Erfolg. Man mußte aber Glück haben, daß sie auf einer Stelle verhofften, auf der das Gras nicht so üppig wuchs. Es kam die Dämmerung. Drei, vier Schnepfen strichen in gaukelndem Flug über die Kieferndickung dahin.

Plötzlich, kurz vor 19 Uhr, fiel in nordwestlicher Richtung ein Schuß, deutlich hörte man den Kugelschlag. Die Entfernung war nicht zu schätzen, es konnten ein oder zwei Kilometer Luftlinie oder mehr sein. Der Wind kam aus dieser Richtung. Im russischen Gebiet knallte es öfter, aber das waren Schüsse aus Militärwaffen. Hatte Erdmann geschossen? Oder war es Hani, der dort pirschte, dem Diana seinen Wunsch erfüllte?

Der Hirsch drüben im Südwesten hatte sein Schreien eingestellt. Das Büchsenlicht schwand, ich bummelte zum Wagen zurück. Dabei vergrämte ich kurz vor dem Auto noch eine Rotte Sauen. Mit lautem „Wuff" wurden sie flüchtig und verschwanden prasselnd in der Dickung.

Als es völlig finster war, kehrten Erdmann und Jan zurück. Meine erste Frage galt dem Schuß. Sie hatten ihn auch gehört, und Jan meinte: „Vielleicht Knödel schießen oder andere Förster schießen Schwein." Schlauer wurden wir dadurch auch nicht. Die beiden hatten nichts gesehen. Den Hirsch hörten sie kaum. Um ihn anzupirschen, meldete er zu wenig. Wahrscheinlich vernahmen sie einen Teil der Schreie gar nicht.

Wir kehrten zum Forsthaus zurück. Hani fehlte. Wir aßen Abendbrot, von Hani keine Spur. Es wurde langsam zur Gewißheit, daß Hani geschossen hatte, aber worauf? Spät abends bat ich Andrzej, bei Stephan anzurufen. Er kam bald zurück: „Hani hat Hirsch geschossen, ungerader Vierzehnender. Wird bald kommen. Noch sitzen und essen bei Stephan."

Somit war unsere Vermutung zur Gewißheit geworden. Weil Hani so bald nicht in Szittkehmen sein konnte, ging Erdmann schlafen, da wir am nächsten Morgen sehr früh wieder jagen wollten. Auch ich legte mich hin und las noch, ahnte aber, daß aus dem Schlaf in dieser Nacht nicht viel werden würde.

Plötzlich flog mit Krach die Tür auf, herein kam Hani, einen Eichenbruch am Hut. Er strahlte. Völlig durchnäßt stand er da und nahm mein „Waidmannsheil" entgegen.

„Was ist es denn?" „Ich bin zufrieden, ein ungerader Vierzehnender." „Weiß ich schon von Andrzej. Erzähl'!" „Du, nachher, wir trinken noch einen zusammen. Tu mir bitte einen Gefallen und löse die Grandeln aus." „Hast Du den Hirsch etwa mit?" „Das Haupt liegt im Wagen. Wir haben es abgeschärft. Das Geweih über Nacht im Wald liegenzulassen, wollten wir nicht riskieren."

Ich folgte ihm auf den Hof. Es nieselte mal wieder. Ich hatte den Eindruck, daß es kälter geworden war. Wir traten zu Hanis Wagen. Er öffnete die hintere Klappe, das Licht im Fahrzeug leuchtete auf und – ich erstarrte.

Was sich mir dort aus dem Heck des Wagens präsentierte, war fast unglaublich. Vor mir lag ein echter Rominter Kapitalhirsch von eindrucksvoller Wucht, edlem Wuchs und breiter Auslage. Rechts trug er eine vierendige Becherkrone, links ebenfalls eine Becherkrone mit drei langen Enden. Aug- und Mittelsprossen waren lang, dick, mit leuchtend weißen Spitzen. Zwischen Aug- und Mittelsprosse konnte man die sehr gut geperlten braunen Stangen nicht umfassen. Er trug kurze Eissprossen, links etwa drei Zentimeter, rechts etwa zehn Zentimeter lang.

Ich war sprachlos. Vor mir lag der Beweis, daß die Kriegszeit den Stamm der Rominter Kapitalhirsche der Vorkriegszeit nicht vernichtet hatte und daß dieses Revier, diese Rominter Heide, auf weite Sicht bei richtiger Hege – und daran war bei den Polen nicht zu zweifeln – noch eine große Zukunft vor sich hatte. Das Wirken von Forstleuten wie Frevert oder Wallmann war nicht umsonst gewesen. Ihre Arbeit überdauerte den Weltbrand.

Wie gönnte ich meinem Kameraden und Freund diesen Hirsch! Nun konnte er, der Borkumer, seinen Insulanern bestätigen, daß die Erzählungen aus meiner Heimat keine Übertreibungen waren und daß es noch etwas anderes gab als Sanddünen, Kaninchen und Fasanen.

Oben klapperte die Verandatür. Eine Gestalt tauchte auf und kam die Treppe herunter, unser Jagdkamerad Erdmann erschien. Der Aufzug war erhebend: Jagdhut auf dem Kopf, grüner Lodenmantel, aus dem unten zwei mit weißen Schlafanzughosen bekleidete Beine hervorschauten. Da soll der Mensch ernst bleiben! Erdmann kam zum Wagen, blickte auf den Hirsch, umfaßte die Stangen, sah erst mich, dann Hani an und sagte: „Wenn Sie in Ihrem Leben einen besseren schießen, dann schreiben Sie mir eine Ansichtskarte." Sprach's und ging wieder schlafen. Keine Spur von Neid war in der Stimme dieses hervorragenden, fast 70jährigen Waid- und Forstmannes. Diese Worte bedeuteten – so kannte ich ihn – höchstes Lob, Anerkennung und Glückwunsch.

Ich brach Hani die schönen, marmorierten Grandeln heraus, dann gingen wir ins Haus. Andrzej und Soschu schliefen schon, der Abendbrottisch war noch gedeckt mit Wurst, Schinken und kaltem Braten. Hani holte die Zubrowkaflasche. Ich versuchte einen schwachen Protest, da ich am nächsten Morgen um ½ 4 Uhr aufstehen mußte, aber es war sinnlos. Wir tranken Wodka, aßen Speck und Wurst ohne Brot dazu, und Hani erzählte:

Er war mit Stephan wieder in das Goldaper Revier gefahren. Der hatte ihn dort zu einem Hochsitz geführt, von dem aus angeblich vor ein paar Jahren von einem deutschen Revierförster ein starker Hirsch geschossen worden war. Ich habe ein Bild von diesem Hirsch gesehen und kann die Aussage Stephans bestätigen: 16 Enden bei über acht Kilogramm Geweihgewicht bedeuten schon etwas, auch für ostpreußische Verhältnisse. Trotzdem erschien Hani der Plan Stephans etwas seltsam. Er kletterte jedoch auf die Kanzel. Zunächst sah er sich die Gegend an, prüfte den Wind und die Wahrscheinlichkeit, aus welcher Richtung Wild auswechseln konnte. Der Wind wehte von ihm aus in die einzige große Dickung hinein, die rechts an den Kahlschlag grenzte. Auf der anderen Seite der hügeligen, mit einzelnen Birken und Erlenbüschen bewachsenen Flächen lag ein großer, raumer Kiefernwald mit etwas Haselanflug. Dort hatte sicher kein Brunftrudel seinen Einstand gesucht. Diese Situation gefiel ihm immer weniger, so daß er abbaumte und in die Richtung pirschte, in die Stephan verschwunden war.

Er fand ihn auch bald bei einer Beschäftigung, die weder etwas mit Brunfthirschen noch mit Waidwerk zu tun hatte. Stephan trug einen Schutzschleier um den Kopf, blies riesige Qualmwolken aus einer großen Pfeife und versorgte seine Bienenkörbe. Das war selbst für den so gemütlichen Hani zuviel. Schließlich war er 1400 Kilometer gereist, um einen Hirsch zu schießen und nicht die Arbeit einer „Honigfabrik“ zu beobachten. Er brachte Stephan auf Schwung, der ihm sofort versprach, er würde ihn heute an einen sicheren Brunftplatz führen, an dem Hani zu Schuß kommen könnte.

Man marschierte zurück zum Auto und fuhr etwa fünf Kilometer zu einem sehr gut aussehenden Kahlschlag, einem mit Pfeifengras, Erlenbüschen, Himbeer- und Brombeersträuchern und mit Heidekraut bewachsenen Hügel. Drei Dickungen umschlossen den nach einer Seite offenen Schlag. Der Wind stand ihnen ins Gesicht. Günstiger konnte es wirklich nicht sein. Die beiden setzten sich an. Zunächst herrschte Ruhe. Dann begann ein Hirsch zu melden, jedoch nicht in ihrer Nähe oder in den Dickungen. Der Hirsch schrie in der Gegend, aus der sie gekommen waren. Nach kurzem Verhören, bei dem der Hirsch mit guter Stimme weiter meldete, faßten sie den Entschluß, zurückzufahren, um ihn anzugehen. Stephan meinte den Schlag zu kennen, auf dem der Geweihte grollend röhrte.

Die beiden eilten zum Wagen und fuhren zurück, immer wieder kurz anhaltend, um festzustellen, ob das Melden noch zu vernehmen war. Es wurde immer lauter. Sie näherten sich dem von Stephan vermuteten Einstand. Dort angekommen, hörten sie den Hirsch ganz deutlich schreien, hatten jedoch keinen Einblick in den frischen Kahlschlag, da vor ihnen ein rutschiger, lehmiger Hügel lag.

Mit vereinten Kräften krochen und zogen sie sich den Hügel hinauf und blickten vorsichtig über die Kuppe. Vor ihnen breitete sich eine große, leicht wellige Fläche mit Baumstümpfen aus, die jedoch weder Gras noch Büsche als Deckung aufwies. Der Boden war vom Regen aufgeweicht. Etwa fünfzig Meter vor ihnen blinkte ein flacher, langer Teich. Dahinter verlief eine lange Delle, und darin stand ein starker Hirsch und meldete. Nicht weit von ihm ästen Alttier und Kalb.

Es begann dämmrig zu werden. Hani setzte jetzt alles auf eine Karte und kroch durch Lehm, Moor, aufgeweichten Waldboden und Wasserpfützen. Die Entfernung bis zum noch immer spitz stehenden, schreienden Hirsch betrug etwa dreihundert Meter.

Er erreichte den flachen Teich. Umgehen schien nicht möglich, also mitten hindurch. Stephan kroch, auf polnisch fluchend, hinter ihm her. Sie erreichten hinter dem Teich einen dicken Baumstumpf. Noch etwa zweihundert Meter dehnte sich die Strecke bis zum Hirsch. Es dunkelte immer mehr. Da begann das Tier, in die nahe Fichtendickung zu ziehen.

Stephan zischte: „Schießen, schießen, sonst Hirsch geht weg.“ Jetzt legte Hani auf dem Baumstumpf auf – der Hirsch stand noch immer spitz –, hielt mitten auf dem Stich und ließ fliegen. Der Hirsch brach zusammen und rührte keinen Lauf mehr. Hani sprang auf, repetierte und verlor fast die Fassung. Er flog am ganzen Körper. Erst die Anstrengung des schwierigen Anpirschens, dann dieses Erlebnis. Zitternd lehnte er die Büchse an den Baumstumpf. In diesem Augenblick trat Stephan in Aktion. Er kam auf eine völlig neue Idee. Sein übliches Indianergeheul ausstoßend, umfaßte er Hani von hinten, hob ihn hoch, warf ihn der Länge nach in den Teich und sprang hinterher, immerhin eine neue, originelle Art, die Erlegung eines Hirsches zu feiern.

Die beiden nutzten das mehr oder weniger freiwillige Bad, sich den Dreck von den Kleidern zu waschen, und gingen zum Hirsch. Erstaunt sah Hani, was vor ihm lag, aber wirklich begriffen hatte er es erst nach dem Ausspruch unseres Jagdkameraden Erdmann. Sie brachen den Hirsch auf und schlugen das Haupt ab, da Hani sich nicht von seiner Trophäe trennen wollte.

Mein Freund war mit seinem Bericht am Ende. Er zitterte immer noch ab und zu, so hatte ihn das Erlebnis ergriffen. Ich wollte mich hinlegen, denn bald war für mich die Nacht zu Ende. Zwar hatte sich Hani angeboten, Erdmann zu fahren, jedoch ahnte ich, daß daraus nichts werden würde. Aber Hani ließ mich nicht weg. Er konnte nicht schlafen, und ein halber Liter Zubrowka war noch übriggeblieben. Dabei kam er auf eine völlig verrückte Idee. Er hatte meinem bereits abgefahrenen Berufskollegen zwei schwere, große, braune Zigarren abgeluchst mit der Begründung, wenn er seinen ersten Hirsch schießen würde, wollte er, seit fünf Jahren Nichtraucher, eine Zigarre rauchen, was auch geschah. Als er sie halb geraucht hatte, legte er sie etwas blaß weg. Wir tranken den letzten Wodka und gingen ins Bett.

Eine Stunde später brummte Hanis Wecker. Der glückliche Schütze schlief tief und gut. Ich steckte den Kopf unter den Wasserhahn, zog mich etwas unsicher an und trat auf den Flur. Erdmann war fertig zur Morgenpirsch. Jan wartete schon. Als wir zum Wagen kamen, waren Front- und Heckscheibe sowie das Wagendach dick überfroren. Jetzt wurde mir klar, daß es nicht nur das Feuerwasser war, das mich so frieren ließ. Was hatte Erdmann gesagt? „Wenn man von Toten träumt, gibt es Frost!“ Alle Pfützen auf den Waldwegen trugen eine dünne Eisdecke. Ein tolles Brunftkonzert hallte uns entgegen. Die

Der starke Keiler – 21,5 cm

Berry

Hirsche röhrten wie nie an den Tagen zuvor. Sollte es für Erdmann doch noch klappen?

Ich blieb dieses Mal im Wagen zurück und versuchte, etwas Schlaf nachzuholen. Bei dieser Pirsch waren zwei Jäger fast schon zuviel. Obgleich ich den Wagen angeheizt hatte, fror ich nach kurzer Zeit entsetzlich. Ich ließ also den Motor an und heizte erneut. Dann schloß ich die Augen. Nach fünf Minuten das gleiche Theater, es war hundekalt im Wagen. Als es mir nach dem dritten Mal genauso erging, stand ich auf und stellte fest, daß Jan die hintere Tür offengelassen hatte. – Cholera! –

Dann kamen Erdmann und Jan zurück. Die Hirsche orgelten den ganzen Morgen und schrien auch jetzt noch vereinzelt. Die beiden hatten versucht, mehrere Hirsche anzugehen. Immer, wenn sie bis auf zweihundert oder dreihundert Meter heran waren, sagte Jan betrübt nach vorne zeigend: „Granica – Grenze."

Die Hirsche meldeten alle im russischen Teil Romintens, als ob sie schon umgeschult und drüben zum Parteitag zusammengekommen wären.

So erlebten wir den ersten guten Brunftmorgen. Zwar blieb uns noch der Abend, aber mittags wurde es wärmer, der Himmel bezog sich und abends goß es in Strömen. Es war sinnlos, hinauszugehen. Darum packten wir betrübt unsere Sachen, saßen noch gemütlich mit Soschu und Andrzej zusammen, tranken zum Abschied ein Glas Wein auf die schönen Jagd- und Urlaubstage und unterhielten uns über Jagd, Hege und Forstwirtschaft in Polen.

Am nächsten Vormittag fuhren wir ab, diesmal über Allenstein nach Thorn, wo wir zur Feier des Tages sehr gut zu Abend aßen und übernachteten. Am frühen Morgen ging es zügig weiter in Richtung Borkum bzw. Eversen, wo wir zunächst unseren Jagdkameraden Erdmann ablieferten.

Wieder war uns eine erfolgreiche herrliche Jagdreise in meine Heimat beschert worden. Hani und mich hatte Diana reich beschenkt. Mir tat nur leid, daß unser Jagdkamerad leer ausging, aber wie sagte doch Andrzej: „Man muß haben Glick!"

Erdmann wurde im übrigen 1979 für alles entschädigt. Er schoß in England zwei Kapitalböcke mit über 400 g Gehörngewicht sowie einen Kapitalhirsch in Dänemark von etwa 207 Punkten. Im Januar

1980 besuchte ich mit Hani erneut Rominten, aber darüber berichte ich noch.

In meinem Jagdzimmer ist für Hochwildtrophäen, abgesehen von Keilerwaffen, kaum noch Platz. Eine Ecke ist jedoch noch frei geblieben. Dort wird mein Pensionshirsch auf einem Fichtenstamm aus der Heimat stehen, wenn das Schicksal mir gnädig ist, ich gesund bleibe und zur Brunft 1981 nach Rominten fahren kann. Dieser Geweihte soll ein Hirsch aus der geliebten Rominter Heide sein, dann hat sich der Ring eines Lebensabschnittes und Jägertraums geschlossen.

Berry

Berry war ein kleiner Münsterländer aus Borken/Westfalen. Als er 1964 im September zu uns kam, war er acht Wochen alt. Er sollte mit meinen Kindern, damals fünf und acht Jahre, groß werden. Meine Frau und unsere beiden Sprößlinge wollten so gerne einen Hund haben, und da ich als Jäger sowieso einen Jagdhund auf dieser Insel brauchte, schlug ich mit meiner Anschaffung zwei Fliegen mit einer Klappe.

Ein Angebot in einer Jagdzeitschrift erschien mir gut. Nach Rücksprache mit dem Züchter, die recht günstig ausfiel, wurde der Kleine bestellt und kam mit den Papieren hier an. Der Hund war eingetragen, die Eltern hatten beide 1. Preise für Schönheit und V.G.P., also gute Erbmasse steckte in ihm. Sein eingetragener Name war „Blitz vom Röwekamp". Er hat in seinen besten Hundejahren seinem Namen alle Ehre gemacht, denn er war sehr schnell auf den Läufen und auch in der Reaktion. Zunächst wurde der kleine Hundemann „Schätzchen" gerufen, aber das schien ihm gar nicht zu passen. So nannten wir ihn „Berry".

Nach seiner Abrichtung und Abführung durch den Borkumer Berufsjäger und Wildmeister Rothkirch, dem ich heute noch dafür dankbar bin, machte er die HZP mit „sehr gut", und das blieb er auch als Jagdhund und Liebling der Familie sein Leben lang. Von Anfang an stand er fest vor, suchte verloren, apportierte, folgte Schweißfährten absolut sicher, war, wie sich später herausstellte, Totverweiser und

Totverbeller. Sein Nachteil: er ließ sich nicht ablegen. Unter dem Hochsitz und beim Ansitz tat er es selbstverständlich, aber wenn man ihn ablegte und fortging, schlich er hinterher. Eine weitere Eigenart war, daß er im fahrenden Auto immer auf dem Rücksitz stand und zwischen mir und dem Beifahrer die Straße beobachtete, selbst wenn ich Hunderte von Kilometern fuhr. Erst nach Jahren, als er älter geworden war, legte er sich.

Berry wurde als Haushund gehalten. Einen Zwinger hat er kaum kennengelernt, höchstens wenn wir ohne ihn verreisen mußten. Dann kam er zu Wildmeister Rothkirch in Pension, blieb aber tagsüber mit in der Wohnung. Ein im Haus gehaltener Hund ist nach meiner Meinung treuer, anhänglicher und gutmütiger als ein Zwingerhund. Mit dieser Ansicht stehe ich nicht alleine da, denn sogar der hervorragende Jäger und Schweißhundführer Walter Frevert schreibt es in seinen Lebenserinnerungen von seinem berühmten Hannoveraner Schweißhund „Hirschmann". Er hielt diesen Hund, der entschieden größer und kräftiger war als ein Kleiner Münsterländer, wie auch seine anderen Schweißhunde tagsüber und bei schlechter Witterung im Haus.

Berry war wachsam. Ich würde keinem geraten haben, unbefugt in unser Haus zu gehen. Wenn ich nach einer Feier mit sogenannter „Fahne" nach Hause kaum, wollte er nichts von mir wissen. Ein Bekannter von mir hielt ihm mit der Behauptung, jeder Hund tränke Alkohol, einmal ein gefülltes Rotweinglas hin. Dreimal wandte Berry sich ab, beim vierten Mal mußte ich ins Halsband fassen, sonst hätte er den Gast ins Gesicht gebissen oder an der Kehle gepackt.

Seine jagdliche Passion war angewölft. Schon als vier Monate alter Hund zog er an und stand vor. Bereits in seinen jungen Jahren hetzte er spurlaut Rehe, Hasen und Kaninchen. Das mußte er ja zur HZP können. Eine Eigenschaft besaß er allerdings, die mir und ihm Ärger einbrachte. Es gab keine heiße Hündin auf Borkum, die er nicht kannte und zu der er nicht lief. Selbst seine Liebe und Anhänglichkeit zu uns hinderten ihn nicht daran. Es störte ihn nicht, wenn er hier und da gegen große Schäferhunde unterlag, und er zog aus seinen Verletzungen keine Lehren. Friedrich von Gagern, der große Jagdklassiker, erwähnt diese Eigenschaft übrigens bei einem seiner besten Hunde, die er führte.

Man hat mir in diesem Punkt mangelnde Erziehung des Hundes vorgeworfen und beschimpfte mich, weil der Hund streune. Ich nahm es zur Kenntnis, ließ mir aber keine Vorschriften machen. Vielleicht hätte man diese Eigenschaft aus dem Hund herausprügeln oder ihn durch einen Zwinger daran hindern können, aber diese „Vergewaltigung“ des Hundes lehnte ich ab.

Berry gehörte 15½ Jahre zu uns. Zwölf Jahre davon begleitete er mich auf der Jagd. Berry lebt nicht mehr. Ein unheilbar kranker Hund, den man so liebt, wie wir unseren Berry liebten, hat es nicht verdient, daß man ihn leiden läßt. Wir haben ihn in dem Revier begraben, in dem er die längste Zeit seines Lebens gejagt hat. Dieses Kapitel soll ein kleines geistiges Denkmal für einen Hund sein, für meinen Berry. Daher will ich jetzt einiges aus seinem Leben erzählen.

Ende November 1964, an einem Vormittag, waren der Wildmeister Rothkirch, ein Jagdgast und ich im Revier. Wir wollten Kaninchen schießen, aber die gab es kaum in diesem Jahr, weil die Myxomatose den Besatz gelichtet hatte. Wir kamen an eine kleine, mit hohem Dünengras und niedrigem Birkenanflug bewachsene Delle, als plötzlich rechts von mir eine Schnepfe aufstand. Der Jagdgast schoß, und die Schnepfe taumelte in den hohen Bewuchs. Berry hob seinen Kopf, keineswegs durch den Schuß erschreckt oder beeindruckt, und lief durch das hohe Gras in die Delle hinein.

„Lassen Sie ihn, mal sehen, was er macht“ rief Rothkirch mir zu. Ich ging hinter ihm her und ermunterte ihn, verloren zu suchen. Plötzlich stand er kurz vor, nur seine kleine Rute war im Gestrüpp zu sehen, dann sprang er – noch unbeholfen – zu, man hörte ein Flattern, und er erschien, die Schnepfe im Fang, und wollte sie zunächst nicht ausgeben. Der Jagdgast – ein sehr waidgerechter, guter Jäger und Hundeführer – lobte laut den kleinen Hund und rief herüber: „Herr Doktor, der wird gut!“

1969. Zur Blattzeit waren meine Frau und ich auf dem Gut Hunnesrück bei Dassel im Solling auf einen Bock und Sauen eingeladen. Berry stand im fünften Feld, in der Niederwildjagd erfahren, er suchte mir manche Ente und manchen Fasanenhahn nach und wurde immer besser. Mit Nachsuchen meine ich nicht jene Hähne, die steintot vor dem Schützen in die Wiese klatschen, oder jene Hasen, die im Feuer rollieren. Ich verstehe unter Nachsuchen das Auffinden von krankem oder verlorenem Wild. Rehe kannte Berry von Borkum her. Nachgesucht hatte er noch kein Stück. Sauen kannte er nicht.

Auf der Domäne richtete Schwarzwild in einem an der Grenze des Staatsforstes liegenden großen Getreideschlag erheblichen Schaden an. Der Domänenverwalter klagte sehr. Er hatte schon das eine oder andere Stück gestreckt, aber der Wildschaden verringerte sich nicht. Er bat mich, beim Ansitz auf den Bock bis zum letzten Büchsenlicht zu bleiben, um eventuell ein Stück Schwarzwild zu schießen.

Ich lauerte mit meinem etwa 10jährigen Sohn Dietrich und Berry auf dem Hochsitz, während meine Frau mit meiner Tochter in der Nähe auf einer großen Leiter saß. Rehwild kam nicht in Anblick. Vor mir lag ein großer, verfilzter Grassamenschlag, der an das Getreidefeld grenzte. Es war schon ziemlich dämmrig geworden, als ein schwaches Stück Schwarzwild aus dem Hochwald über einen niedrigen Grasstreifen zwischen Wald und Samenschlag wechselte und im hohen Bewuchs verschwand. Man sah von oben deutlich, wo das Stück durch die hohen, sich bewegenden Halme zog. Dann verhoffte es, wechselte wieder auf den Waldrand zurück. Ich mußte versuchen, die Sau auf dem Streifen zwischen Wald und Grasfeld zu fassen. Ich zog mit der gestochenen Büchse am Kopf mit. In scharfem Troll erschien das Stück auf der freien Fläche, ich zog vor und ließ fliegen. Das Stück brach zusammen, klagte laut, wurde wieder hoch und ging zurück in den hohen Schlag.

Ich merkte sofort, daß ich zu weit hinten abgekommen war. Nun war guter Rat teuer. Um es über längere Zeit krankwerden zu lassen, dafür war es wegen des beginnenden Abends zu spät. Wartete ich bis zum nächsten Morgen, dann würde das Stück bei der Hitze anbrüchig. „Berry, nun mußt du helfen!"

„Such, voran, mein Hund, such verloren." Fest im Riemen liegend, zog der Hund vor mir her. Plötzlich blieb er stehen, windete zum Sitz meiner Frau hin und stieß ein dumpfes, grollendes Knurren aus, wobei die Haare auf dem Rücken sich sträubten. Nanu! Was war denn das? Schon gab es unter der Leiter, auf der meine Frau und meine Tochter Ulrike saßen, ein lautes „Wuff", und fort in den Wald prasselte eine Rotte Sauen. Meine Frau und meine Tochter wären fast vom Hochsitz gefallen. Nun wurde mein Sohn, der bei mir geblieben war, zur „Verstärkung" auf die Leiter beordert.

Ich schnallte den Hund und pirschte hinter ihm her, den Stutzen hielt ich längst entsichert in der Hand. Noch zehn Meter, da stand Berry vor, wieder das grollende Knurren, und ich entdeckte beim letzten Licht den Hals der kranken Sau, die sich in einem dicken Grasbusch eingeschoben hatte. Den linken Teller konnte ich erkennen, die Entfernung betrug vielleicht drei Meter. Im Schuß bäumte sich der Überläufer klagend auf, Berry stieß einen grimmigen Laut aus und hing an ihm. Das Stück verendete sofort. Als ich die etwa 20 bis 25 Kilogramm schwere Überläuferbache herausziehen wollte, verbiß sich Berry an einem Teller, knurrte und ließ sich mitschleifen. Nun erschien auch der Rest der Familie, Berry bewachte weiter sein Stück. Es gehörte ihm. Ohne ihn wäre der Überläufer an diesem Abend nicht zur Strecke gekommen. Es war seine erste Sau, mit der er Kontakt bekam.

Ein paar Tage später saß ich morgens an einer Koppel an, auf der einige Obstbäume wuchsen. Schon am Abend hatte ich dort einen schwachen Spießbock treiben sehen, wurde aber nicht fertig. Die Sonne war noch nicht aufgegangen, es herrschte ein blasses Frühlicht bei drückender Schwüle. Da zogen schon drei Stück Rehwild vom Waldrand her auf die Koppel. Auf etwa hundertfünfzig Meter verhofften sie, als letzter der Spießbock, vor ihm Ricke und Schmalreh.

Ich strich an einem Zaunpfahl an, hielt hoch Blatt, und raus war der Schuß. Alle drei, so schien es mir, sprangen zum Waldrand hin ab. Kugelschlag?? Ich war nicht sicher, ging zum Anschuß und fand – nichts. Hatte ich daneben geschossen? Zwar war ich gut abgekommen, handbreit hinter dem Blatt stand der Zielstachel, als ich den Abzug berührte. Verstimmt und unsicher aber ging ich zum Wagen, fuhr zum Gutshof und holte Berry. Wir fuhren zurück und gingen zum Anschuß. Der Hund zog langsam in Fluchtrichtung der Rehe nach rechts zum Wald, kehrte um und suchte in entgegengesetzter Richtung an mir vorbei nach links. Dreißig Schritte neben mir verwies er. Ich ging zu ihm, da leuchteten mir hellroter Lungenschweiß und Lungenfetzen entgegen. Ich hatte an falscher Stelle den Anschuß gesucht. Flott zog Berry durch die Wiese nach links. Wieso? Die Rehe flüchteten doch nach rechts! Nach hundertzwanzig Metern verhielt Berry, äugte zurück und gab zweimal, dreimal Laut. Ich lief zu ihm. Von weitem sah ich schon, daß er neben dem Bock stand. Als ich den Hund erreichte, sprang er, freudig bellend, an mir hoch. Sein erstes Stück Rehwild lag auf der Strecke.

Ein Jahr später besuchten meine Frau und ich erneut Hunnesrück. Ich hatte einen Bock frei, so um den 10. August. Zur Blattzeit kamen wir reichlich spät. Der Verwalter bat mich, falls mir ein Fuchs käme, ihn zu schießen.

An einem Morgen paßte ich auf einem Hochsitz, der Tag graute, das Büchsenlicht reichte gerade. Vor mir dehnte sich ein geeggtes Feld neben einem breiten Wiesenstreifen, an den der Wald anschloß. Ich überlegte, daß hier wohl nicht viel Aussicht auf einen Bock bestände, denn der Wiesenstreifen trug nur kurzes, hartes Gras, und es herrschte eine ziemliche Trockenheit. Da sah ich eine Bewegung auf der Grasfläche. Das Glas zeigte mir einen Fuchs, der langsam über die Wiese zum Feld schnürte. Hier hob er sich trotz des schwachen Lichtes gut ab. Die Entfernung betrug etwa hundert Meter, aber es schätzt sich schlecht bergauf im Morgenlicht. Dicht hinter dem Blatt stand der Zielstachel, als der Schuß die Morgenstille durchbrach. Im Feuer sprang der Fuchs mit allen Läufen in die Luft, flüchtete über die Wiese und verschwand in ein großes Schlehdorndickicht.

Ich baumte ab, ging erst gar nicht zum Anschuß, sondern fuhr zum Hof und holte Berry. Wie würde der Hund sich beweisen? Noch nie hatte er einen Fuchs gewittert oder gesehen. Hatte die Kugel überhaupt gefaßt? Ich war meiner Sache zwar ziemlich sicher, doch vermutete ich nach dem Zeichnen des Fuchses einen Waidwundschuß.

Am vermeintlichen Anschuß ließ ich Berry frei suchen. Ich ging mit ihm über die Wiese zu dem Schlehdorn und schickte ihn hinein. Nach etwa zwei Minuten erschien er wieder und hielt vorsichtig – einen Igel im Fang. Ich führte Berry erneut zum Acker. Hier mußte er nochmals suchen. Vierzig Meter weiter als vermutet verwies er Schweiß. „Nun voran, mein Hund, such verloren!“ Der Hund zog mit tiefer Nase über die Grasfläche und verschwand viel weiter nach links erneut in den Schlehen. Ich bummelte hinter ihm her, blieb vor den Dornenbüschen stehen und steckte mir eine Zigarette an. Als ich sie halb geraucht hatte, erschien Berry, den Fuchs im Fang. Die Kugel saß waidwund. Er apportierte seinen ersten und letzten Fuchs, denn Füchse gibt es auf Borkum nicht.

Zur Belohnung durfte er noch eine Menge Enten apportieren und nachsuchen, die Jagdkameraden und ich in diesem Revier auf den Forellenteichen schossen.

Auch von seinen Dummheiten will ich erzählen. Wieder einmal war eine Hündin in der kleinen Stadt heiß, und Berry verschwand am Abend. Da wir nicht wußten, wo seine Liebste wohnte, konnten wir ihn nicht holen. Am nächsten Morgen wollte meine Frau die Brötchen vor der Haustür hereinnehmen, da rief sie nach oben: „Komm' her und sieh Dir das an!"

Ich ging nach unten. Dort bot sich mir ein Bild für die Götter. Berry saß als „Bandenführer" in der Mitte zwischen vier anderen Hunden, die sich die vier Brötchen geteilt hatten, wedelte mit seiner buschigen Rute und reichte dabei zur Entschuldigung für seine „Heldentat" meiner Frau den rechten Vorderlauf. Ich konnte ihm nicht böse sein.

Mein Jagdfreund Daniel Poppinga, genannt Danpo, hatte auf Borkum seinen ersten jagdbaren Bock frei. Schon über vierzehn Tage waren wir morgens und abends hinter ihm her. Es fehlte immer das letzte Quentchen Glück. Wir lagen mit Berry auf einer Düne und entdeckten den Bock in einer Wiese vor den sogenannten Süddünen. Wir überlegten, wie man an den Bock herankommen könnte, da machte dieser einen Fehler, der ihm das Leben kosten sollte.

Er wechselte, schräg näherkommend, an uns vorbei auf mehrere große Weidenbüsche zu. Jetzt galt es. Danpo pirschte den Bock an, ich wies ihn von der hohen Düne aus ein. Berry saß neben mir und beobachtete interessiert die Pirsch. Mein Freund näherte sich in Deckung eines Grabens langsam dem äsenden Bock. Der Bock war dann für mich von Gesträuch verdeckt, als es knallte. Ich hörte den Kugelschlag und ging mit Berry an der Leine zum Schützen. Der stand aufgeregt an der Stelle, von der er geschossen hatte und zeigte auf ein rundes Weidendickicht. „Da ist er reingegangen!"

Er hatte es kaum ausgesprochen, schon wurde der Bock hochflüchtig aus dem Busch heraus. Es knallte zum zweiten Mal, der Bock zeichnete etwas und flüchtete weiter. Ich schnallte Berry. Sofort war er hinter dem Bock, und nun geschah etwas, von dem ich bisher nur in Sedlmayrs „Karpaten-Waidwerk" über einen Hannoveraner Schweißhund gelesen hatte. Mit schnellen Sätzen war der Hund hinter dem kranken Bock her, erreichte ihn und faßte dessen Hinterlauf. Der Bock stürzte. Im gleichen Augenblick faßte ihn Berry an der Drossel, lag auf ihm und ließ ihn nicht mehr aus. Den Rest erledigte mein Jagdmesser mit einem Stoß hinter das rechte Blatt.

Wo saßen die Kugeln? Der erste Schuß war ein glatter, tief sitzender Krellschuß über dem Blatt, der den Bock nur für kurze Zeit fluchtunfähig gemacht hatte. Der zweite Schuß riß die linke Hinterlaufschale weg. Diese Verletzungen hätten ohne Hund eine lange Nachsuche bedeutet, eventuell den Verlust des Bockes.

Anfang der 70er Jahre sollten im Winter Ricken geschossen werden, und ich pirschte mit einem Berufsjägerlehrling und Berry in der „Greunen Stee".

Wir kamen auf einen Pirschpfad aus einer Birkendickung und stiegen vorsichtig auf eine bewachsene Düne. Da stand rechts neben uns auf der weißen Sandfläche einer Randdüne zum Meer hin ein Stück Rehwild, eine Ricke. Stutzen hoch, Schuß. Das Stück brach zusammen, wurde wieder hoch und verschwand mit schlenkerndem linken Vorderlauf in der Birkendickung, an die ein Schilfdschungel anschloß. Wir gingen zum Anschuß. Wildbretschweiß und Röhrenknochensplitter lagen dort. Ich zeigte Berry den Anschuß und schnallte ihn.

Nach kurzer Zeit erklang in der Birken-Schilfdickung Hetzlaut, dann Standlaut. Wir drangen in die Dickung ein, kamen kaum vorwärts und sahen nichts. Berry verschwieg, dann gab er wieder mit dunkler Stimme Laut, aber woher? Nun kam mein Begleiter auf eine etwas originelle Idee: „Pfeifen Sie doch mal, dann haben wir wenigstens den Hund wieder!"

Ich tat es, und zwei Minuten später stand er neben mir, die breite, weißbraune Brust von Wildbretschweiß gerötet. Jetzt waren wir genauso schlau wie vorher. Wir kehrten zurück zum Anschuß. Ich nahm Berry an die Leine und ließ ihn suchen. Es war in diesem völlig wildgewachsenen Birkendickicht ausgeschlossen, dem Hund an der langen Leine zu folgen. Ich schnallte ihn erneut. Der Hund zog langsam vor mir her, so daß ich mich durch die Dickung zwängen konnte. Immer wieder blickte er sich um, ob ich ihm auch folgte. Dann endlich standen wir vor einem verendeten Schmalreh, das auch noch falsch geschossen war, denn es wog achtzehn Kilogramm. Als einziger von uns hatte Berry hervorragende Arbeit geleistet. Er verbellte tot und verwies tot, das erste Mal in seinem Leben.

1977 begleitete Berry uns nach Polen. Er war 12½ Jahre alt, seit über einem Jahr jagdlich nicht geführt, da dies auf Borkum nicht mehr möglich war. Er war fast ein Schoßhund geworden, ein alter Herr, taub und schon zeitweise von einer schweren Spondylarthrosis geplagt, die ich allerdings durch medikamentöse Behandlung beherrschte. Solange er sich nicht quälte, wollten wir ihn halten und treu für ihn sorgen.

An seiner Taubheit war ich schuld, wie ich zu meinem Bedauern gestehen muß. Es ist hier auf der Insel üblich, für den Entenansitz sogenannte „Schuhls“ zu bauen, ein Erdloch, bei dem die ausgeworfene Erde mit Soden verkleidet als Deckung dient. Man sitzt darin bei kaltem Wetter ziemlich geschützt. Um den Hund vor Witterungsunbill zu bewahren, nimmt man ihn mit in das Erdloch zwischen die Beine. Dabei muß man, wenn man auf einfallende Enten auf der Blänke schießt, über den Kopf des Hundes halten. Das bedeutet natürlich jedesmal ein Knalltrauma für den Hund, das die Hörfähigkeit angreift.

Mir passierte dabei einmal eine dumme Sache. Ich hockte in meinem Schuhl. Vor mir auf der Blänke saßen meine angeleinten Lockenten, die Berry von den wilden Enten genau unterscheiden konnte, als zwischen beiden Lockenten zwei Spießenten einfallen wollten. Ich schoß, die Doublette gelang. Was war jedoch mit einer Lockente los? Sie lag leblos auf dem Wasser, Prellschrote hatten den Kopf getroffen. Berry sah die zweite Wildente auf die andere Landseite fallen, apportierte sie, gab aus und lief ins Wasser, um die erste Ente zu holen. Da stieß er auf die Lockente, verhielt, bewindete sie und blickte zurück. Ich habe nur darauf gewartet, daß er mir einen „Vogel“ mit dem Vorderlauf zeigte.

Doch nun nach Rominten. Wir hatten dem alten Hund hinten im Wagen ein bequemes Lager gebaut. Wenn er während der Fahrt müde war, legte er sich. Er überstand die lange Reise sehr gut und wurde in Szittkehmen bei den Förstern und unseren Freunden Soschu und Andrzej Mittelpunkt und Liebling. Auf den Ansitz kam er mit, sonst blieb er bei meiner Frau in der Unterkunft. Auch jagdlich fand er Beschäftigung. Eine Nachsuche auf einen Bock hatte er schon hinter sich, leider erfolglos, da das Stück, wie der Anschuß und das Zeichnen einwandfrei zeigten, gekrellt war.

Eines Morgens fuhren Jan und ich mit meinem Auto pirschen. Ein guter Abschußbock lag bereits beim ersten Licht zur Strecke, jetzt suchten wir die Kahlschläge und Wiesen mit den Gläsern ab. Auf einem älteren Schlag stand ein Bock frei. Wir sprachen ihn an, der Bock war gut. Ich stieg aus dem Wagen, strich an einer dicken Fichte an und schoß. Dumpfer Kugelschlag hallte zurück. Ich war etwas zu weit nach hinten abgekommen, der Bock verschwand im Schuß. Lag er? Wir gingen zum Anschuß. Da zeigte sich braunroter Schweiß. Leberschuß! Nun machte Jan, ehe ich ihn daran hindern konnte, den ersten Fehler. Hinter dem Anschuß wucherte eine junge Anflugdickung von Fichten und Weichholz. Daneben wuchsen in einer feuchten Stelle hohes Schilfgras und Binsen. Jan ging in die Dickung. Schon knackte es, der Kranke wurde hoch und ging ab. Ich versuchte noch vorzulaufen, mußte aber durch die feuchte Wiese und kam zu spät.

Da standen wir beide nun ziemlich ratlos, bis Jan plötzlich stotterte: „Müssen holen Berry. Berry suchen.“ Ich nickte und ging.

Das Frühstück wollte nicht schmecken. Meine Gedanken weilten bei dem kranken Bock. Würde der alte Hund, für den eine solche Suche vor fünf oder sechs Jahren kein Problem gewesen wäre, es noch einmal schaffen? Über ein Jahr hatte er kein Stück Rehwild mehr nachgesucht. Seine letzte Arbeit vor zwei Jahren bestand in einer Totsuche von nicht einmal hundert Metern.

Nach der Erholungspause begannen wir die Nachsuche. Andrzej, Jan, Berry und ich. Am Anschuß angekommen, überprüften wir nochmals den Schweiß. Andrzej und Jan gingen frei suchend ins Gelände, wobei Andrzej aus Versehen fast auf einen gesunden Bock geschossen hätte. Der angeleinte Hund folgte der Wundfährte über eine längere Strecke, dann blieb er stehen. Jetzt schnallte ich ihn. Der Hund verschwand, ich setzte mich auf einen Wegrand. Es war sehr warm geworden.

Ich weiß nicht, wie viele Zigarettenstummel ich austrat. Ich bekam bei der Hitze einen solchen Durst, daß ich einen ganzen See hätte austrinken können. Ein Blick auf die Uhr zeigte mir, daß Berry jetzt fast vierzig Minuten unterwegs war. Plötzlich schien es mir so, als ob irgendwo in der Ferne ein Hund Laut gab. Ich horchte, hielt die Luft an. Da, jetzt wieder, etwas heiser, fast klagend klang es von links zu mir herüber. Ich sprang auf, lief in die Richtung. Jetzt wurden die

Laute deutlicher. Rechts vom Weg, auf dem ich lief, stand ein raumer Kiefernwald, links eine bruchartige Wiese mit Wasserlöchern, Schilfgras und Binsen. Das Bellen wurde lauter. Es war Berry, das hörte ich an der Stimme.

Links vom Waldweg schimmerte es braun-weiß durch den hohen Unterwuchs. Mit ein paar Schritten stand ich bei dem Hund. Berry lag erschöpft neben dem verendeten Bock, die buschige Rute wedelte. Ich nahm ihn in die Arme, drückte ihn ab und führte ihn zum nächsten Wasserloch. Er legte sich einfach hinein und schlappte und schlappte, als wollte er den kleinen Teich aussaufen.

Der Bock war einer meiner besten. Ich rief nach Andrzej und Jan. Sie kamen endlich. Berry feierten wir als Helden des Tages. Es war seine letzte Nachsuche, seine letzte jagdliche Tat. Einen schöneren Abschluß seines Lebens kann man sich als Jäger nicht denken. Berry ist 15½ Jahre alt geworden. Vielleicht hätte er 16 Jahre oder mehr erreicht, aber diese Zeit würde eine Qual für den alten Hund bedeutet haben. Wenn die Rechnung stimmt, daß sieben Hundejahre ein Menschenjahr ausmachen, dann würde er 108 Jahre erreicht haben, ein biblisches Alter.

Die romintische Winterreise

Tal, Hügel und Hain.
Dort wehen die Lüfte so frei und so kühn.
Möcht immer dort sein.
Wo Söhne des Heimatlands kräftig erblühn
Dort ziehen die Höhen
durch Nebels Grau, oh schau,
Hold lächelt auf Seen und Hügeln
des Himmels Blau
Oh Heimatland, Masovias Strand,
Masovia lebe, mein Vaterland

Im Frühling, Sommer und Herbst hatte ich die Heimat wiedergesehen, hatte dort erlebnisreiche Tage verbracht, nach Herzenslust gejagt und die alten Erinnerungen aufleben lassen. Diese Reisen in die Vergangenheit ließen schlummernde Träume einer unbeschwerten Jugend aufleben und sie mit den Augen eines reifen Menschen sehen.

Nur die Reise in den ostpreußischen Winter fehlte mir noch. Winter in Masuren, das bedeutet tief verschneite Felder und Wälder, zugefrorene Seen, auf denen die Eisfläche siebzig Zentimeter dick ist, von Rauhreif versilberte Bäume, Stiemwetter mit hohen Schneewehen, Frostwetter, daß nachts die Seen vom Reißen der Eisfläche dröhnten, oder Schlittenfahrt mit Schellengeläut. Jagdlich hieß es aber auch schwarze Sauen im stiebenden Schnee, roter Fuchs auf weißen Wiesen oder gar Wölfe in tiefverschneiter Dickung.

An langen Abenden auf der Insel hatte ich Freund Hani davon vorgeschwärmt, hatte ihm vom Eissegeln und Schlittschuhlaufen, von Hasenjagden und Füchsen erzählt, besonders jedoch vom „Hechte drommeln". Das ist eine Fischfangart, die bereits in meiner Jugend verboten war, aber was tut ein 15- oder 16jähriger Bengel nicht lieber, als verbotene Früchte zu naschen, besonders dann, wenn es Vergnügen macht.

Wenn im Dezember im ersten starken Frost die Seen zufrieren, beginnt die Eisbildung bekanntlich am Ufer und zieht zur Mitte. Hat das Eis auf den Blänken und an schilffreien Uferrändern eine Dicke von fünfzehn bis achtzehn Zentimetern, läuft man mit Schlittschuhen und einem Holzhammer diese Eisflächen ab. Das Eis ist durchsichtig und glasklar. Man sieht den kleinsten Kieselstein auf dem meist sandigen Seegrund. Während der Periode des Zufrierens ziehen die Weißfische vom bewegten, nicht zugefrorenen Wasser der Seemitte unter das Ufereis ins ruhige, stille Wasser. Ihnen folgt der Hecht, denn die kleinen Fische sind seine Nahrung. Wenn man nun unter dem Eis einen Hecht sieht, schlägt man mit dem Holzhammer in Kopfnähe des Hechtes kräftig auf das Eis; durch den Schlag wird er für etwa dreißig Sekunden bewußtlos. Schnell wird das Eis an der Stelle, an der der Fisch auf dem Rücken liegt, mit einem kleinen Beil aufgehackt und der Hecht herausgeholt.

Auf den fischreichen masurischen Seen und besonders auf dem Mauersee mit seinen sandigen, flachen, schilfbewachsenen Ufern war das oft ein ergiebiger Fischfang. Man hatte es zwar nicht nötig, sich auf diese Art zu ernähren, aber die Hauptsache war natürlich der Spaß. Das Vergnügen wurde dadurch noch begünstigt, daß der Fischereiaufseher uns kaum erwischen konnte, da das Motorbootfahren bei zufrierendem See nicht mehr möglich war.

Das ebenfalls verbotene Eisangeln war gefährlicher, aber eine herrliche Freizeitbeschäftigung. Der geplagte Mann unterlag auch hier, denn ich besaß eine sehr schnelle Eisyacht. Man stoppte an der Angelstelle, meistens über dem Abhang eines auf dem Grund des großen Sees gelegenen Hügels, schlug mit einer Stoßaxt ein Loch ins Eis und ließ das Bleifischchen an der Angelschnur über dem Grund spielen. Hechte, besonders jedoch große Barsche, bissen sofort auf den künstlichen Köder. Die Seefläche konnte man viele Kilometer weit übersehen. Tauchte eine verdächtige Gestalt auf, warf man Angelzeug und Fische in die Eisyacht und fegte mit 120 Kilometer Geschwindigkeit davon. Der Fischmeister mußte uns nämlich in flagranti stellen, und das gelang bei unserer Schnelligkeit einfach nicht.

Tempi passati! Hani wurde durch meine Erzählungen immer neugieriger auf die ostpreußischen Winter, besonders dann, wenn wir uns über schwarze Hauptschweine im weißen Schnee unterhielten. Auch ich hatte in meiner Jugend in Masuren noch nie ein Stück Schwarzwild gesehen, geschweige denn gestreckt. Als ich noch von Wölfen erzählte, natürlich alles frei nach Freverts Buch „Rominten“,

Freverts Erbe – Hanis Kapitalhirsch

Mein erster rominter Hirsch

beschlossen wir, zunächst noch ein weiteres Glas zu leeren, aber auch im Winter nach Szittkehmen zu fahren.

Über die Hamburger Agentur wurde im Herbst 1979 alles arrangiert. Wegen des „eisigen Winters im Osten“ beschlossen wir eine „Herrenpartie“, die aus Hani und mir bestand, denn unseren Frauen konnte man doch unmöglich eine Fahrt in die „kalte Heimat“ zumuten, dazu noch die Wölfe in den Wäldern!

Alles war perfekt, da sagte Hani im November ab. Er hatte eine Einladung auf Gams nach Österreich erhalten. Alleine durch Frost und Schnee 1400 Kilometer nach Szittkehmen zu fahren, wollte ich nicht wagen. Ich überlegte hin und her. Einige Tage später kamen wir wieder ins Gespräch. Hani teilte mir mit, daß die Gamsjagd im zu hohen Schnee untergegangen sei, er habe eine Absage erhalten und käme mit.

Am 2. Weihnachtstag fuhren wir ab. In Eversen machten wir Zwischenstation bei Landforstmeister a. D. Erdmann, sahen seinen Kapitalhirsch (siehe „Wild und Hund“ vom 27. 10. 1980: „Ein erfolgreiches Jahr“) und die beiden starken Böcke und tauschten letzte Erfahrungen aus. In Thorn übernachteten wir. Als wir am nächsten Morgen vom Hotel zum Wagen gingen, zeigte das Thermometer zehn Grad Kälte. Hurra! Meine Wetterprognose für den ostpreußischen Winter bestätigte sich. Froh und guter Dinge begaben wir uns auf die letzte Reiseetappe.

Mittags in Rastenburg bekam Hani Hunger. Ich bat ihn, bis zum Mauersee durchzuhalten, von Rastenburg eine knappe halbe Stunde. Da gab es einen herrlichen Rastplatz in der Thiergartener Bucht, den ich ihm zeigen wollte. Es mußte in der Nacht hier noch schärfer gefroren haben, denn bereits ab Neidenburg bedeckte Eis die kleinen Seen und Teiche. Stellenweise vergnügte sich Polens Jugend auf dem Eis.

Kurz vor dem Mauersee fährt man durch eine alte Eisenbahnüberführung und befindet sich dann plötzlich vor der Riesenfläche des Sees, an dieser Stelle achtzehn Kilometer breit. Es ist die Pristanier Bucht. Tief dunkelgrau, unter wolkenbedecktem Himmel lag das große Gewässer vor uns. Ein steifer Südostwind jagte über den See und warf Schaumkronen auf. Wellen rollten gegen den Sandstrand. Der Blick ging zum Mauerwald und zur Insel Upalten hinüber.

Dahinter zeichnete sich in grauer Ferne das Ufer der Bodmerbucht ab. Links ragte die Thiergartenerspitze mit ihrer Bucht in den See, unser Mittagsziel. In der Bucht, jetzt Campingplatz, aber im Winter unbenutzt, sprangen wir aus dem Wagen, reckten und streckten uns und packten die Stullen aus wie in alten Tagen, wenn bei der Hasenjagd hier Rast gemacht wurde. Der See war noch nicht zugefroren, aber feine Eiskristalle schwammen klirrend am Ufer. Um jeden Schilfhalm an der linken Seite der Bucht – dort begann ein Rohrwald – hatte sich ein Eisring gebildet. Diese Ringe stießen bei dem bewegten Wasser zusammen. Es klang wie das Geläut von Schlittenglocken.

So fängt es an, wenn der Winter die große Seenfläche zu Eis erstarren läßt. In zwei bis drei Tagen könnte man „Hechte drommeln".

Vor uns im Schutz der Bucht lagen mehrere große Schoofe Reiher- und Tafelenten. Sie kamen vom hohen Norden und würden bald weiterziehen wie die Höckerschwäne, die drüben auf der anderen Seite am Mauerwald Schutz suchten.

Hani war von dieser Landschaft begeistert; besonders das Zufrieren des Sees interessierte ihn, den Deichspezialisten, da es so etwas auf Borkum nicht gab. Aber wir durften uns nicht zu lange aufhalten. Noch hundert Kilometer lagen bis Szittkehmen vor uns.

Am Nachmittag rollten wir laut hupend auf den Hof des früheren deutschen Forstamtes. Wir waren am Ziel, doch kein Mensch erschien zur Begrüßung. Ich stieg die Treppe vor der Veranda hinauf und ging in die Wohnung. Da flog mir auch schon weinend Soschu entgegen: „Heinrich, Heinrich, große Katastrophe. Andrzej Krankenhaus Bialystok. Kaput, ganz schlimm."

Das war wirklich eine Katastrophenfamilie! Immer wenn ich hierher kam, war irgend etwas passiert. 1976 hatte Andrzej im Winter beim ersten Glatteis seinen „Wartburg" zu Schrott gefahren, als er ins Schleudern geriet und sich auf einem Acker mehrfach überschlug. Soschu und er waren mit blauen Flecken davongekommen. 1979 war die beste Milchkuh ausgerissen. Wir konnten sie nur mit Mühe nach zwölf Stunden wieder einfangen. Fast wäre sie verlorengegangen, ein nicht zu ersetzender Verlust für einen polnischen Kleinbauern. 1978 verunglückte der Schlossermeister der Oberförsterei tödlich.

Ich beruhigte Soschu, dann berichtete sie: Andrzej hatte sich kurz vor Weihnachten über irgend etwas geärgert, war wutentbrannt in seinen Dienstjeep gestiegen und in den Wald gerast, um nach den Holzarbeitern zu sehen. Bei leicht überschneitem Waldweg hatte er vor einem entgegenkommenden Langholz-LKW gebremst. Sein Wagen kam ins Schleudern, drehte sich um seine Achse und krachte vorn in den LKW. Andrzej verletzte sich schwer: eine große Kopfwunde, einen doppelten Oberschenkelbruch mit Kniescheibenbruch und eine Gehirnerschütterung. Nun lag er in Bialystok in einer Klinik, war operiert und hatte ein langes Krankenlager und eine schwierige Rekonvaleszentenzeit vor sich.

Unsere Neujahrsfahrt nach Angerburg gaben wir auf, um an diesem Tag mit Soschu und ihrer Schwester Kaschu Andrzej im Krankenhaus in Bialystok zu besuchen. Nachdem ich Soschu die Behandlung und den weiteren Krankheitsverlauf ihres Mannes, soweit das überhaupt möglich war, erklärt hatte, saßen wir den Winterabend noch in Gesprächen zusammen, gingen aber früh schlafen.

Der nächste Morgen brachte acht Grad Kälte. Am Tag fing es leicht an zu schneien, so daß am Abend eine geringe Neue den Boden bedeckte. Wir besuchten Jan und Staschu, die sich freuten, uns wiederzusehen.

Der 29. 12. war unser erster Jagdtag, besser gesagt unser erster Jagdabend. Da nicht genug Schnee lag, fuhren Jan und ich mit meinem Wagen, Hani setzte sich mit Staschu in dessen Auto.

Wie bereits im Kapitel über Rominten beschrieben, gab es nur Ansitzjagd oder Pirschjagd. Bei der Pirschjagd ging es von Kirrung zu Kirrung. Sich dort anzusetzen, war völlig zwecklos, da die Sauen die Kirrung im großen Kreis umschlugen und so immer Wind bekamen. Man mußte versuchen, sie anzupirschen, was auch nicht ganz einfach war, dann der Wind küselte auf den Kahlflächen oder Kreuzgestellen. Oft genug ist es uns passiert, daß wir nur noch das bekannte „Wuff" vernahmen und die Sauen wegbrechen hörten. Das zweite Problem lag im Ansprechen. Die wirklich starken fünfjährigen oder älteren Keiler wechselten meist alleine, es sei denn, eine Bache war bei einer Rotte rauschig. Dann wirbelten die Sauen dauernd durcheinander, bissen sich, kreischten und klagten.

Die Nacht bescherte uns Windstille. Es fror, aber der Himmel bezog sich. Nur ab und zu lugte der fast volle Mond durch die Wolken. Es würde Schnee geben, die Luft roch danach.

An der ersten Kirrung war kein Wild, an der zweiten stießen wir auf mehrere Bachen mit Frischlingen, etwa fünfundzwanzig bis dreißig Sauen. Einen Keiler konnten wir nicht ausmachen. Dann pirschten wir eine Kirrung an, die an dem schon in voraufgehenden Kapiteln erwähnten Hochsitz an der Suhle lag. Vorsichtig bewegten wir uns auf dem leicht aufwärtsgehenden Weg zwischen den Dickungen. Links von uns lag die schon bekannte Kieferndickung, rechts vor uns dunkelte der Fichtenhochwald mit den Anflugdickungen. Kurz vor der Kirrung sprang die Kieferndickung etwas vor. Als wir vorsichtig um die Ecke blickten, stand mitten auf dem Weg eine Sau. Das mußte ein Keiler sein, wenn auch kein sehr starker. Vorsichtig hob ich den Stutzen. Da spürte ich plötzlich einen leisen Luftzug im Nacken. „Wuff!“ Weg war er. Der Wind hatte wieder geküselt.

Weiter ging es. Der Abend war trotz des aufgehenden Mondes sehr dunkel. Die Wolken wurden dichter, etwas Schnee krümelte vom Himmel. Die nächsten Kirrungen fanden wir leer.

Wir begaben uns auf den Heimweg. Über vier Stunden befanden wir uns jetzt auf der Pirsch. Die frische Luft machte hungrig.

Der leichte Schneefall ließ nach. Ein Kreuzgestell wollten wir noch angehen. Der Platz glich mehr einer großen Fehlstelle im Hochwald, auf die drei Wege mündeten. Vorsichtig schoben wir uns heran. Hier standen überall einzelne, hohe Fichten. Die Sicht war schlecht. Plötzlich verhielt Jan und deutete zwischen die Bäume. Ich blickte durch das Doppelglas. Da sah ich hinter einem Fichtenstamm einen dunklen Schatten. Das mußte ein Stück Schwarzwild sein. Aber wo befand sich das Haupt? Das Blatt deckte der Stamm. Dann links neben dem Baum eine leichte Bewegung, das mußte das Haupt sein. Vorsichtig ging ich in Anschlag, ließ den Zielstachel langsam dicht neben dem Stamm hochgleiten. Als er ins Schwarze ging, riß ich Funken. Das Mündungsfeuer blendete mich für einen Moment. Da sagte Jan neben mir: „Liegt!“

Mit entsichertem Stutzen schoben wir uns langsam heran. Die Vorsicht erwies sich als unnötig. Die Sau war verendet. Jan leuchtete sie mit der Stablampe an und sagte jubelnd: „Keiiiler!“ Dann holte er einen Fichtenbruch und reichte ihn mir auf der Mütze.

Vor uns lag ein etwa dreijähriger Keiler. Die Kugel saß genau unter dem linken Teller und hatte den Kopf durchschlagen. Gestern waren wir angekommen, und heute abend lag schon der erste Keiler. Herz, was willst du mehr?

Wir brachen den nicht sehr schweren Keiler auf. Nach den Waffen schien er dreijährig zu sein. Nach der roten Arbeit fuhren wir zum Forstamt. Hani hatte mehrfach Sauen vorgehabt, konnte aber nicht schießen, da es sich immer um Rotten handelte und ein Keiler nicht einwandfrei anzusprechen war.

Es bestand zwar kein Verbot, nicht führende Bachen zu schießen, aber warum? Man mußte jedes geschossene Stück bezahlen, und eine Bache über fünfzig Kilogramm kostete DM 400,–, ein Keiler bis 13 Zentimeter Waffenlänge wurde ebenfalls nach Gewicht berechnet, und das Abschußgeld betrug ebenfalls DM 400,–.

Am nächsten Tag schneite es wieder leicht. Die Schneedecke begann sich zu schließen, der Frost hielt an. Die täglichen Spaziergänge taten gut in der kalten, frischen Winterluft bei leichtem Schneefall. Wir fanden Rot-, Reh-, Elch- und Schwarzwildfährten. Auch Füchse gab es. Sogar Mümmelmann spürten wir einige Male auf den leicht überzuckerten Wegen. Nur einen Wolf fährteten wir nicht.

Am Abend ging es in gleicher Besetzung wieder auf die Pirsch, Hani mit Staschu, ich mit Jan. Die Schneedecke reichte zum Pirschen mit dem Schneehemd noch nicht ganz aus.

Wir hatten schon mehrere Kirrungen angepirscht, ohne etwas zu sehen. An der einen stand eine Bache mit vier Frischlingen im Fraß, die anderen erwiesen sich als leer. Wieder führte uns der Weg an dem schon oft beschriebenen Platz vorbei, an dem ich auf den Keiler am gestrigen Abend nicht fertig wurde. Der Wind blies aus derselben Ecke, daher versuchten wir, so dicht wie möglich an der Kieferndickung zu bleiben. Als wir vorsichtig um die Ecke spähten, standen auf dem Weg drei Sauen. Die eine konnte man deutlich als junge Bache mit Frischling ansprechen, die zweite machte uns Schwierigkeiten. Vorsichtig steckte ich mir eine Zigarette an und prüfte den Wind. Er wehte ganz leicht und gleichmäßig aus Südosten. Das zweite Stück versuchte dauernd, sich der Bache zu nähern, wurde aber mit viel Lärm abgebissen. Der Form nach konnte es ein Keiler sein, aber wir konnten uns nicht einigen. Schließlich zog die Bache mit dem

Frischling in die Dickung. Die einzelne Sau blieb im Fraß. Ich blickte nochmals Jan an, der nickte. Auf dreißig Schritt hielt ich hinter den linken Teller, als das Stück breit stand, und schoß. Es lag im Feuer. Gespannt traten wir heran und standen – vor einer starken Überläuferbache. Schlau haben wir beiden Helden sicher nicht ausgesehen. Ich mußte das Stück bezahlen. Glücklicherweise lag das Gewicht bei wohlwollender Betrachtung etwas unter fünfzig Kilogramm, so daß es nur DM 200,– kostete.

An diesem Abend sahen wir nichts mehr. Als wir zum Forstamt zurückkehrten, war Hani schon eingetroffen. Ihm erging es genauso. Auch bei ihm lag eine Bache auf der Strecke. Dieses Stück stand ebenfalls allein an der Kirrung.

Am Silvestermorgen stellten wir fest, daß die Schneedecke wieder ein kleines Stück höher lag. Nachdem wir kräftig gefrühstückt hatten, absolvierten wir unseren schon gewohnten Morgenspaziergang, schliefen etwas auf Vorrat und begaben uns wieder ins Revier. Wir wollten nur eine kurze Pirsch machen, da sich Soschu und Kaschu auf die abendliche Feier freuten und deswegen früher mit dem Abendessen fertig werden wollten.

Wir hatten unsere Jäger gewechselt. Jan ging jetzt mit Hani, der meinen Wagen nahm. Gesetzlich stand mein Auto ihm auch zu, denn ich durfte es gar nicht fahren. Da ich bei jeder Reise grundsätzlich etwas vergesse, hatte es dieses Mal meinen internationalen Führerschein getroffen.

Uns bot sich zunächst guter Anblick. An der ersten Kirrung stießen wir auf etwa dreißig Sauen aller Stärke. Lange Minuten dauerte es, bis wir bei Mondlicht und Schnee alle sortiert hatten. Ein Keiler ließ sich nicht ausmachen. Wir rollten also weiter zu einer anderen Kirrung.

Vor einem Kreuzgestell ließen wir den Wagen stehen und pirschten vor. Schon von weitem hörten wir, daß Sauen sich an der ausgestreuten Gerste delektierten. Obgleich wir in drei Tagen Vollmond hatten, sah man nicht viel. Am Himmel hingen dicke Wolken, und es roch wieder nach Schnee. Ich wünschte mir auch viel Schnee, denn ich wollte meine Heimat einmal im Winterkleid wiedersehen und mit dem Schlitten pirschen fahren. Staschu hatte es mir versprochen, sobald die Witterung es zuließ und die Schneedecke ausreichte.

Langsam näherten wir uns dem Kreuzgestell und schoben uns vor. Nach links verlief ein Weg, auf dem mehrere Sauen herumwirbelten. Dort schien eine größere Beißerei um eine Bache im Gange zu sein. Daß ein etwa 5jähriger Keiler dabei war, sahen wir beide sicher. Wenn er sich nur einmal breit stellen würde! Stand er dann schließlich schußgerecht, hielt er nicht aus, sondern sauste in die Dickung hinter einem Überläuferkeiler oder einer Bache her. Es klappte einfach nicht.

Langsam bekam ich weiche Knie von dem langen Stehen mit angestrichenem Gewehr, die Augen tränten mir von der anstrengenden Beobachtung durch das Zielfernrohr. Schließlich ging meine Ruhe ganz dahin. Ich bekam Jagdfieber, was bei mir meistens erst nach dem Schuß üblich ist. Ich setzte den Stutzen ab und schloß für einen Augenblick die Augen. Da sagte Staschu neben mir: „Schießen!" Ich riß die Waffe hoch, der Keiler stand breit, ging hinter den Teller und berührte den Abzug. Im selben Moment machte der Basse eine Flucht nach vorne auf eine Bache zu, ich hörte die Kugel in einem hinter ihm stehenden Holzstapel einschlagen. Vorbei! Im Nu leerte sich die Bühne.

Wir schimpften auf rauschige Bachen im allgemeinen und auf den Keiler im besonderen. Hier fehlte einfach die bekannte Sekunde. Wir gingen zum Anschuß und leuchteten den zertretenen Schnee ab. Nichts. Dann fanden wir die Einschlagstelle im Holz, also einwandfrei gefehlt.

Nach einer Beruhigungszigarette setzten wir die Pirsch fort. Wir fuhren noch zu einer Kirrung, an der Staschu und Hani zweimal einen mittleren Keiler vorgehabt hatten. Wir ließen den Wagen an einer Waldspitze stehen und pirschten auf einem Querweg an einem Buchenaltholz entlang. Der Weg führte in einem großen Bogen nach rechts und mündete auf einen freien Platz, den Staschu mit Gerste versorgt hatte. Man konnte leider die Fläche vom Weg aus nicht einsehen, sondern mußte einen meterhohen, schrägen Abhang nach links in den Wald hinabsteigen.

Ich steckte mir vorher eine Zigarette an, um genau über den Wind orientiert zu sein, und dann gingen wir zum scharfen Wegebogen. Wir schoben uns wirklich unhörbar vor. An der Biegung wurde der Wind nochmals geprüft. Er wehte uns direkt ins Gesicht. Nun stieg Staschu lautlos die Böschung hinunter und blickte um die Ecke. Ein kurzes

Nicken genügte, und ebenso leise und noch von Staschu gestützt folgte ich ihm. Vorsichtig blickte ich durch das Glas. Da stand der Keiler breit und fraß. Ich wechselte unhörbar das Glas mit dem Stutzen und ging in Anschlag. Was war das? Wo eben noch der Keiler gestanden hatte, lag Schnee, sonst nichts. Ich suchte durch das Zielfernrohr die ganze Fläche ab. Da ertönte leise neben mir Staschus Stimme: „Das ist nicht Keiler, das ist Deiwel!“ Ich pflichtete ihm bei. Der Wind hatte nicht geküselt oder gedreht. Noch immer wehte er leise von vorn. Dennoch verschwand der Keiler im entscheidenden Augenblick.

Wir kehrten zur Silvesterfeier zum Jagdhaus zurück. Hani erwartete uns. Auch er hatte mehrfach Sauen gesehen, war aber nicht zu Schuß gekommen. Nun, wir hatten noch drei Tage Zeit.

Soschu hatte den Festtisch gedeckt. Es gab in Butter gebratenen Hecht, frisch aus einem der vielen Seen gefischt, dazu Kartoffelbrei. Dann kamen gebratene Hähnchen, Schinken, Wurst und Eier auf den Tisch. Wer sollte das alles essen? Als schließlich noch Kuchen und Torte sowie Schmalzgebäck aufgetischt wurden, streikte ich. Hani holte eine der mitgebrachten Rumflaschen hervor, ich stellte den Sekt für 24 Uhr kalt, und dann wurde fröhlich gefeiert. Nachdem wir zum x-ten Male auf Andrzejs Gesundheit und seine baldige Genesung getrunken hatten, rückte Mitternacht immer näher.

Kurz davor aber kam das Gespräch auf einen Jagdgast, der 1978 mit seiner Frau hier gejagt hatte. Als ich 1979 mit meiner Frau im Juni nach Polen wollte, wurde ich vor der Abfahrt von der Agentur in Hamburg gewarnt, man habe sich bei Orbis (Reisegesellschaft) in Warschau über mich beschwert: ich sei morgens halb nackt im Haus herumgelaufen. Von den Polen konnte die Beschwerde unmöglich gekommen sein, denn Andrzej und seine Familie wohnten auf der anderen Seite des Hauses, völlig von der Gästeunterkunft getrennt. Auch Landforstmeister Erdmann und Hani hatten sich sicher nicht beklagt. Doch genau gegenüber vom Waschraum und von der Toilette logierte damals das oben genannte Ehepaar. Morgens, wenn ich notdürftig mit einer Unterhose bekleidet zum Waschraum flitzte, stand deren Zimmertür etwas offen, so daß man mich sicher sehen konnte. Ich hatte mir nichts dabei gedacht. Vermutlich kam aus dieser Richtung die Warschauer Vorwarnung. Wir haben alle über diese „Unterhosengeschichte“ noch lange gelacht.

Die Mitternachtsstunde nahte. Hani machte die Raketen klar in Richtung russische Grenze, legte die Knallfrösche bereit, und ich goß den Sekt ein. Als das polnische Fernsehen null Uhr zeigte, stießen wir auf 1980 an, wünschten uns alles Gute, und Hani steckte die Raketen an. Mit strahlenden Kinderaugen standen Andrzejs und Soschus Sprößlinge dabei und quietschten vor Vergnügen, als die Knallfrösche allen um die Beine flogen. Eine herrliche Silvesternacht wurde uns beschert. Schnee rieselte leise wie ein weißer Schleier herab, Glocken der benachbarten Kirchen klangen herüber, und meine Gedanken gingen zurück in die Jugend nach Angerburg.

Als wir am Neujahrsmorgen vor die Tür traten, lag handhoch Neuschnee. Es war etwas wärmer geworden, und in der Luft hing noch viel Schnee. Wir hatten beschlossen, Andrzej im Krankenhaus zu besuchen. Die Straße nach Bialystok bereitete bei dem geringen Schnee keine Schwierigkeiten, so daß wir schnell vorwärts kamen. Andrzej lag allein in einem Dreibettzimmer, was man ihm als Forstamtsleiter wohl konzediert hatte. Er krähte uns fröhlich entgegen: „Heinrich, ich jetzt lange Urlaub haben, nur langweilig."

Es ging ihm schon relativ gut. Die große Operationsnarbe am Oberschenkel war primär geheilt. Der Schmiß am Kopf ging ringförmig um das rechte Auge und dann senkrecht die Stirn empor bis zur Haargrenze. Er hatte sehr viel Glück gehabt, daß sein Auge unverletzt geblieben war. Die Knochenbrüche würden heilen, aber ein halbes Jahr lag noch vor ihm. Auch bedauerten wir, daß sein Besuch mit Soschu im Juni auf Borkum ins Wasser fiel. Wir wollten alles nachholen.

Wir benutzten die Gelegenheit, den neu angelegten Tierpark, in dem Wisente in einem Gatter standen, zu besuchen. Am frühen Nachmittag trafen wir uns wieder vor dem Krankenhaus. Es ging zurück nach Szittkehmen. Auf der Rückfahrt begann es zu schneien. Der Schnee fiel wie eine weiße Wand, zeitweise mußten wir mit Nebelscheinwerfern fahren. Nach der Ankunft im Forstamt machten wir uns fertig zur Pirsch.

Der Schneefall hatte aufgehört. Die blasse Wintersonne war am Horizont verschwunden, und es dämmerte bereits stark, als wir vor das Haus traten. Ich stieg zu Staschu in den Wagen. Die Waldwege waren so verschneit, daß Staschu Schwierigkeiten hatte, mit seinem kleinen russischen Dreizylinder (DKW-Verschnitt) durchzukommen. Wenn es noch mehr schneite, würde es im Wald kaum noch ein Durchkommen mit dem kleinen Wagen geben.

Als wir vor der ersten Kirrung hielten, blinkten Sterne vom wolkenlosen Himmel. Der Frost hatte zugenommen. Der Schnee war pulvrig und gestattete ein lautloses Gehen, wenn man sich langsam vorschob. Wir trugen Schneehemden.

Eine Rotte stand im Fraß. Lautlos schlichen wir näher. Die Schneehemden machten uns unsichtbar. Mehrere Minuten lang beobachteten wir die Rotte: Überläufer, Bachen und Frischlinge. In einem deutschen Revier hätte man sich einen Überläufer oder Frischling für die Küche geschossen. Aber hier? Ich suchte ein hauendes Schwein. Nach den Fährten zu urteilen, die wir am Tag im Schnee gesehen hatten, mußten mehrere im Revier stecken.

Wir zogen uns zurück und fuhren weiter. An einer vielversprechenden Stelle zwischen Dickungen und Hochwald lag ein freier Platz, über den unser Weg führte. Er sollte noch Bedeutung erlangen, aber heute sahen wir kein Stück Wild. Die Gerste, die hier gestreut war, hatte das Schwarzwild nicht angenommen. Nur eine Fährte kreuzte unseren Weg weit vor der Kirrung, offensichtlich von einem sehr starken Stück. Sie schien ganz frisch zu sein. Wir nahmen uns vor, diesen Platz bis zum letzten Abend in Ruhe zu lassen.

Nun, bald kannte ich alle Ecken in Staschus Revier. Nach längerer Fahrt durch den Wald erreichten wir eine große, freie Fläche, die man gut einsehen konnte. Plötzlich stieß mich Staschu an und wies nach vorne. Auf dem von hohen Fichtendickungen umgebenen Platz stand vor dem hinteren Waldrand ein schwarzer Kasten. Ich blickte durch das Nachtglas und sah ein einzelnes, starkes Stück Schwarzwild, das sogenannte „Klavier". Staschu zischte: „Keiler!"

Der Anblick und das Wort genügten, um mich in ein Nervenbündel zu verwandeln. Staschu reichte mir auch noch den Zielstock, anstatt langsam den Bassen anzupirschen, denn den Wind hatten wir im Gesicht, und die Schneehemden tarnten uns. Ich hob den Stutzen, strich am Zielstock an und blickte durchs Zielfernrohr, Entfernung vielleicht fünfzig Meter. Das Stück zog noch dichter an die Dickung heran. Nun sah ich nur noch, wo vorne und hinten war, und die vier Läufe hoben sich gegen den weißen Schnee ab. Der Rumpf und das

Haupt des Keilers verschwammen im dunklen Fichtenhintergrund. Zwanzig Schritte weiter vor, und der Schuß wäre sicher gewesen. Aber nein, ich versuchte, irgendwie ins Ziel zu kommen. Dabei kam mir auch noch der dumme Gedanke, ich müsse das starke Stück hinter den Teller treffen, um es am Fleck zu bannen und um eine Nachsuche zu vermeiden. Ich hielt also dahin, wo ich in meiner Einfältigkeit den Teller vermutete, und ließ fliegen. Der Basse verschwand wie ein Blitz in der Dickung. Einen Kugelschlag hörte ich nicht, und Staschu fuhr mich an: „Mänsch, Sie habe vorbeigeschosse! Cholera!"

Ich sagte zunächst einmal gar nichts und ging zum Anschuß. Im Schein der Taschenlampe sah man weder Schnitthaare noch Schweiß, dafür aber eine Fährte, die von einem hauenden Schwein sprach. Zwanzig Zentimeter vor der Stelle, an der der Basse im Schuß stand, hatte meine Kugel einen geraden Strich in den Schnee gezogen. „Warum Sind Se nich dichter gegange, warum habe Se so schnell geschosse? Mänsch, solche Keiler sehen wir nie mehr!"

Die Vorwürfe des Försters prasselten auf mich herab. Dann schwieg er und war beleidigt. Ich konnte es ihm nicht verdenken. Er ließ mich stehen und ging zum Wagen. Ich folgte ihm, meine Stimmung brauche ich wohl nicht zu beschreiben.

Vor fast 25 Jahren stand ich auf einer Waldjagd in den Hainbergen bei Salzgitter-Ringelheim an einer Dickung auf dem Rückwechsel, an denen ja die jüngeren Jäger immer angestellt werden. Das Treiben lief schon fast eine Stunde. Es rührte sich nichts, und es fiel nirgends ein Schuß. Ich wurde unaufmerksam, suchte nach Zigaretten, als es vor mir in der Dickung krachte. Ich hatte damals kein Zielfernrohr auf dem Stutzen, weil ich mir einbildete, über Kimme und Korn flüchtig besser zu schießen. Heute bin ich klüger, und das Flüchtigschießen mit der Vergrößerung 2½fach macht mir keine Schwierigkeiten. Nanu, dachte ich, kam mir sehr schlau vor und meinte, nun käme ein Hirsch, denn ich hatte das Lärmen für Geweihanstreichen gehalten. Heraus aus der Dickung brauste ein Basse. Auf fünfundzwanzig Meter kam er an mir vorbei. Ich sah die Gewehre blitzen. Jetzt galt es! Ich schoß dieses „Klavier" dreimal hintereinander vorbei, wie auch die kurze Nachsuche bestätigte. Mein Nachbar, ortskundig und ansässig, der noch zweimal auf den Keiler schoß, meinte, es sei der stärkste Keiler gewesen, den er je in den Hainbergen gesehen habe. Einer der

Jagdherren konstatierte abends: „Das war Emil. Auf den schießen wir immer."

Der Fehlschuß in den Hainbergen liegt etliche Jahre zurück. Heute sah alles anders aus. Schließlich war ich nun über 35 Jahre Jäger, bildete mir ein, eine gute Kugel zu schießen, hatte schon zahlreiche flüchtige Stücke Wild gestreckt, darunter meinen Rominter Hirsch und eine Triplette auf flüchtiges Rotwild. Im Auto versuchte ich, mich wieder zu fangen. Aber es fiel schwer. Da hatte man eine sichere Chance, ein hauendes Schwein zu erlegen, und hält aus Unüberlegtheit und Faseligkeit daneben, und das mit fast 59 Jahren. Staschu sah mich von der Seite an: „Beruhige Se sich. Sie wärde schieße andere."

Ich war froh, er redete wenigstens wieder mit mir. Zwei Kirrungen fuhren wir noch ab. Einmal wollte ich einen Frischling schießen, um mich wieder zu bestätigen, ließ es aber doch.

Wir kreuzten den Weg nach Bludszen und sahen eine Autospur im Schnee. Staschu wies darauf und sagte: „Knödel! Nach Hause gefahren. Fahre Se auch." Ich tat, was er wollte, obgleich es erst früher Abend war. Auf dem Hof stand kein Auto. „Sollten wir nicht noch nach dem ‚Deiwel' sehen?" fragte ich Staschu. „Meinetwegen" kam als Antwort.

Wir rollten wieder zurück in den Wald und erreichten bald die besagte Ecke. Mit größter Vorsicht, der Wind stand uns immer noch entgegen, näherten wir uns der freien Fläche. Staschu stieg den Abhang hinunter, winkte, und ich kletterte hinterher. Da stand auf dreißig Meter wieder der Keiler im Fraß.

Ich blickte erst gar nicht mehr durch das Nachtglas, sondern strich sofort an einer Buchenstange an und wollte ins Ziel gehen. Aber da war kein Ziel mehr! Staschu hatte mich beobachtet und zischte: „Schießen!" „Ja, wohin denn?"

Der Keiler war wie ein Geist verschwunden. Wir gingen zu dem freien Platz, auf dem der Keiler gestanden hatte. Es war keine Halluzination. Im Schnee sah man deutlich die starken Eingriffe. Wir stapften zum Wagen zurück. Dort wollte ich den Stutzen entladen. Was war denn das? Die Waffe war nicht gespannt und nicht gesichert. Ich riß das Schloß auf. Da flog mir eine leere Patronenhülse entgegen. Ich hatte vergessen, nach dem Fehlschuß durchzuladen! Wir schlitterten im hohen Schnee nach Hause. Mein Wagen stand auf seinem

Platz, aber da stand noch etwas im Schnee, nämlich eine Autospur zum Wildschuppen. Staschu krächzte: „Ah.“ Ihn plagte wieder die Eifersucht, daß Jan mit seinem Gast wohl mehr Waidmannsheil gehabt hatte. Er lief zum Schuppen und machte Licht. Da hing am Wildgalgen ein starker, etwa fünf bis sechs Jahre alter Keiler mit sehr guten Waffen. „Hurra!“ Hani hatte es geschafft. Der erste wirklich gute Keiler lag auf der Strecke.

In unserem Zimmer saßen Jan und Hani vor einer Rumflasche, die bereits halb leer war. Ich drückte den beiden kräftig die Hand. Hani schob uns einen Rum herüber und mußte erzählen:

Sie hatten schon mehrere Kirrungen abgefahren, nur Frischlinge und Bachen gesehen, waren an einer Stelle auf Rotwild gestoßen, das die Gerste angenommen hatte. Ein Hirsch stand nicht bei dem Rudel.

Schließlich pirschten sie zu einer auch mir bekannten Lichtung, auf der sonst nie etwas stand, und ausgerechnet dort trafen sie den Bassen. Hani machte es besser als ich, ging dicht heran und zielte nicht hinter den Teller, sondern setzte dem Keiler die Kugel aufs Blatt. Das Stück zeichnete nicht, sondern verschwand mit einer hohen Flucht in der Dickung. Am Anschuß fanden sie weder Schnittborsten noch Schweiß. Hani war sich aber seiner Kugel sicher. Sie warteten eine halbe Stunde und folgten dann der Fährte, die sie im hohen Schnee in der Fichtendickung beim Dämmerlicht des Mondes kaum halten konnten. Dann sah Hani plötzlich einen großen, grauschwarzen Schatten an einem Baum lehnen. Er ging in Anschlag und rief Jan, der dann den Schatten mit einem Fichtenzweig berührte. Der Keiler war verendet. Später fanden sie noch Lungenschweiß, aber erst zwanzig Meter hinter dem Anschuß.

Am nächsten Vormittag – es blieben uns noch zwei Abendpirschen – lüfteten wir mit einem langen Spaziergang von über vier Stunden unsere Köpfte etwas aus. Die Rumflasche von gestern abend stand nämlich leer auf dem Tisch.

Ein schöner Frosttag erfreute uns. Die Wintersonne schien, kaum eine Wolke zeigte sich am Himmel. Es wanderte sich herrlich in der frischen Luft des Winterwaldes. Meine Stimmung besserte sich. Hani erzählte von der gestrigen Pirsch. Sie hatten auf dem Weg vor dem Kahlschlag zwei jüngere Elche in Anblick, die im Scheinwerferlicht ein Stück vor ihnen herzogen. Hani erkundigte sich bei Jan, ob das

Tiere oder Hirsche seien, da um diese Jahreszeit die Elche meistens abgeworfen hätten. Jan habe dann recht drastische Erklärungen abgegeben, so daß Hani vor Lachen den Wagen anhalten mußte.

Auch den gefiederten Waldbewohnern schien der heutige Tag zu gefallen. In allen Bäumen sahen wir Meisen, auf einer Birke saßen vier Dompfaffenpärchen, die mit ihren roten Brustfedern in der weißen Landschaft ein herrliches Bild abgaben. In einem Weidenbusch zeigten sich Seidenschwänze, Eichelhäher kreischten und flogen über Lichtungen und Baumwipfel.

Meine Heimat zeigte sich im Winterglanz von ihrer besten Seite, als wollte sie mich über mein gestriges Mißgeschick trösten. So hatte ich mir Rominten einmal gewünscht. Heute nahm man die Naturschönheiten mit anderen Gefühlen in sich auf als vor 40 Jahren in der Jugend. Jeder Tag war ein Geschenk für mich, für das ich dem Schicksal dankbar bin. Ich sprach auch mit Hani darüber, und er pflichtete mir bei, wenngleich es für ihn sehr schwer ist, sich in die Lage der Deutschen aus dem Osten zu versetzen.

Auf dem Nachhauseweg sahen wir einen Sprung Rehe – fünf zählten wir – darunter ein Bock, der bereits lauscherhoch geschoben hatte. Wieder fiel uns die Wildbretstärke der ostpreußischen Rehe auf.

Wir kamen gerade zum Mittagessen ins Haus. Es gab heute „Keilchen mit Spirgel", für Nichtostpreußen: Klöße aus rohen Kartoffeln mit ausgelassenem, gerösteten Speck.

Am Nachmittag schien die Sonne nicht mehr, der Himmel hatte sich bezogen, der Kalender zeigte Vollmond an. Der Wind hatte nach Nordwest umgeschlagen. Er schnitt kalt ins Gesicht und in die Hände. Ich erspare mir, Einzelheiten dieser Pirsch zu schildern, denn wir sahen nichts. Lag es daran, daß der Wind gedreht hatte, kam anderes Wetter auf? Wir wußten es nicht. Meine Hoffnung, noch einen starken Keiler zu erlegen, sank auf den Nullpunkt. Aber man soll nicht unbescheiden sein. Ich hatte in fünf Tagen einen dreijährigen Keiler und eine Überläuferbache gestreckt. Bei Hani lag ebenfalls eine Bache und der wirklich gute fünfjährige Keiler zur Strecke. Für manchen bundesdeutschen Hochwildjäger ist das die Jahresstrecke, erbeutet in einem nächtelangem Ansitz.

Unser letzter Jagdtag brach an. Als wir am Morgen aufstanden, zeigte sich der Himmel wolkenverhangen und trübe. Bei sieben Grad unter Null fegte der Nordostwind schneidend und feuchtkalt über das Land. Als wir uns an den Frühstückstisch setzten, begann es zu schneien. Der Schneefall nahm zu und war so dicht, daß man kaum die sechzig Meter entfernte Landstraße erkennen konnte. Wir verzichteten auf unseren Spaziergang und fuhren zu Jan, der Hani die Waffen des Keilers übergab. Die Hauer maßen 18 Zentimeter. Dann fuhren wir zu Staschu und hatten Schwierigkeiten, den Weg zu seinem Haus emporzukommen, das auf einem Hügel lag. Der hohe Schnee machte sich bemerkbar.

Staschus Frau trug ein opulentes Frühstück auf, und das zwei Stunden vor dem Mittagessen. Er war mit dem Wagen zu den Kirrungen geschlittert und konnte im Schnee mit den Sommerreifen und der geringen Motorkraft kaum nach Hause kommen. Staschu meinte, wenn es weiter so schneie, müßten wir den Pirschschlitten nehmen. Wir bedankten uns für den stärkenden Empfang und gingen zum Wagen. Als wir einsteigen wollten, rief er: „Se schieße heute abend beide Keiler, dann Jan und ich nachts arbeiten und auskochen, weil Se morgen fahre."

Bei einbrechender Dunkelheit standen wir zur letzten Pirsch auf dem Hof. Wie ein weißer Schleier fiel der Schnee. Hani versuchte eine kurze Probefahrt mit meinem Wagen. Er zog glatt durch. Dann holte er Jan. Der Kutscher spannte mit Staschu die Pferde vor den Schlitten. Ich freute mich auf diese Pirsch. Fast lautlos glitten die Kufen vom Hof in die weiße Schneelandschaft. Als wir an die Straße kamen, brauste Hani mit Jan vorbei. Der Wagen war in eine einzige stiebende Schneewolke gehüllt. Wenn der Schneefall etwas nachließ, blickte der volle Mond durch die Wolken. Er schien so hell, daß man auf hundert Meter jeden Hirsch ansprechen konnte. Die Pferde trabten ein Stück die Goldaper Straße hinunter und bogen dann in den Weg nach Bludszen ein.

Zunächst ging es zum kleinen See. Dort hielten wir und stiegen vom Schlitten. Der See war tief verschneit. Auf den breiten Ästen der Fichte ruhte schwere Schneelast. Die braunen, trockenen Schilfhalme am Seeufer wurden durch die weiße Pracht nach unten gedrückt. Am Überlauf des Sees, der am Wegrand lag, hingen lange Eiszapfen.

Bevor wir auf die vor uns liegende Kirrung zupirschten, kontrollierte ich meinen Stutzen, denn ich erinnerte mich an vorgestern abend! Es pirschte sich gut im Pulverschnee. Schon auf dem Weg sahen wir zahlreiche frische Fährten und erkannten auf der freien Fläche eine hin und her wogende schwarze Masse.

Sauen, Sauen! Mindestens dreißig bis vierzig Stück Schwarzwild wirbelten dort durcheinander. Bis auf dreißig Gänge kamen wir, getarnt durch unsere Schneehemden, heran. Wir beobachteten das Durcheinander, fanden aber außer Überläuferkeilern kein starkes Wild. So leise wie wir gekommen waren, verschwanden wir wieder.

Nun wollten wir unserem „Deiwel" einen Besuch abstatten. Die Geschichte wiederholte sich. Er stand an der Kirrung im Fraß. Ich wollte es dieses Mal ganz gerissen anstellen und blieb, auf meine weiße Tarnbekleidung vertrauend, auf dem Weg. Wieder nickte Staschu. Ich schob mich langsam um die Ecke. Auf zwanzig Gänge stand ich vor dem Keiler. Dieses Mal erblickte ich ihn wenigstens im Zielfernrohr und sah, wie er sich plötzlich herumwarf und im hochstiebenden Schnee verschwand. Staschu warf ihm laut einige Flüche nach.

Wir hatten jetzt einen längeren Anmarschweg vor uns, denn mit dem Schlitten ging es nicht so schnell. Die Fahrt war unbeschreiblich schön. Der Schnee fiel noch immer pausenlos. Er lag schon mindestens vierzig Zentimeter hoch. Der Kutscher hielt und zeigte nach rechts auf einen Kahlschlag. Drei Elche standen dort und äugten die Pferde an. Das Wild rührte sich kaum, nur ab und zu schüttelte es sich den frischen Schnee von der Decke. Fünf Minuten verharrten wir, um sie zu beobachten, dann setzten wir unsere Fahrt durch den nächtlichen Winterwald fort.

Auf einem mit einzelnen Anflugfichten bestandenen und mit dichtem Pfeifengras bewachsenen Schlag verhoffte Rotwild, drei Hirsche. Aufmerksam sicherten sie zum Schlitten herüber. Zwei von ihnen boten hoffnungsvolle Jugend, ein Achter und ein Kronenzehner. Der dritte Hirsch stand etwas hinter den beiden und war stark, sehr stark sogar, ein Sechzehn- oder Achtzehnender mit dicken Stangen und weiter Auslage, ein typischer Rominter Hirsch. Auch er war noch nicht reif für die Kugel, vielleicht erst in zwei Jahren. So ähnlich stellte ich mir meinen Pensionshirsch 1981 vor.

Staschu schlug mir auf die Schulter: „Komme Se in zwei Jahre, dann kapital und zehn Kilo."

Weiter ging die Fahrt. Wir wollten zu der Kirrung, an der wir vor

An der Blinde – Nebenfluß der Rominte

Gewitterstimmung über dem Beldansee

ein paar Tagen die starke Fährte gesehen hatten, mußten aber einen Umweg machen, um von der anderen Seite heranzukommen, denn der Wind hatte gedreht. Der Schneefall ließ etwas nach. Der blasse Mond schaute aus den Wolken und hüllte die Landschaft in ein geheimnisvolles, fast unwirkliches Licht. Ich hatte bei dem Schneefall auf einen Wolf gehofft, aber bei keiner unserer langen Wanderungen konnten wir eine Fährte entdecken. Ich fragte Staschu. Er zuckte die Achseln.

„Im Sommer viele Wölfen, machen viele Schaden. Ich weiß nicht, warum jetzt nicht. Vielleicht wird Winter nicht so stark."

Mit einem sanften Ruck hielt der Schlitten vor einer Wegabzweigung. Wir waren am Ziel. Vor uns lag die Kirrung. Wir atmeten tief die würzige Winterluft ein, schälten uns aus der Decke und stiegen vom Schlitten.

Der Weg, der zur Kirrung führte, zog sich an einer großen Kieferndickung entlang. Ich steckte mir eine Zigarette an, um den Wind zu prüfen. Er wehte den Weg entlang von der Kirrung her. Nochmals kontrollierte ich den Stutzen. Eine seltsame Spannung überkam mich. Was erwartete uns hinten auf der breiten Holzablagestelle?

Ich warf den Zigarettenrest in den Schnee, puffte Staschu in die Rippen: „Auf geht's!"

Der Mond blieb uns treu, fahl schien sein Licht durch die Schneewolken. Wie auf Skiern schoben wir uns fast lautlos im hohen, lockeren Schnee vor. Nur kein Geräusch machen, Schwarzwild vernimmt jeden fremen Laut, so schlecht es dagegen äugt. Nun verhielt Staschu plötzlich und zeigte nach vorn. Eine breite Fährte durchzog quer vor uns die unberührte Schneedecke. Wir untersuchten sie genau. Hier war ein Stück Wild gewechselt und hatte den Schnee aufgewühlt. Eine einzelne Fährte, verursacht von einem Keiler? Es konnte der Basse sein, den wir suchten.

Meter für Meter pirschten wir weiter.. Die Spannung stieg, je näher wir an die Kirrung kamen. Nach hundert Metern blieben wir erneut stehen. Wieder wurde der Weg durch die Fährte gekreuzt, nur in entgegengesetzter Richtung. Das Stück hatte die Kirrung umschlagen, um Wind von allen Seiten zu erhalten.

Mit den Gläsern leuchteten wir den vor uns liegenden Holzplatz ab. Nichts! War die Sau noch im Anwechseln? Ich wischte den Pulverschnee vom Zielfernrohr, streifte den rechten Handschuh über die vordere Linse, dann schlichen wir am rechten Wegrand weiter. Wieder standen wir, prüften die vor uns liegende Kirrung. Nichts! Die Spannung ließ nach, eine leichte Enttäuschung machte sich breit. Ich mußte mich zwingen, aufmerksam zu bleiben. Noch dreißig Meter waren es bis zu der Stelle des Weges, an der er in die breite Fläche des Holzplatzes überging.

Da! Fast gleichzeitiges Erkennen. Staschu zischte: „Ist!“ Vor uns im Schnee zeichnete sich ein schwarzer Strich ab, die Rückenlinie einer starken Sau. Sie stand in einer Wegdelle, deshalb sahen wir sie erst jetzt. Staschu drückte mir den Zielstock in die Hand, zentimeterweise glitt ich auf die Sau zu. Langsam hob sich aus dem Schnee ein starkes Stück Schwarzwild hervor. Der Keiler, als solcher war er einwandfrei anzusprechen, stand breit vor mir, brach den Schnee, um die verschneite Gerste zu finden.

Einen Augenblick genoß ich den Anblick. Ich war ganz ruhig. Jetzt keine Experimente mehr. Den Schuß hinter den Teller verkniff ich mir. Hochblatt stand der Zielstachel, als das Mündungsfeuer aufflammte.

Gedämpft durch den Schnee, fast leise, als sollte diese stille, weiße Winternacht nicht gestört werden, brach der Schuß. Flach rutschte der Keiler durch den hohen Schnee in die Kieferdickung hinein. Äste krachten, Bäume wurden angeflohen, dann ein klapperndes Geräusch, als wenn man ein Buch zuschlägt. Stille.

Ich blickte zu Staschu zurück. Der nickte und sagte: „Muß.“ Ruhig blieben wir stehen, verhörten, doch nichts rührte sich, bis hinter uns ein schleifendes und dumpf stampfendes Geräusch erklang. Der Kutscher kam mit dem Schlitten.

Wir gingen zum Anschuß. Staschu leuchtete mit meiner Stablampe in die aufgewühlte Neue hinein. Kein Schweiß, aber da lagen massenhaft Schnittborsten, halblang, wahrscheinlich vom Blatt. Mein Förster wollte hinterher, doch ich hielt ihn zurück. Der Keiler hatte einwandfrei eine gute Kugel. Warum sollten wir die ereignisreiche letzte Pirschnacht so schnell beenden? Ich brach einen Fichtenbruch, warf ihn als Zeichen auf den Anschuß, zog Staschu zum Schlitten, und wir setzten uns auf die Bank. Die Spannung löste sich. Jetzt flog ich am ganzen Körper. Mit zitternden Fingern holte ich die letzte Flasche Zubrowka hervor. Die Flasche kreiste. Ich wurde wieder ruhig, als der Wodka heiß durch die Kehle lief und im Magen ein wohliges Gefühl verbreitete.

Meine Gedanken wanderten zurück. Noch einmal fuhr ich im Geist mit Hani nach Szittkehmen, stand am Mauersee in der Thiergartener Bucht, sah meinen zufrierenden See, dachte an Andrzej, der jetzt im Krankenhaus lag, schauderte bei den Ereignissen von vorgestern, sah Elche und Hirsche noch einmal vor mir und hörte das leise Zischen von Schlittenkufen.

Der Schneefall hatte zugenommen, den Mond konnte man in den Wolken nur als hellen Fleck ahnen. Vor uns schnaubten die Pferde, die der Kutscher mit einer Decke geschützt hatte. Wieder kreiste die Flasche. Was mochte dort in der Dickung liegen? Ich fragte Staschu nach der Stärke. Er meinte, er sei gleich stark wie der Gefehlte. War er es vielleicht? Aber mein Fehlschuß geschah ja mindestens fünf Kilometer von hier entfernt, doch Schwarzwild wandert weit. Das gilt besonders für alte Keiler, wenn sie durch einen Schuß vergrämt werden.

Sicher gab es noch mehr starke Keiler in diesem Urwald der Rominter Heide. Schon Frevert beschrieb sie, jedoch war der Bestand jetzt viel größer als vor und im Kriege. Damals hielt man ihn wegen des Rotwildes klein. Allein an drei Kirrungen hatten wir über vierzig Stück Schwarzwild gezählt. Staschu erzählte, daß die Sauen als erstes Wild wieder in der Heide nach dem Kriege auftauchten und sich schnell vermehrten, eine ähnliche Nachkriegserscheinung wie bei uns in der waffenlosen Zeit. Den Russen fehlten die jagdlichen Erfahrungen mit Schwarzwild, die Polen waren damals jagdlich noch nicht so weit. Wer sollte den Bestand in Grenzen halten? Heute herrschen wieder normale Verhältnisse, aber Sauen gibt es genug. Der jährliche Abschuß in Rominten beträgt 160 bis 200 Stück.

Die Flasche kreiste zum letzten Mal, wir stiegen vom Schlitten. Ich nahm das Fernrohr vom Stutzen und ging, gefolgt von Staschu und dem Kutscher zum Anschuß. Nochmals suchten wir nach Schweiß, doch dort, wo der Keiler gestanden hatte, fanden wir nichts. Jetzt leuchtete Staschu die Fluchtfährte an und folgte ihr, in der einen Hand die Stablampe, in der anderen seinen langen Fichtenwedel, während der Kutscher zehn Schritte rechts von ihm in die Dickung eindrang, mit seiner Peitsche bewaffnet. Dieses Unternehmen hielt ich zumindest für etwas leichtsinnig. Zwar ist ein krankgeschossener Keiler kein reißender Tiger, besonders dann nicht, wenn man eine Waffe bei sich hat und ihrer sicher ist, aber mit Fichtenzweigen und Peitsche bewaffnet zu sein, schien mir mehr als notdürftig. Ich schob mich deshalb zwischen beide und nahm den Stutzen von der Schulter. Nach einigen Schritten rief Staschu: „Farba", was im Polnischen soviel wie Schweiß heißt. Kurz darauf tönte es von ihm her: „Aah! Da liegt, naja!

Ich stürzte zu ihm. Trotz meiner Freude und Aufregung erblickte ich ein Bild zum Malen. Vor mir stand Staschu neben einem schneebeckten starken Stück Schwarzwild, leuchte mit der Stablampe zwischen die Hinterläufe und schlug mit dem Fichtenzweig genau dorthin. Dazu rief er strahlend: „Keiiiler! Jaika!"

Letzteres verstand ich wegen mangelnder polnischer Sprachkenntnisse nicht, oder war es russisch? Dann richtete er die Lampe auf das offene Gebrech des Keilers. Ich wollte noch etwas sagen, aber mir verschlug es die Sprache. Staschu und dem Kutscher erging es ebenso. Uns blickten die Hauer und Haderer eines hauenden Schweines entgegen. Langsam, fast automatisch, schob ich die Kapuze des Schneehemdes vom Kopf und zog die weiße Pudelmütze herunter. Ich stand vor einem Hauptschwein, vielleicht vor dem Keiler meines Lebens. Das hatte ich nicht erwartet. Staschu und der Kutscher hörten auf zu lästern. Sie merkten, was in mir vorging. Der Förster holte einen Fichtenbruch und überreichte ihn mir auf blanker Waffe, nachdem er ihn durch den genau hochblatt sitzenden Einschuß gezogen hatte. Diese wunderbare Nacht hatte einen krönenden Abschluß gefunden. Schöner und planmäßiger konnte eine Pirsch nicht verlaufen. Wieder hatte die Heimat mich, ihren masurischen Sohn, reich beschenkt.

Ich steckte mir den grünen Bruch an die Pudelmütze – entschieden ein Novum im jagdlichen Brauchtum, und es war schließlich Freverts Revier, in dem ich den Bassen streckte – aber man muß nicht alles so verkniffen sehen.

Spannung und Erregung fielen von mir ab. In mir herrschte nur noch hemmungslose Freude. Dann führten zwei Polen und ein deutscher Jagdgast einen Indianertanz auf. Bei den Jägern war also die internationale Verständigung mal wieder vollkommen.

Nachdem wir uns genügend abgestrampelt hatten, zogen wir mit vereinten Kräften den Keiler aus der Dickung und machten uns an die rote Arbeit. Der Keiler war lang und hoch, hatte aber nicht mehr viel Weiß. Er wog aufgebrochen etwas über zwei Zentner. Daher bereitete das Verladen in den Schlitten wenig Schwierigkeiten. Allerdings paßte die Autobank als Hintersitz nicht mehr ganz auf den Schlitten, so daß Staschu und ich dauernd in Gefahr gerieten in den Schnee zu fallen, was mich aber wenig gestört hätte. Ich war restlos glücklich.

Der Schlitten glitt über den Holzplatz den Weg hinauf, den wir bei Südostwind gepirscht waren. Auch hier stand die Fährte des Keilers schon etwas zugeschneit über den Weg. Er hatte also die Kirrung umkreist.

Ich träumte vor mich hin, als der Schlitten heimwärts glitt. Der Schneefall hörte auf, der Himmel wurde klar. Die Kälte nahm zu. Noch einmal nahm ich die Schönheit der Winternacht in mich auf. Vergessen war der Fehlschuß, vergessen das Pech von vorgestern, nur die Freude blieb und überdeckte sogar die leichte Wehmut des Abschieds, die aufzukommen drohte. Der letzte Pirschabend bis zum Sommer 1981 ging zu Ende. Als wir auf den Hof fuhren, fehlte Hani noch. Aber ein Jeep stand dort. Andrzejs Stellvertreter war zur Protokollaufnahme gekommen. Da fielen mir Staschus Worte vom Vormittag ein, daß er und Jan noch nachts arbeiten müßten. Ich ging nach oben in die Wohnung. Staschu und der Kutscher zogen den Bassen vom Schlitten und schafften ihn in den Wildschuppen. Als ich ins Zimmer trat, saßen der Vizeoberförster und Stephan, Hanis Führer auf den Kapitalhirsch, beim Tee. Soschu erblickte den Bruch an meiner „Pudelpette“ und fragt erwartungsvoll: „Keiler?“

Als ich nickte, fiel sie mir jubelnd um den Hals. Sie hatte vorgestern abend mit mir „gelitten“. „Große?“ – Ich nickte stumm. Alle gingen mit nach draußen zum Wildschuppen. Der Keiler hing bereits am Galgen. Beide Beamten sahen dem Bassen ins Gebrech. Dann gratulierten sie mir nochmals und unterhielten sich auf Polnisch. Ich verstand nur das Wort „Ministerkeiler“. Also ging hier das gleiche Theater los wie einst in früheren Zeiten bei uns. Was sagte doch der alte Oldenburg-Januschau? „Die Schweine ändern sich, der Trog bleibt derselbe.“

Während wir noch erzählend am Keiler standen, fuhr Hani auf den Hof und kam mit dem Wagen rückwärts vor den Wildschuppen. Im Kofferraum lag der „Zwillingsbruder“ seines ersten Keilers. Horrido!

Der Vizeoberförster war fassungslos, als Hani, Staschu, Jan und ich einen erneuten Indianertanz aufführten.

Nun folgten die „Schicksalsschläge". Wir hatten keinen Tropfen Feuerwasser mehr, tranken also die beiden Keiler mit Tee tot. Dann kam das Protokoll. Wie sollte Andrzejs Stellvertreter die Waffen vermessen? Er schlug vor, wie üblich den aus dem Zahnfleisch herausragenden Teil zu messen und dann mal drei zu nehmen, eine durchaus gängige Methode. Bei Hanis Keiler stimmte das genau, wie sich später herausstellte. Der zweite Keiler glich dem ersten tatsächlich wie ein Ei dem anderen. Bei meinem Bassen – mir sträubten sich die Haare zum ersten Mal – standen 8,5 Zentimeter heraus. Das bedeutete eine Hauerlänge von 25,5 Zentimetern. Der Oberförster begann zu rechnen und schrieb das Protokoll. Hani erschien mit der Preisliste. Ich dachte an meine Frau und sah im Geiste die Familie im Konkurs zusammenbrechen. Egal, der Keiler würde sich bei mir an der Wand ebenso gut machen wie bei einem Minister.

Als wir am Morgen wach wurden, hatte sich das Wetter geändert. Es war Westwind aufgekommen, etwas wärmer geworden, und die Sonne wechselte mit Schneeschauern. Staschu und Jan kamen mit den Keilerwaffen. Meine Gewehre waren wirklich kapital, aber keine 25,5 Zentimeter lang. Wir maßen sofort nach und kamen auf 21,5 Zentimeter. Soschu rief gleich beim Forstamt in Goldap an. Wir mußten auf der Rückfahrt über Goldap und sollten uns im Forstamt melden.

Nach einem kräftigen Frühstück nahmen wir Abschied von unseren Freunden. Der Motor sprang an, ein letztes Winken zu den lieben Menschen, und der Wagen rollte vom Hof. Die Straße nach Goldap ließ sich recht gut befahren. Im Laufe des Vormittags erreichten wir die Stadt. Im Forstamt wurden wir sehr höflich und freundlich empfangen, ein Beamter maß meinen Keiler nach, schrieb ein neues Protokoll und ich hatte eine Menge Geld gespart. Trotzdem blieb er mit 121,95 Punkten in der Goldmedaillenklasse.

Langsam glitten wir durch meine Heimatstadt Angerburg. Die Angerapp und der Hafen waren zugefroren. Zum ersten mal seit 1942 sah ich die Stadt im Winterkleid wieder. Pünktlich zum Geburtstag von Hanis Frau erreichten wir Borkum. Es wurde ein nettes Fest. Ich weiß nicht, wie oft wir dabei auf unsere Keiler angestoßen haben!

Das Pensionierungsjahr

Auf denselben Rehbock pirschen
Tag für Tag ist Narretei,
besser lernt der Deine Schliche
als die seinen Du dabei.

Mit 60 Jahren wird man als aktiver Sanitätsoffizier bei der Bundeswehr in den Ruhestand versetzt. Am 1. Oktober 1981 war es bei mir soweit. Für mich fing ein neuer Lebensabschnitt an, dem ich erwartungsvoll entgegensah. Es begann der letzte Teil eines buntbewegten Lebens, und ich wollte diese restlichen Urlaubstage nach langer Dienstzeit meiner Passion als Jäger widmen. Ich hatte den geheimen Wunsch, daß dieses Jahr mir etwas Besonderes als Waidmann schenken sollte. Wo konnte mir dieser Wunsch besser erfüllt werden als in der Rominter Heide?

Diana hatte mich bei allen Jagdreisen dorthin reich beschenkt, und zwar mit einem Hirsch, einem Elch, siebzehn Böcken und fünf Keilern, darunter ein kapitaler. Im Frühling, Sommer, Herbst und Winter hatte Masuren seinen heimgekehrten Sohn mit offenen Armen aufgenommen, hatte ihm alles das gegeben, was ihm in der Jugend Krieg und Nachkriegszeit versagt hatten. Würde die Schutzpatronin der Jäger mir auch im letzten Jahr vor meinem Abschied aus meinem Soldatenberuf und zum Beginn des letzten Lebensabschnitts treu bleiben?

Diese Gedanken gingen mir durch den Kopf, als meine Frau und ich 1980 zu planen begannen und unseren Urlaub für 1981 besprachen und überdachten. Zu meinem 60. Geburtstag wollten wir dem Dienst und dem Alltag entfliehen und in der Rominter Heide in Ruhe und Stille diesen Festtag begehen. In der Heimat, im Land der Wälder und Seen, sollte die Vergangenheit an mir vorüberziehen. Frevert hat in seinem Buch „Abends bracht' ich reiche Beute" ein Kapitel den Gedanken gewidmet, die dem 60. Geburtstag gelten. Daran erinnerte ich mich zu Beginn des Jahres 1981, als dieser Tag näher rückte. Natürlich war die Vorfreude auf das Wiedersehen mit der Heimat groß, wenn auch wieder ein Lebensjahr sich seinem Ende näherte. Aber ein drohendes politisches Unwetter belastete diesen Jagdurlaub und die gesamte westliche Welt. Es war die unruhige Situation in Polen.

Andrzej Krajewski, der polnische Forstamtsleiter, hatte die Folgen seines schweren Autounfalls ausgeheilt. Ich hatte seine Frau und ihn eingeladen, den verschobenen Besuch nun endlich bei uns auf Borkum nachzuholen. Freudig sagten die beiden lieben Menschen zu. Plötzlich kam Ende 1980 ein sehr skeptischer Brief, der zumindest den Urlaub unserer Freunde in Frage stellte. Meine Frau und ich verfolgten deshalb mit gemischten Gefühlen die weitere Entwicklung der politischen Ereignisse in Polen.

Dann, mit Beginn des Frühjahrs, begann sich die Lage langsam zu entspannen. Sofort reichten wir unsere Papiere bei der Hamburger Agentur ein und dazu die Anträge mit der Einladung für Krajewskis. Nach wenigen Wochen lagen alle erforderlichen Unterlagen bei uns vor. Fünf Böcke von den zehn freigegebenen konnte ich erlegen, die anderen fünf wollte mein ostpreußischer Landsmann, Helmut Steiner, strecken, den ich bei meinem vorletzten Jagdurlaub in Szittkehmen kennengelernt hatte. Schon lange bestand unsere Absicht, dort gemeinsam zu waidwerken und uns den Bockabschuß zu teilen. Nun konnte er zu unserer großen Freude mit dabei sein.

Aber wir hatten noch einen Begleiter. Nach dem Tod meines braven Münsterländers „Berry" wollten wir uns zunächst keinen neuen Hund anschaffen. Eines Tages im März las ich in „Wild und Hund" eine Anzeige, daß ein fast zweijähriger Münsterländer mit VJP und Gebrauchshundprüfung, der aus einem sehr bekannten Zwinger stammte, zu verkaufen sei. Kurzentschlossen rief ich den Besitzer an, und wir wurden handelseinig. Drei Tage später waren wir wieder „auf den Hund gekommen" und stolze Besitzer eines bildschönen Kleinen Münsterländers mit Namen „Wero".

Anfang Juni machten wir uns auf die lange Reise. Die Rominter Heide empfing uns bei strahlendem Sonnenschein. Sie hatte ihr bestes

Frühsommerkleid zu unserer Begrüßung angelegt. Soschu und Andrzej begrüßten uns herzlich. Nichts hatte sich verändert in den 1½ Jahren, die nach unserem letzten Besuch verstrichen waren.

Schon am Abend wollten wir die erste Pirschfahrt unternehmen. Über unsere Reviere waren Helmut und ich uns schnell einig geworden: Er jagte mit Jan, ich mit Staschu. Die beiden Förster sind ja schon aus den vorangegangenen Erzählungen bekannt. Im Schritttempo fahrend, suchten wir am Spätnachmittag die Kahlschläge ab, hielten an günstigen Wildwiesen und Blößen und umpirschten sie vorsichtig. Ich hatte Wero mit – an der Leine natürlich –, um zu sehen, wie er sich verhielt. Die erste Pirsch sollte die Erinnerungen auffrischen und mehr ein bewaffneter Ausflug sein. Ich hatte ja Zeit für meine fünf Böcke. Es brauchte nicht gleich am ersten Abend zum Schwur zu kommen. Das Wiedersehen mit der Rominter Heide sollte im Vordergrund stehen. Ich bin ehrlich genug zuzugeben, daß ich nicht zu den vielgepriesenen Schwärmern gehöre und auch geschossen hätte, wenn mir ein guter Bock gekommen wäre.

Die Sonne neigte sich langsam dem westlichen Horizont zu und beendete ihre altgewohnte Reise nicht etwa mit einem Donnergang, sondern mit herrlichem Abendrot. Wir pirschten eine große, mit Weidenbüschen und Birken bestandene, etwas feuchte Wiese an einem Fichtenhochwald entlang, als Wero sich plötzlich heftig in den Riemen legte und vorwärts zog, den Kopf tief auf einer zunächst unsichtbaren Fährte. Wir sahen erst auf einer grasfreien torfigen Stelle die Trittsiegel eines Rehes, wahrscheinlich eines Bockes. Wero war kaum zu halten. Wir zogen langsam, so gut es ging die vor uns liegende Wiese beobachtend, auf einen Zaun an einem Waldweg zu, der an dieser Wiese endete. Direkt vor dem Zaun hielt Staschu plötzlich, deutete nach vorne auf hohe Weidenbüsche, die etwa fünfzig Meter vor uns eine Lärchendickung begrenzten, und zischte: „Da, Bock! Schießen!"

Zunächst sah ich gar nichts und drückte ihm die Leine von Wero in die Hand, wobei der Stutzen von der Schulter glitt. Sicher ist sicher, dachte ich, und suchte die kleine hohe Wiese hinter dem Weg vor den Büschen ab. Dann sah ich aus dem hohen Gras und weißblühenden Schierlingsstengeln das Haupt eines Bockes herausragen, der zu uns herüberäugte. Ich erblickte den Kopf mit gespitzten Lauschern, ein graues Gesicht und darüber mäßig starke, weit ausgelegte Sechserstangen. Wo sollte ich hinschießen? Kein Zentimeter Hals, kein rotes Haar waren zu sehen. Aber da löste der Bock die Spannung. Zwei elegante Fluchten, und schon schlugen die Weidenzweige hinter ihm zusammen.

Ich steckte mir eine Pfeife an, und dann bummelten wir, den Wind im Rücken, in Richtung Wagen zurück. Ich war zufrieden, denn Weros Verhalten hatte mir, der ich den zweijährigen Hund jagdlich kaum kannte, gut gefallen. Das Tier zeigte Passion.

Wir waren noch etwas vom Wagen entfernt, da blieben wir beide wie angewurzelt stehen: Vor uns auf dem Pirschpfad verhoffte ein etwa fuchsgroßes, rotbraunes Tier. Ich nahm das Glas hoch, Staschu tuschelte: „Fuchs! Schießen!“ Aber das war niemals „Meister Reineke“ auf seinem Abendbummel. Die Lunte schien viel zu kurz und dazu dick und buschig, der Kopf sah aus wie der eines Spitzes. Was wir dort erblickten, war ein Marderhund, der erste, den ich in freier Wildbahn sah. Ich war so fasziniert, daß ich gar nicht an ein Schießen dachte, sondern nur durch das Doppelglas den Enok ansah. Da hatte er uns auch entdeckt und sprang nach rechts in den Hochwald ab.

„Mensch, Staschu, das war kein Fuchs, das war ein Enok!“ „Jenok?“ staunte Staschu und sah mich zweifelnd an. Ich beschrieb ihm das Tier, so gut es in Infinitiven ging. Da gab er mir recht.

Helmut Steiner stand schon auf dem Hof. Er hatte drei Böcke gesehen, aber stets reichte es zum Schuß nicht ganz. Nach einem doppelten Wodka auf schöne Jagdtage – es können auch zwei gewesen sein – schlieften wir in die Koje, denn die Sommernacht war kurz.

Der nächste Morgen sah uns vor Sonnenaufgang im Revier. Zunächst setzten wir uns an einen riesigen älteren Kahlschlag, der schon hohes Gras, Unterwuchs, Birken- und Erlenanflug trug, hinter ein paar liegenden Kiefernstämmen an. Aber außer einem Schmalreh und zwei mümmelnden Junghasen zeigte sich nichts. Der Wind hatte nach Süden gedreht, Schäfchenwolken standen rosig angehaucht am Himmel. Es sah nach einem heißen Tag aus, der Gewitter bringen konnte. Als die wärmende Sonne den Tau aufzulösen begann und die Wiesen leicht dampften, gingen wir zum Wagen zurück, wo uns Wero freudig begrüßte. Ich hatte ihn zum Ansitz nicht mitgenommen, weil ich nicht wußte, wie er sich verhalten würde, falls Wild dicht vorbeiwechselte.

Es ereignete sich nicht viel heute morgen. Zwei oder drei Ricken zeigten sich, ein Rotschmaltier sprang vor dem Wagen ab, und ein Elchschmaltier stand vierzig Meter neben uns im Hochwald, äugte hinter uns her und machte keinerlei Anstalten, sich vor uns in Sicherheit zu bringen. Ein auch nur einigermaßen jagdbarer Bock zeigte sich nicht, obgleich ich fest entschlossen war, auch einen mäßigen Abschußbock zu strecken. Mich interessierte es auch, wie Wero auf den Schuß reagieren würde. War er wirklich schon von seiner exogenen Schußscheuheit geheilt, oder flackerte sie wieder auf? Vierzehn Tage hatte er es nicht knallen hören. Die Waffe fürchtete er nicht mehr. Auch sein Verhalten am gestreckten Wild wollte ich prüfen.

Gegen 7 Uhr glitten wir aus einem Hochwald heraus. Rechts vor uns lag neben dem Weg ein alter, mit meterhohen Birken, Himbeergestrüpp und jungem Farnkraut bewachsener Kahlschlag. Daran grenzte ein dichter Fichtenhochwald mit leichtem Unterwuchs an seinem Rand. Links vor uns stockte eine etwa zehnjährige Kieferndickung. Plötzlich bemerkte ich mitten auf dem Schlag an einem Birkenbusch einen roten Fleck. Der langsam rollende Wagen stand sofort.

„Da, Reh!" Ich stieß Staschu sanft in die Rippen. „Wo?" Staschu, der sonst gute Augen hatte, sah nichts. Ich hob das Glas. „Bock!" Das Gehörn zeigte nicht viel: etwas über lauscherhoch, links vereckt und eng gestellt, rechts angedeuteter Sechser. Die dunklen Stangen boten das Bild eines älteren Abschußbockes.

Ich nahm Staschu den Stutzen aus der Hand und stieg vorsichtig aus dem Wagen. Staschu sah den Bock immer noch nicht. An einer dicken Randfichte strich ich an. Im Zielfernrohr sah ich, daß es gut hundertfünfzig Meter bis zum Bock waren. Klar stand seine Erscheinung im Fadenkreuz. Im Schuß hatte ich den Eindruck, etwas zu weit hinter dem Blatt abgekommen zu sein. Dumpfer Kugelschlag hallte herüber, der Bock schlug mit den Hinterläufen aus und ging sichtlich krank ab. Jetzt bemerkte auch mein Förster das abspringende Stück, sah mich zweifelnd an und meinte: „Vorbei?" „Nix vorbei, Bock hat Kugel, etwas weit hinten!"

„Hund muß" war seine Antwort. Zunächst sah ich nach Wero auf dem Rücksitz. Er blickte mich interessiert an, wenn auch etwas verprellt über den unerwarteten Knall. Nun steckte ich mir eine Pfeife an und wartete eine Viertelstunde, obgleich Staschu zum Anschuß drängte. Aber ich war meiner Kugel sicher.

Nachdem die Pfeife zur Hälfte geraucht war, nahmen wir Wero an die Leine und gingen langsam zum Anschuß. Wero windete interessiert in der Gegend herum. An dem kleinen Birkenbusch entdeckte Staschu, der vor mir ging, reichlich dunklen Schweiß und Panseninhalt. Weit konnte der Bock also nicht sein. Ich führte den Hund zum Anschuß und schnallte ihn.

„Such verloren, mein Hund! Such verwundt!“ Wero zog mit tiefer Nase vor uns her. Nach einigen Schritten verwies er. Auch da lag reichlich dunkler Schweiß. Nun suchte er in mäßigen Bogen nach links, verhoffte, hob schweifwedelnd den Kopf und blickte zu mir herüber. Ich ging zu ihm. Da lag der Bock auf dem Einschuß. Die Kugel hatte Leber und Pansen voll gefaßt. Ich war zufrieden, obgleich es mich etwas störte, daß der Hund, nachdem er den Bock gefunden hatte, kaum noch weiteres Interesse zeigte. Nun, er war noch jung, und wer weiß, was meine Vorbesitzer mit ihm angestellt hatten.

Der Bock war richtig angesprochen; links fehlte die Vordersprosse, rechts kaum angedeuteter Sechser, Alter etwa vier bis fünf Jahre. Auf der Waage brachte das Stück mit Haupt 22 Kilogramm. Der Anfang meines Pensionierungsjahres begann gut.

Vor dem Forstamt wartete Helmut, mein Bock wurde begutachtet. Helmut hatte zwei Böcke gesehen, aber es fehlte wieder das berühmte Quentchen Glück.

Der Abend brachte uns beiden wenig Anblick, auch am nächsten Morgen gingen wir leer aus. Selbst das Elchwild, das man bei jeder Pirschfahrt sah, blieb in den Dickungen. Das Wetter hatte umgeschlagen. Es wehte ein mäßiger Nordwestwind, die sommerliche Hitze klang ab. Über den Himmel segelten viele große Wolken dahin. Ab und zu regnete es leicht, dann lugte wieder die Sonne hervor. Am Nachmittag zeigte sich wenig Rehwild, dagegen sahen wir auf einem großen, noch nicht geschnittenen Grasschlag zwei Hirsche. Der eine schien noch jung, die Baststangen boten höchstens 30 Zentimeter und beginnende Endenbildung. Der andere war stark, sicher ein schon älterer Hirsch. Aug-, Eis- und Mittelsprosse sah man beiderseits. Zum Ende hin waren die Stangen sehr stark kolbig aufgetrieben, Zeichen der beginnenden Kronenbildung. Es schien überhaupt ein Hochwildtag zu sein, denn als uns der Wald wieder aufgenommen hatte, stießen wir auf einer kleinen Blöße auf einen einjährigen Elch mit kurzen Bastspießen. Wir hielten und beobachteten ihn. Als Störung schien er uns nicht zu empfinden. Plötzlich teilten sich hinter ihm die Büsche und heraus trat ein für europäische Begriffe starker Bastschaufler. Mit erhobenem Windfang sicherte er und äugte zu uns hin, schlug unwillig mit den Vorderläufen, Grasbüschel und Erde flogen herum. Dabei ließ er einen schnarrenden Laut hören.

Damit noch nicht genug. Auch der Anblick eines mittleren Keilers, der aus einer größeren alten Windbruchblöße flüchtete, wurde uns zuteil. Ich versuchte noch, auf ihn abzukommen, da die Entfernung höchstens sechzig Meter betrug, aber ich konnte nicht mehr schießen, was mir einige mißbilligende Blicke von Staschu und dem Kutscher Stefan einbrachte. Der Abend neigte sich dem Ende zu. Es begann zu regnen, und wir strebten zum Forsthaus. Gerade fuhren wir in strammem Trab an einem großen Birkenbruch vorbei. Wir hatten es fast passiert, als ich mich zufällig nach links umdrehte. Da stand halb spitz hinter uns ein knallroter starker Bock und äugte interessiert herüber. „Stopp!“ – Stefan parierte die Pferde durch, ein Satz vom Wagen. Der Bock stand ungünstig, immer noch halb schräg. Dann war die Kugel heraus. Daneben! Vor dem Bock sah ich das Birkenlaub spritzen. Er verschwand mit hohen Fluchten.

Diesen Bock haben wir, wie so viele andere, nie wiedergesehen. Doch nun will ich von einem Bock erzählen, der tatsächlich erst vier Jahre nach der ersten Begegnung mit ihm zur Strecke kam.

Wie bereits im Kapitel über das Rominter Rehwild erwähnt, schoß ich 1977 in einem großen Luzerneschlag neben einem einsamen Bauernhof einen sehr starken Bock spitz von vorne vorbei. Obgleich ich es noch mehrfach versuchte, sah ich den Bock damals nicht wieder. 1979 pirschte ich in Staschus Revier und hatte keine Gelegenheit, nochmals nach dem Bock zu suchen.

In diesem Jahr nun jagte Helmut bei Jan. Als wir bei einbrechender Dunkelheit auf den Forsthof fuhren, stand dort Helmut mit einem Bruch am Hut. Na also, nun schien auch bei ihm ja der Bann gebrochen zu sein. Beiläufig meinte er, er habe einen guten Abschußbock geschossen. Im Wildschuppen liege auch noch ein Wolf, dem ein

Förster einen Fangschuß gegeben habe. Der Wolf war halb verhungert und schwer krank von einem Waldarbeiter entdeckt worden, der sofort den Förster alarmierte. Wie sich nach der Erlegung herausstellte, hing der Wolf mit dem rechten Vorderlauf in einer alten Drahtschlinge, die ihn so stark behinderte und den Lauf abschnürte, daß er sich kaum bewegen konnte. Wir gingen dann zum Wildschuppen, um den Wolf zu besichtigen, natürlich auch den Abschußbock von Helmut. Als ich den Schuppen betrat, sah ich zunächst den Bock. Dort hing ein starker Sechserbock mit etwas eng gestellten, 24 Zentimeter hohen und dicken Stangen, ein Ia-Bock wie er sein soll. Ein Erntebock – mir liegt dieser Ausdruck nicht sehr – würde man hier sagen. Bei näherem Hinsehen stellte ich fest, daß es dazu noch ein Kreuzbock war.

Jetzt war der Wolf natürlich vergessen. Es mag noch erwähnt werden, daß es im Wildschuppen nach Raubtier stank und Wero, als er den Wolf sah und witterte, nach dem Motto, daß Vorsicht der bessere Teil der Tapferkeit ist, sich mit eingekniffener Rute verdrückte.

Helmut schilderte, wie er zu Schuß gekommen und wo der Bock gefallen war. Plötzlich kam mir die Gegend immer bekannter vor. Ich wurde stutzig und ging nochmals in den Schuppen, um das Alter des Bockes zu prüfen und das Gehörn genau zu betrachten. Hatte ich den Bock nicht schon einmal gesehen? Sollte das etwa der Bock sein, den ich vor vier Jahren gefehlt hatte?

Am nächsten Morgen erschien Jan, um das Haupt zur Präparierung zu holen. Wir standen alle auf dem Hof und verglichen die beiden Böcke, denn ich hatte mir unter etwas ungewöhnlichen Umständen, über die ich noch berichten werde, auch einen sehr guten „geleistet".

„Jan, wo diese Bock geschossen?" „Na Hof! Sie vorbeischießen! Selbe Bock!" Damit war alles klar. Helmut meinte: „Du kannst ja öfter einen Guten vorbeiblasen. Den schieß ich dann." Ich gönnte ihm den starken Bock, er wäre mein bester gewesen.

Beide Böcke waren sieben bis acht Jahre alt und Sechser, doch im Gehörnaufbau grundverschieden. Während Helmuts Trophäe mit dicken braunen Stangen wie eine knorrige Eiche wirkte, zeigte meiner dünnere, schwarze, aber etwas längere geschwungene Stangen mit wenigen dicken Perlen und breiten flachen Dachrosen. Auch hatte

Helmuts Gehörn mehr Masse. Wie schon gesagt, fiel mein Bock unter etwas seltsamen, nach Lehrgrundsätzen fast unwaidmännischen Umständen.

Der Morgen war bewölkt, kühl und etwas feucht, als wir, Staschu, der Kutscher Stefan und ich, mit dem Pirschwagen abfuhren. Wero hatten wir nicht mit. Ängstlich, wie er es bei allen ungewohnten Dingen war, vertrug er die Rumpelei auf den Waldwegen nicht. Bei dem Nordwestwind zeigte sich wieder nicht viel Wild.

Die Uhr wies die sechste Stunde, als wir an einem mit hohem Gras bewachsenen Kahlschlag vorbeirumpelten. Vor uns stockte links und rechts des Weges ein schmaler, lichter, alter Mischwald mit starken Stämmen, der guten Einblick in das bergig ansteigende Gelände zuließ. Am Fuß der Hügel standen einzelne Büsche. Wenn man am Abend vorher einen guten Bock totgetrunken hat – und das hatte Helmuts Bock wirklich verdient –, die Nacht nur vier Stunden dauerte und im Revier sich kaum Anblick bietet, wird man bekanntlich schläfrig. Ich war schläfrig, und Staschu ging es offensichtlich nicht viel besser. Plötzlich hielt Stefan, zeigte nach rechts auf die Büsche und sagte: „Da, Bock!"

Ich suchte ohne Glas, ich suchte mit Glas, nichts. Staschu sah ebenfalls nichts. Er versuchte es stehend, stellte sich auf die Sitzbank, sah die ganze Buschkante ab, nichts. Stefan wurde unruhig, sprach beschwörend Polnisch auf uns ein und zeigte immer zu den Büschen. Dann sagte Staschu plötzlich: „Ja, da! Gehen nach rechts. Oh, Bock wie Hirsch! Zieht langsam Berg rauf!"

Ich sah immer noch nichts. Im letzten Augenblick, als das Stück verschwand, nahm ich noch einen roten Wischer wahr. Ich hatte zu weit links gesucht. Der Bock stand auf etwa hundert Meter in den Büschen. Stefan sah nur das Haupt. Für wenige Sekunden – das hätte für den Schuß gereicht – war er frei und dann durch das hohe Gras und das Anfluggebüsch nach rechts oben gezogen. Stefan schimpfte, Staschu raufte sich die Haare und deutete hirschähnliche Stangen an, aber der Bock war weg.

Zunächst faßten wir den Entschluß, uns abends auf einen Hügel des Kahlschlages anzusetzen. Man konnte von dort die gesamte Fläche übersehen und den Bock, kam er zu weit, anpirschen. Dann fuhr Stefan eine Runde nach der anderen, um den Bock eventuell auf dem

Wechsel zum Einstand , einer etwa vier Meter hohen Eichendickung, abzufangen. Nichts zeigte sich. Nun stellte ich etwas betrübt fest, daß sich nach der anderen Seite der Dickung ein gleich großer Schlag ausdehnte. Der Bock, bei seiner Stärke schien er Alleinherrscher zu sein, hatte also viele Möglichkeiten, auszutreten oder zu wechseln.

Gegen 7 Uhr suchten wir die Gegend nochmals ab. Plötzlich sagte Staschu: „Stopp!" Links hinter uns auf einem Hügel stand ein Stück Rehwild, mindestens zweihundert Meter weit entfernt.

Es war ein Bock, kein schlechter, wie man trotz der großen Entfernung mit bloßem Auge feststellen konnte. Unser Weg führte am Rande einer Waldspitze über eine flache Erhebung. Ein Anpirschen an den Bock, den wir in der Zwischenzeit als sehr gut angesprochen hatten, war nicht möglich.

„Absteigen, schießen" murmelte Staschu. Ich schüttelte den Kopf. „Zu weit!" Er drängte jedoch weiter. „Nix zu weit! Probieren!" Schließlich ließ ich mich überreden, stieg ab, der Wagen fuhr langsam weiter. Ich strich an einer armstarken Esche an und visierte durchs Zielfernrohr. Das waren mehr als zweihundert Meter. Der Bock paßte nicht zwischen Zielstachelspitze und Seitenbalken. Da war noch Platz. Ich setzte ab und blickte zum Wagen hinüber. Die beiden drohten mir und machten aufmunternde Bewegungen. Wie lernt es der Jungjäger? Nicht weiter als auf hundert bis höchstens einhundertzwanzig Meter auf ein Stück Rehwild schießen! Der Bock stand immer noch völlig frei auf dem spärlich bewachsenen Hügel in einer Kahlstelle. Sehr gut hob sich der fahlrote Sechser vom dunklen Fichtenwald im Hintergrund ab. Ich legte den Sicherheitsflügel herum und stach ein. Fest stand der Zielstachel etwas vor dem Widerrist am oberen Rand des Stückes. Heraus fuhr der Schuß. Der Bock fiel um wie vom Blitz erschlagen und rührte keinen Lauf mehr.

Ich war überrascht. Auf dem Wagen rechts von mir ertönte Freudengebrüll. Staschu und Stefan kamen auf mich zugerannt, schlugen mir auf die Schulter und tanzten herum. „Diese Schuß keiner so leicht nachmachen!" schrie Staschu. Ich nickte und meinte lakonisch: „Richtig! Ich auch nicht!"

Dann gingen wir durch das Tal und stiegen den Berg hinauf. Oben lag der Bock. Die Kugel saß auf dem Halsansatz. Das Gehörn war sehr gut und hielt, was es auf die große Entfernung versprochen hatte. Es ist eine alte Weisheit, daß ein Gehörn, wenn es mit bloßem Auge aus der Ferne angesprochen werden kann, stark ist.

Unseren Vorsatz, uns auf den „Bock wie Hirsch" anzusetzen, führten wir abends aus. Da der Weg recht gut befahrbar war, nahmen wir meinen Wagen und hielten an einer landschaftlich schönen Stelle. Meine Frau und der Hund blieben im Wagen. Sie hatten von dort einen weiten Blick und konnten den rückwärtigen Teil des großen hügeligen Geländes, den wir nicht einsehen konnten, gut beobachten. Nachdem wir die Hälfte des Kahlschlags umgangen hatten, setzten wir uns auf einer höheren Erhebung mit guter Deckung und halbem Wind an. Wir konnten von dort aus den Einwechsel und die Büsche, an denen der Bock morgens gestanden hatte, und rückwärts und seitwärts das hügelige Gelände übersehen. Aber es bestand die Möglichkeit, daß der Bock zwischen kleinen Tälern, die man nicht frei hatte, auswechselte. Der sinkende Tag war schön. Es wehte ein ganz leichter Südwest, die Wolken hatten sich verzogen, und eine milde Abendsonne strahlte herab. Wir saßen eine halbe Stunde im Gras, als ich vor mir in den Büschen, in denen der Bock morgens gestanden hatte, etwas Rotes bemerkte. Ich blickte vorsichtig durchs Glas. Es war ein Schmalreh, das äsend von mir fort zog, um dann im Unterholz des lichten Laubwaldes zu verschwinden. Nun müßte ja eigentlich der Bock erscheinen. Aber es tat sich nichts. Die Sonne näherte sich langsam dem Horizont. „Nicht kommen oder andere Seite" meinte Staschu. „Werden gehen, fahren, suchen." Mir war es recht. Ich stand auf und bummelte vor Staschu her in Richtung des Wagens.

Wir kamen über eine kleine Hügelkuppe und blickten auf die nächste Anhöhe vor einem Eichenwald. Über die Anhöhe schob sich spitz von vorn ein gelbroter Bock mit eisgrauem Kopf. Zwischen den Lauschern sah ich Stangen, die in der Dicke mehr an einen Damhirsch erinnerten. Mit den gezischten Worten „Da steht er" nahm ich den Stutzen von der Schulter, fuhr hoch, doch da hatte der Bock bereits gewendet und verschwand hinter der Hügelkuppe in Richtung des Eichenwaldes, wahrscheinlich sein Einstand.

Man soll einen Plan stets zu Ende führen, wenn man ihn sich fest vorgenommen hat. Wären wir noch fünf Minuten auf unserem Platz sitzen geblieben, wäre der Bock mir vermutlich in die Büchse gelaufen.

Unsere Böcke wurden am nächsten Tag mit Unmengen von Krebsen und Schampus gefeiert. Helmut schoß nämlich am gleichen Abend noch zwei gute Böcke. Wir verlegten mit diesem Fest auch meine Feier zum 60. Geburtstag etwas vor, denn Helmut konnte nicht so lange bleiben wie wir. Seine beiden letzten Böcke kamen in den nächsten Tagen zur Strecke. Beides waren ältere Abschußböcke, die sich sehen lassen konnten.

Auf etwas merkwürdige Art und Weise fiel mein dritter Bock. Staschu und ich waren den ganzen Morgen mit meinem Auto unterwegs gewesen. Wero war natürlich mit. Bei Sonnenaufgang kamen wir am bereits erwähnten entgegengesetzten, stark bewachsenen Kahlschlag vorbei, der neben dem Einstand meines „Traumbockes" lag. Fast wie vermutet stand auf etwa achtzig Meter ein dunkler Bock, etwas verdeckt von Kriechweidensträuchern. Er äugte zu uns herüber. Er verhoffte direkt unter der schon höher am Horizont stehenden Sonne. Mit den Händen versuchte ich, meine Augen gegen die Sonnenstrahlen abzuschirmen. Es ging schlecht, aber ich sah, daß zwischen den Lauschern alles schwarz war. Wie hoch waren die Stangen? Bis weit über die Lauscherspitzen konnte ich sie herausragen sehen, dann verschwamm alles im grellen Sonnenlicht. Ich hob den Stutzen, versuchte Ziel zu fassen und sah im Zielfernrohr – nichts, außer einem grell blendenden Lichtschein trotz Gummikappe. Verzweifelt versuchte ich abzukommen. Staschu flüsterte aus dem Wagen: „Schießen, schießen, große Bock!"

Es ging nicht. Plötzlich sprang der Bock ab. Jetzt hatte ich ihn im Zielfernrohr und versuchte, ihn noch zu fassen, bevor er über dem Hügel verschwand. Über dem abspringenden Stück spritzten Gras und Blätter auseinander. Vorbei!

Wir fuhren weiter und sahen nichts. Gegen 7 Uhr wollte Staschu nach Hause, doch ich protestierte. Da die Uhr ja in Europa um eine Stunde vorgestellt war, war es in Wirklichkeit erst 6 Uhr, und die Rehe hatten diese Zeitverschiebung sicher nicht mitgemacht. Zwischen 6 und 8 Uhr alter Zeit pflegen aber die Böcke herumzubummeln, besonders wenn die Sonne hochkommt und es wärmer wird. Wir drehten also unsere Runden weiter und kamen in der Nähe des Einstandes unseres Kapitalbockes an einem Tal vorbei. Der uns gegenüberliegende Hügel stieg ziemlich steil an. Da stand in der Talsohle ein Schmalreh und äugte herauf, ohne abzuspringen. Als wir auf der Rückfahrt die gleiche Stelle passierten, bemerkte Staschu: „Da, Koza jetzt liegen.“

Ich sah kurz hin und fuhr die Runde um den Riesenkahlschlag weiter. Nach einer Viertelstunde rollten wir wieder an derselben Stelle vorbei und Staschu stellte fest: „Koza noch immer liegen.“ Ich blickte erst gar nicht hin. Am Ende des Weges wendeten wir und fuhren zurück. „Koza“ murmelte Staschu erneut. Jetzt hielt ich an, um mir dieses vertraute Stück Rehwild, das nicht zum Abspringen zu bewegen war, nochmals anzusehen. Wie aus einem Mund entfuhr es uns, nachdem wir durch das Glas geschaut hatten: „Mensch, das ist ja ein Bock!“ Jetzt sahen wir die lauscherhohen, etwas eng stehenden, ziemlich starken, pechschwarzen Sechserstangen, und wir hatten uns die ganze Zeit eingebildet, daß dort die Ricke, die wir beim ersten Vorbeifahren gesehen hatten, niedergetan war.

Der Bock war alt. Ib würde man bei uns sagen. Ich stieg aus dem Wagen und versuchte, vom Autodach abzukommen. Der Bock hatte sich in der Zwischenzeit erhoben und äugte zu uns herüber. Da der Bock aber in der Talsohle stand, hätte ich glatt in das Autodach geschossen. Ich versuchte, um den Wagen herumzukommen. Da sprang der Bock ab, machte aber den entscheidenden Fehler, auf halber Höhe am Berghang nochmals zu verhoffen. Nach meinem Schuß rollte er mit Blattschuß wieder in die Talsohle.

Der Bock war richtig angesprochen: ein ewig mittelmäßiger. Im Schatten des Tales gegen dunklen Hintergrund konnten wir zunächst die Stangen, die keine weißen Spitzen aufwiesen, nicht sehen.

Mein Jagdfreund Helmut Steiner war nun schon vor drei Tagen in Richtung Heimat gefahren, glücklich und zufrieden mit seinen fünf Trophäen. Auch für uns nahte die Heimfahrt. Andrzej und Soschu hatten Pässe und Visa erhalten und begannen zu packen, denn wir hatten sie ja zu uns eingeladen.

Der 60. Geburtstag

Am 17. Juni wollten wir fahren. Es kam der 16. Juni 1981, mein runder Sechziger. Mir fehlten noch zwei Böcke, um den beantragten Abschuß zu erfüllen. Der Kapitalbock ging mir nicht aus dem Kopf. Allein die Neugierde, wie stark er wirklich sei, plagte mich. Meiner Frau hatte ich natürlich von dem „Wundertier“ erzählt. In einem Anflug von Großzügigkeit sagte sie: „Den schenke ich Dir zu Deinem 60. Geburtstag.“ „Da wirst Du wohl tief ins Gewand greifen müssen“, war meine Antwort.

Der Morgen begann für mich sehr früh. Als Stefan und Staschu mir gratulierten, war mir doch irgendwie komisch zumute. Begann nun das Greisenalter? Während der Pirschfahrt mußte ich oft an Walter Frevert und seine „Gedanken zum 60. Geburtstag“ denken. Vor über vierzig Jahren hatte er in diesem herrlichen Revier gehegt und gejagt, hatte sein Lebenswerk Rominten aufgebaut, erfüllt und zu einem der besten Rotwildreviere der Welt gemacht. Er konnte zufrieden sein mit seinem Werk. Wenn heute auch ohne Gatter, so hatte die Rominter Heide mit ihrem starken Wild den Weltbrand überlebt.

Einen guten Bock sahen wir heute zum vierten Male, seitdem ich in diesem Jahr hier pirschte. Er war gerissener als wir und immer eine Sekunde schneller als ich mit dem Stutzen. Staschu nannte ihn den „Agenten“, weil er sich so raffiniert drückte.

Der Morgen begann kühl, ab und zu nieselte es. Wir versuchten es in allen guten Ecken, in denen wir jagdbare Böcke gesehen hatten. Ich merkte es Staschu an, daß er nicht in Stimmung war, weil er mich nicht zu Schuß bringen konnte an meinem sogenannten „Ehrentag“. Dennoch wurde uns auf dem Heimweg ein herrlicher Anblick zuteil, der alleine diesen Morgen wert schien.

Der Weg führte quer durch einen alten Windbruch. Er bot einen wildromantischen Anblick. Zahlreiche Stämme und Astwerk lagen herum. Ausgerissene riesige Wurzelballen ragten in die Luft. Zwischen altem und neuem Pfeifengras wucherte wild der Anflug fast aller Baumarten Romintens durcheinander. Plötzlich fegte links von uns ein großer, grauer Schatten dahin. Das war kein Reh. „Wolf!“ schrie Staschu und sofort hinterher: „Da noch einer!“ Tatsächlich stand am Waldrand hoch aufgerichtet mit spitzen Lauschern ein zweiter Wolf. Der erste schien den Windbruch abzujagen und trieb auf den zweiten zu. Es galt wohl Meister Lampe, der für ein ostpreußisches Waldrevier sehr zahlreich vertreten war. Bald eräugten sie uns und gingen flüchtig in den Hochwald ab.

Drei Wölfe hatte mir dieser Sommer schon in Anblick gebracht, den erlegten mitgerechnet. Lebten wirklich nur zehn Wölfe als Standwild in den 48 000 Morgen, wie Andrzej meinte? War das der Grund für das an Wildbret so starke Rehwild hier in der Heide? Mein erster Bock wog 22 Kilogramm, mein zweiter 26 (!), mein dritter 23 Kilogramm. Helmuts Böcke brachten kein geringeres Gewicht.

Zufrieden fuhren wir nach Hause zum Frühstück. Draußen war es schwül geworden. Es regte sich kaum ein Lüftchen. Die Sonne stach durch die grauen Wolken, ab und zu kam ein Regenschauer herab. Die Luft kam aus Süd-Süd-West.

„Andrzej, ist Jan zu Hause? Staschu hat keine Zeit, ist bei kranke Vater in Wizajny.“

„Willst Du fahren auf Jagd? Ich glauben, gegen Mittag gut heute. Reh tritt aus, wenn Regen weg und Sonne kommt. Ich sage Nowosadko um 10 Uhr!“

Pünktlich holte ich Jan mit meinem Wagen ab. Er hatte geschlafen, war nicht bei bester Laune, aber er erholte sich sofort, als er zwei Packungen Zigaretten sah. Ich versprach ihm noch, nach der Pirsch auf meinen 60. Geburtstag mit ihm anzustoßen. Dafür war er immer.

Es regnete leicht, als wir in den Weg zu Jans Revier einbogen. Im Südosten sandte die Sonne die ersten zaghaften Strahlen durch die

Wolkendecke. Es herrschte eine drückende, feuchte Schwüle. Wir hatten alle Fenster des Wagens heruntergedreht. Büsche und Bäume trieften vor Nässe. Wir waren vielleicht zehn Minuten unterwegs, da stand bereits die erste Ricke, ein Schmalreh, auf einer Blöße und äugte vertraut herüber. Nach weiteren zehn Minuten Fahrt zeigte sich die zweite Ricke, eine ältere, führende. Nun wurde es lebendiger im Wald. Überall zeigte sich Wild. Die Sonne war herausgekommen und brannte auf das Autodach. Kurz hintereinander trafen wir auf zwei Elchschmaltiere, die auf einem Kahlschlag ästen. Dann stießen wir auf den ersten Bock, einen vielleicht dreijährigen mit handlangen Spießen. Er stand im hohen Gras einer kahlen Stelle im Hochwald. Der Halsansatz war frei. Jan drängte zum Schuß. Ich zögerte und ließ dann den Finger gerade. An meinem 60. Geburtstag hatte ich doch etwas Besseres verdient, und günstiger konnte die Witterung nicht sein. Also weiter. Jan murrte zwar, aber das taten sie alle, die Herren Förster, wenn der Jagdgast nicht ihrer Meinung war und den Schuß unterließ.

Wir fuhren langsam durch einen lichten Buchenhochwald, dessen Stämme jeden Forstmann in helle Begeisterung versetzt hätten. Zur rechten Hand lag eine mit Pfeifengras bewachsene Blöße mit einzelnen, alten Hainbuchen und kleinen, buschigen Eichen und Weiden. Über die Blöße zog sich ein kleiner Hügel, auf dem eine trockene Baumleiche emporragte. Nur der Stamm war noch vorhanden. Ein idealer Platz für einen alten Bock, dachte ich gerade, als Jan mir mit der Hand vor den Bauch klatschte. „Da Bock." Ich hielt und blickte nach rechts. „Wo?" – „Na, da!" Ich sah aber nur Jans Charakterkopf und den Holm des Wagens. Jan den Stutzen abnehmend, stieg ich aus und blickte vorsichtig über das Autodach. Tatsächlich, auf dem Rücken des Hügels rechts neben dem kahlen Baumstamm stand vor einem Weidenbusch ein rotes Stück Wild, das ich wegen seiner Größe zunächst für ein schwaches Rotschmaltier hielt. Dann sah ich aber, daß der Spiegel fehlte, also ein starkes Reh. Der Kopf war im Gras, und dort, wo er anatomisch hingehörte, bewegten sich zwei weiße, blankgefegte Zweige, die zu dem Gebüsch gehörten. Es war also ein Bock, der fegte.

Jan flüsterte aus dem Inneren des Wagens: „Schießen, schießen! Muß!" „Ist Bock?" fragte ich. „Bock, Bock!" kam es zurück. „Wie hoch?" Jan zeigte Handspannenlänge. Das Stück hob aber einfach nicht das Haupt. Ich überlegte: Es war also ein Reh, der Figur nach ein Bock. Jan hatte das Gehörn gesehen. Du bist heute 60 geworden. Diana hilf!

Der Sicherungsflügel ging herum, aufgelegt auf dem Wagendach stand der Zielstachel ruhig hochblatt. Rums! Der Bock brach zusammen. „Liegt!“ schrie Jan und sprang aus dem Wagen, gleichzeitig ließ er Wero heraus, der wieder dabei war. Ich blickte mit dem Doppelglas hinüber, ob ich den Bock im Gras liegen sehen konnte. Kein rotes Haar zeigte sich, aber was war denn das? Die weißgefegten Zweige waren auch weg. So etwas gibt es doch gar nicht! Nochmals suchte ich den Busch ab. Dort hatte der Bock gestanden, genau dort hatten sich die Zweige bewegt. Nichts!

Wir gingen zu dem flachen Hügel. Der Luftzug wehte uns ins Gesicht. Das gab etwas Kühle bei der drückenden, feuchten Schwüle. Ich ließ Wero voraussuchen. Er war vielleicht vierzig Schritte vor uns, zog plötzlich an, stand einen Augenblick vor, umkreiste dann mit tiefer Nase die Stelle vor dem Busch. Die Fegestelle war immer noch nicht zu sehen. Der Hund verhoffte kurz, wedelte mit seiner weißen, buschigen Rute, äugte mich an und schlug sich seitwärts in die Büsche. Dort, wo er eben gestanden hatte, mußte das Stück liegen. Wieder zeigte der junge Rüde nur wenig Interesse für erlegtes Rehwild. Das mußte er noch lernen.

Jan trat vor und riß vor Freude plötzlich beide Arme hoch. Ich folgte ihm und stand neben einem starken Reh, nahm das Haupt hoch und ließ es erstaunt wieder sinken. Ich traute meinen Augen nicht. Dort lag der Wunschtraum eines jeden Jägers – ein Kapitalbock!

Fast zu lange starke Stangen im Vergleich zum Haupt hatte diese Krone, grob geperlt bis zu den fingerlangen Hintersprossen bei relativ kurzen Vordersprossen, Dachrosen, die fast den ganzen Schädel bedeckten.

Bei meinem jugoslawischen Kapitalhirsch und bei meinem Rominter Keiler vom Vorjahr hatte ich einen Indianertanz aufgeführt. Hier blieb ich stumm und zog langsam den Hut. So etwas an meinem 60. Geburtstag um 11 Uhr! Was ich zunächst dachte und fühlte, läßt sich mit Worten nicht ausdrücken. Diana hatte mich wieder überreich beschenkt.

Wero kehrte von seinem Zwischenausflug aus den Büschen zurück, sprang an mir hoch und leckte mir Hände und Gesicht. Jetzt löste sich meine Überraschung. Abwechselnd fiel ich Jan und Wero um den Hals, drückte beide so ab, daß Wero meinte, ich wollte eine größere Spielerei mit ihm veranstalten. Er raste durch Gras und Gesträuch, daß Blätter und Halme nur so herumflogen.

Ich stand vor meinem mit weitem Abstand stärksten Bock. Die jetzt fehlenden gefegten Zweige waren die weißblitzenden Enden des 28 Zentimeter hohen Gehörns gewesen. Der Bock hatte gar nicht gefegt, sondern am Busch geäst, und die Stangen ragten aus dem hohen Pfeifengras. Jan gab mir den Eichenbruch auf blanker Waffe. Ich drückte ihm nochmals fest die Hand. „Kennst Du den Bock, Jan?" Er schüttelte verneinend den Kopf: „Ich nie gesehen." Dann trugen wir gemeinsam, von Wero umtanzt, schwitzend den schweren Bock zum Wagen. Aufgebrochen ohne Haupt brachte der Bock 30 Kilogramm auf die Waage. Er war nach dem Unterkiefer acht bis neun Jahre alt und mit 132 Punkten der erste Goldmedaillenbock, der zumindest nach dem Krieg in Rominten erlegt wurde.

Wir brachen die Pirsch ab und fuhren über Dubeninki nach Hause, nicht ohne an einer kleinen Verkaufsbude unseren Durst mit Selterswasser, jawohl, mit Selterswasser, zu stillen, denn tottrinken wollten wir ihn in unserem Forstamt Wehrkirchen. Auf dem Hof angelangt, kamen Soschu und meine Frau angelaufen, als sie meinen Bruch am alten Jagdfilz sahen. Ich murmelte etwas von einem mittleren, älteren Abschußbock und öffnete den Kofferraum. Alle starrten mich an, sagten zunächst kein Wort, und ich bemerkte nebenbei, daß man mit Geburtstagsversprechungen nicht so leichtsinnig sein sollte. („Ich schenke ihn Dir zu Deinem 60.!) Dann wurde ich von den beiden erheblich „abgeliebelt", was mir ja auch zustand. Andrzej, der noch von seiner Gewaltreise nach Warschau wegen der Visa ausschlief, holte die Umarmung mit ehrlicher, großer Freude mittags nach. Nun setzten Jan und ich uns in Gesellschaft einer Zubrowkaflasche auf die Veranda, vor uns das Haupt des Bockes, und sagten häufiger: „Nazderowje!".

Am nächsten Morgen starteten wir mit Familie Krajewski und Wero in Richtung Borkum. Die beiden uns so lieben Menschen verlebten vierzehn herrliche Urlaubstage auf unserer schönen Insel und genossen das Land.

Epilog

Schmerzlos ist es vorübergegangen. Seit ein paar Tagen bin ich Pensionär. Der Vater eines Kameraden sagte mir vor einiger Zeit, als wir über seine Emeritierung als Ordinarius sprachen, und ich dabei an meine bevorstehende Pensionierung dachte: „Sie brauchen gar keine Angst zu haben, es tut überhaupt nicht weh und geht leicht vorüber." Die Worte kamen mir irgendwie bekannt vor, denn sein Sohn ist Zahnarzt. – Ja, er hatte recht!

Nun sitze ich in meinem Jagdzimmer, mein Blick schweift über die Trophäenwände. Zu jedem einzelnen Gehörn, jedem Geweih, jeder Keilerwaffe gehört eine Geschichte. Ich habe sie nicht notiert, aber wenn ich eine Trophäe in die Hand nehme, kann ich alles über sie berichten, nur Jahr und Tag der Erlegung weiß ich nicht mehr. Aber was ist schließlich Zeit? Zumindest ist sie ein relativer Begriff. Keine Angst! Es kommen nun nicht die üblichen Geschichten vom ersten Hirsch, vom ersten Rehbock und dem ersten Keiler. Sie sind zu abgedroschen und wiederholen sich bis auf Variationen immer wieder.

Die Gedanken wandern weiter, streifen ein langes Jägerleben und schweifen in die Zukunft. Was wird sie mir noch bringen? Jetzt bin ich im Ruhestand. Davon würde ich gern noch ein paar Jahre genießen in aller Stille und Behaglichkeit. Dann möchte ich geruhsam durch meine Heimat reisen, sie neu in mich aufnehmen und mit dem, was mir blieb, zufrieden sein.

Solange es Alter und Gesundheit zulassen, möchte ich aber meinem Beruf als Arzt nachgehen, wenn auch nicht in dem Maße wie bisher, und ich möchte mich weiter meiner Passion, dem Waidwerk, widmen, jedoch nicht nur dem Jagen.

Wenn man älter wird, hört es auf mit dem Verlangen nach großen Strecken. Man wird wählerisch, ist jagdlich erfahren und überlegt es sich, ob man den Finger krümmen soll. Warum das Leben eines Geschöpfes auslöschen, wenn es nicht aus Gründen der Hege notwendig ist?

Es gibt das Seltsame, das Zwiespältige bei der Jagd, das man nicht fassen kann und das doch immer wieder in den Vordergrund tritt: Man tötet, getrieben vom uralten Verlangen nach Beute, und steht dann oft nachdenklich und auch betroffen vor dem verendeten Wild. Vielleicht wird die Jagd als „Hobby" bezeichnet. Ich kann mich mit dem Wort nicht anfreunden. Unter Hobby verstehe ich einen mehr oder weniger ernstgemeinten persönlichen Zeitvertreib, wie z. B. das Sammeln von Briefmarken oder das Basteln. Aber Töten als Hobby? Der ursprüngliche Sinn der Jagd war es, Beute zu machen, um sich zu ernähren. So war es bei den Urvölkern, und so ist es heute noch bei den Eingeborenen in Afrika, Südamerika oder Australien. Auch heute dient in den Kulturstaaten das erjagte Wild als Nahrungsmittel. Um das Wild der menschlichen Ernährung zuzuführen, muß ich es töten. Der Jäger sagt dazu „erlegen" und bedient sich einer Fachsprache und eines Brauchtums, wie es in vielen anderen Berufen auch der Fall ist. Das aber ist mehr als nur ein Hobby. Jagd war im Mittelalter und bis ins 19. Jahrhundert einem Handwerk gleichgestellt. Schon Worte wie „Jägermeister", „Forstmeister", „Waidgeselle" oder „Waidwerk" deuten darauf hin. Es übrschreitet den Rahmen dieses Buches, eine Abhandlung über den Sinn der Jagd zu verfassen. Nur soviel sei gesagt: In allen zivilisierten Ländern der Erde sind das Waidwerk und die Jagd Gesetzen unterworfen, die es für ein Hobby nicht gibt.

Wie lange kann man überhaupt jagen? Wann kommt der Augenblick und das Alter, in dem man aufhören sollte? Eine Norm wird es dafür nicht geben. Es gibt Menschen, die selbst im hohen Alter noch rüstig sind und im Vollbesitz ihrer geistigen Kräfte. Aber gerade diese werden vermutlich rechtzeitig aufhören können, denn sie begreifen noch, daß das Alter Grenzen setzt, ganz gleich, ob man sich noch stark fühlt oder nicht. Man kann durchaus in Würde weiterleben und das Leben, das einem noch bleibt, genießen, ohne daß man z. B. seine Mitmenschen gefährdet – auch durch eine Jagdwaffe.

Die Alterssklerose ist eine große Gefahr, die immer wieder unterschätzt wird. Sie nimmt dem alternden Menschen die Einsicht, sie fördert den Altersstarrsinn. Sie gaukelt Leistungsfähigkeit in körperlicher und geistiger Hinsicht vor, die nicht mehr vorhanden ist. Hier ist meines Erachtens eine Lücke im Gesetz. Hier müßte der Gesetzgeber eingreifen und einen Fähigkeits- und Leistungsnachweis generell ab dem 65. Lebensjahr fordern und, wenn es ärztlich notwendig erscheint, noch früher. Wieviel Schaden ist schon angerichtet worden durch den törichten Satz: „Das kann man doch einem alten Menschen nicht antun!“

Von jungen Menschen verlangt man in mehr oder weniger schweren Prüfungen, daß sie für alles einen Fähigkeitsnachweis erbringen. Wer jedoch prüft die Alten, ob sie noch imstande sind, z. B. eine Waffe zu führen, eine Organisation zu leiten, oder ob die Senilität schon so weit fortgeschritten ist, daß sie zur Gefahr für die Mitmenschen wird?

Nun bin ich 60 Jahre alt. Ein Lebensabschnitt ist in einem Teil meines Berufes für mich zu Ende gegangen, nämlich als Soldat. Als Arzt will ich jedoch noch tätig sein, als Jäger will ich meiner Passion nachgehen, und meine Heimat möchte ich nun, weil ich jetzt Zeit habe, recht oft besuchen. Das Schicksal bitte ich aber, mir rechtzeitig die Einsicht zu geben, wann ich aufhören muß.

Man sagt: „Auch der Herbst hat schöne Tage.“ Für den passionierten Jäger ist der Herbst die schönste Zeit des Jahres. „Und könnt' es Herbst im ganzen Jahre bleiben . . .“ schreibt Frevert über den ersten Band seiner Lebenserinnerungen, und „Jagen ist die höchste Lust auf Erden“ steht auf seinem berühmten Rominter Geweihbecher. So sollten wir Älteren uns auch die schönen Tage aus unserem Lebensherbst heraussuchen, sie zu würdigen wissen und sie genießen.

Daß Rominten überlebt hat, ist zum großen Teil Freverts Werk, denn er brachte den edlen Rominter Rothirsch auf den Höhepunkt und veredelte die Erbanlagen, die noch heute im Rotwild der Heide vorhanden sind.

Auch unsere ostpreußische Heimat wird und muß weiterleben, denn die Landschaft und die Heimat sind es, die den Menschen formen, gleich welcher Nationalität er angehört.

Tag ist aufgegangen
über Haff und Moor.
Licht hat angefangen,
steigt im Ost empor.

Spiel der Lichter und Schatten

Von eines Jägers Wünschen und Wegen. Von Ludwig Benedikt Frhr. von Cramer-Klett. 3. Auflage. 1980. 308 Seiten. Leinen 34,– DM

Mit der Flinte

Von treffsicheren Schützen, edlen Waffen und der Freude an geselliger Jagd. Von Ludwig Benedikt Frhr. von Cramer-Klett. 1978. 158 Seiten. Leinen 29,– DM

Des Jägers Glück kennt kein Verweilen

Vom Wild im Gebirg und von Menschen, die Jäger waren. Von Ludwig Benedikt Frhr. von Cramer-Klett. 3. Auflage. 1981. 328 Seiten und 9 Bildtafeln mit 15 Abbildungen. Efalin gebunden 38,– DM

Traum auf grünem Grund

Vom wundersamen Rehbock im Schwarzenbachtal. Von Ludwig Benedikt Frhr. von Cramer-Klett. 4. Auflage. 1977. 258 Seiten. Leinen 28,– DM

Des Waldhorns Widerhall

Von Ludwig Benedikt Frhr. von Cramer-Klett. 3. Auflage. 1981. 332 Seiten. Leinen 24,– DM

Glückselige Einsamkeit

Von Ludwig Benedikt Frhr. von Cramer-Klett. 5. Auflage. 1982. 396 Seiten. Efalin gebunden 39,– DM

Wie es Diana gefällt

Aus eines Jägers hellen und dunklen Stunden. Von Friedrich Karl von Eggeling. 1978. 149 Seiten mit 45 Zeichnungen von Irene von der Lancken. Leinen 32,– DM

Von starken Keilern, treuen Hunden und pfeilschnellem Federwild

Von Friedrich Karl von Eggeling. 2. Auflage. 1980. 194 Seiten. Leinen 32,– DM

Mein buntbewegtes Jägerleben

Jagdliche Erinnerungen aus heimischen und fremden Revieren. Von Friedrich-Wilhelm von Notz. 1977. 202 Seiten mit 33 Zeichnungen des Verfassers. Linson gebunden 36,– DM

Das magische Gespann

Nachsuchen mit Wachtelhunden und Skizzen zur Jagd unserer Tage. Von Paul-Joachim Hopp. 1973. 167 Seiten mit 1 Revierkarte und 8 Bildtafeln mit 17 Abbildungen. Leinen 28,– DM

Von Hunden, Schweiß und roten Hirschen

Waidwerk auf der roten Fährte. Von Hans Lux. 1977. 171 Seiten und 4 Bildtafeln mit 7 Abbildungen. Leinen 36,– DM

Und könnt' es Herbst im ganzen Jahre bleiben

Jagdliche und andere Erinnerungen. Von Walter Frevert. 7. Auflage. 1977. 227 Seiten und 19 Bildtafeln mit 25 Abbildungen. Leinen 28,– DM

Das Jägerleben ist voll Lust und alle Tage neu

Jagdliche und andere Erinnerungen. Von Walter Frevert. 5. Auflage. 1979. 193 Seiten und 15 Bildtafeln mit 25 Abbildungen. Leinen 32,– DM

Abends bracht' ich reiche Beute

Der jagdlichen Erinnerungen letzter Teil. Von Walter Frevert. 5. Auflage. 1977. 166 Seiten mit 1 Zeichnung und 15 Bildtafeln mit 27 Abbildungen. Leinen 26,– DM

Preisstand: Sommer 1982
Spätere Änderungen vorbehalten

VERLAG PAUL PAREY · HAMBURG UND BERLIN

Wanderungen eines Jägers

Mit Büchse, Flinte und Kamera in vier Erdteilen. Von László Studinka. 1981. 215 Seiten und 16 Bildtafeln mit 30 Abbildungen. Efalin gebunden 36,– DM

Mit heißem Jägerherzen

Ein Leben der Jagd in Ungarn. Von László Studinka. Veröffentlicht in Gemeinschaft mit dem Corina Verlag, Budapest. 2. Auflage. 1982. 252 Seiten und 33 Bildtafeln mit 51 Abbildungen. Leinen 38,– DM

Ewige Jagdgründe

Jagderleben in den Ostkarpaten. Von László Studinka. 1980. 160 Seiten und 16 Bildtafeln mit 39 Abbildungen. Efalin gebunden 36,– DM

Unbändige Jagdpassion

Ganz Ungarn war mein Revier. Von László Studinka. 1979. 158 Seiten und 16 Tafeln mit 29 Abbildungen. Linson gebunden 34,– DM

Bunte Beute

Von Wild, Jagd und Jägern in unserer Zeit. Von Hanns-Gero von Lindeiner-Wildau. 1981. 192 Seiten mit 12 Zeichnungen von Horst Juhl und einem Bild des Autors. Efalin gebunden 38,– DM

Hirsche, Sauen, Gänseruf

Von Jagden und vom Jagen in heutiger Zeit. Von Friedrich Wilhelm Frhr. von Buchholtz. 1981. 167 Seiten und 8 Bildtafeln mit 14 Abbildungen. Efalin gebunden 36,– DM

Glückliches Jagen

Auf Hoch- und Niederwild in Mitteleuropa. Von Friedrich Wilhelm Frhr. von Buchholtz. 1978. 205 Seiten und 8 Tafeln mit 15 Abbildungen. Linson gebunden 32,– DM

St. Hubertus sei gedankt

für Hirsch und Gams, für Reh und Hahn. Von Alfons von Wunschheim. 1980. 182 Seiten und 8 Bildtafeln mit 15 Abbildungen. Efalin gebunden 36,– DM

Diana hat mir stets verziehen

Von den Taten und Untaten eines „miserablen" Jägers. Von Gerhard von Jordan. 1980. 116 Seiten. Glanzkaschiert 19,80 DM

Ein Jagdhaus im Schwarzwald

Von Karl Hillenbrand. 1979. 190 Seiten. Linson gebunden 32,– DM

Pürschzeichen auf meiner Fährte

Begegnungen und Bekenntnisse eines Jägers. Von Walther Niedl. 1978. 152 Seiten mit 22 Zeichnungen des Verfassers. Linson gebunden 32,– DM

Das große Revier

Erlebnisse und Erfahrungen eines Hochwildjägers. Von Franz Schleiff. 2. Auflage. 1978. 185 Seiten und 4 Tafeln mit 8 Abbildungen. Leinen 32,– DM

So launisch kann Diana sein

Bunte Skizzen aus einem Jägerleben. Von Helmuth Koschorke. 1977. 145 Seiten und 8 Bildtafeln mit 12 Abbildungen. Leinen 32,– DM

Im Paradies der Hirsche

Rotwilderfahrungen und Jagderinnerungen des letzten Wildmeisters des Fürsten Pleß. Von Willi Benzel. 3. Auflage. 1975. 228 Seiten mit 40 Abbildungen im Text und auf 10 Bildtafeln. Leinen 30,– DM

Preisstand: Sommer 1982
Spätere Änderungen vorbehalten

VERLAG PAUL PAREY · HAMBURG UND BERLIN

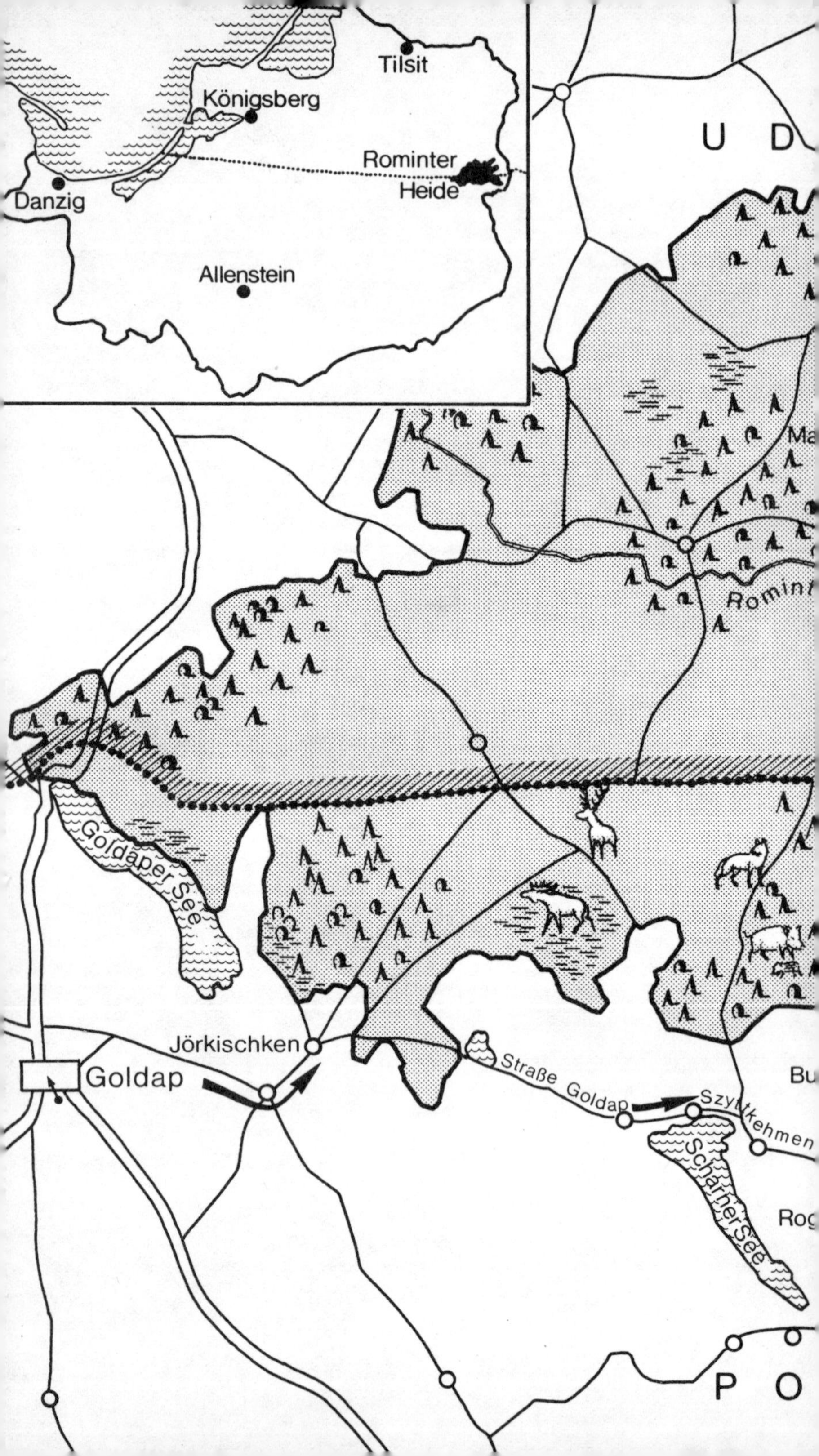

Tilsit
Königsberg
Rominter
Heide
Danzig
Allenstein
U D
Goldaper See
Jörkischken
Goldap
Straße Goldap
Scharner See
P O